아동권리와 복지

길영신·윤구원·이경연·이연순·장영훈

창지사

머리말

아동은 우리의 미래이며 꿈나무이다.

우리사회가 건강하고 활기차려면 아동이 건강하고 곧게 성장하여야 한다.

『아동권리와 복지』는 우리의 미래 꿈나무들이 건강하고 희망찬 미래를 설계해 나가도록 그들이 갖고 있는 권리를 존중해 주며, 어려울 때 손잡아 줄 수 있는 복지의 내용을 담고 있다.

아동의 권리와 복지는 이런 측면에서 과거보다 많은 관심을 받고 있는 분야이다. 저자들은 아동복지 현장실무와 대학 강의를 하면서 얻은 지식과 노하우를 한데 모아 공동 집필을 하게 되었다.

이 책은 아동을 이해하고 훌륭하게 양육하기 위한 기초지식 함양은 물론 이론을 겸비한 훌륭한 아동권리와 보육의 전문가를 양성하기 위한 목적으로 저술되었다. 아동복지를 배우는 학생뿐만 아니라 아동권리와 복지에 관심이 있는 자원봉사자, 일반인, 사회복지사, 보육교사에게도 도움이 될 것이다.

최근 맞벌이가정, 조손가족, 재혼가족, 한부모가족이 늘어나면서 부모가 아동을 직접 양육하는 시간이 줄어들고 어린이집과 학교의 교육에 맡겨야 하는 가정이 늘어나고 있다. 그러다 보니 아동방임, 아동학대가 늘어 아동권리가 심하게 훼손됨은 물론 사회문제가 되기도 한다.

아동이 갖고 있는 인간의 존엄성은 누구나 같으나 가난으로 헐벗고 현명하지 못한 부모에게 태어나 아동권리를 존중받지 못하는 아동은 어느 나라 어느 시대를 막론하고 있어 왔다. 그러나 〈유엔아동권리협약〉을 체결한 모든 나라에서 아동권리를 새롭게 인식하고 개선해 나가고 있는 추세이다.

이 책은 1부 아동의 권리, 2부 아동복지, 3부 아동존중으로 구성되어 있다.

1부에서는 아동의 권리, 아동권리지표 개발, 우리나라 아동권리 수준, 아동권리 존중 노력, 아동의 권리와 아동학대 예방, 아동권리 상실에 대하여 다루었다.

2부에서는 아동복지의 기초, 아동복지의 실천원리, 아동복지 상담 및 치료, 아동보육, 위기 아동과 지역사회보호, 가정위탁 및 입양을 언급하였다.

마지막으로 3부에서는 아동의 욕구와 환경의 역할, 아동정책과 전달 체계, 아동복지의 과제와 전망을 서술하였다.

또한, 〈유엔아동권리협약〉을 첨부하여 공부하는 데 도움이 되도록 하였다.

이 책이 출간될 수 있도록 도와주신 창지사의 김기섭 사장님과 이상대 부장님, 특히 꼼꼼히 교정해 주신 이초롱님, 그리고 편집 등 애써 주신 직원들에게 감사의 마음을 전합니다.

끝으로 늦은 밤, 새벽녘까지 불철주야 애써 주신 저자와 관심과 지지를 보내주신 동료 교수님들께도 진심에서 나오는 감사의 마음을 전합니다. 또한, 나의 소중한 가족들에게는 미안함과 고마운 마음을 동시에 전합니다.

2016년 10월

저자 일동

차례

머리말 3

part 1 아동의 권리 / 9

CHAPTER_01 아동의 권리 10

1. 아동의 권리와 아동복지 11
2. 아동권리의 발달 18
3. 유엔아동권리협약 21
4. 한국의 아동인권 24

CHAPTER_02 아동권리지표 개발 30

1. 아동권리지표 개발의 필요성 31
2. 아동권리지표 체계와 내용 35
3. 아동권리지표의 시범 적용 41

CHAPTER_03 우리나라 아동권리 수준 51

1. 아동권리 향상을 위한 조치 52
2. 아동의 정의 56
3. 일반 원칙 57
4. 시민적 권리와 자유 59
5. 가정환경 및 대안양육 63
6. 보건기초 및 복지 66
7. 교육, 여가 및 문화적 활동 70

CHAPTER_04 아동권리 존중 노력 74

1. 어린이집 영유아 권리 존중 75
2. 영유아 주변인들의 아동권리 인식 82
3. 아동권리 교육준비 93

CHAPTER_05 아동의 권리와 아동학대 예방 96

1. 아동의 권리와 보호 97
2. 아동학대 예방 99
3. 아동학대 현황 및 실태 106
4. 어린이집 아동학대 실태 109
5. 아동학대 문제점과 과제 113
6. 아동학대 신고 의무와 교육 116

CHAPTER_06 아동권리 상실 118

1. 실종아동 보호 119
2. 아동안전대책 128
3. 아동권리 침해 133

part 2 아동복지 / 139

CHAPTER_07 아동복지의 기초 140

1. 아동과 가정, 사회환경의 관계 141
2. 아동복지의 개념 및 서비스 143
3. 아동복지의 이념, 목적, 역사 148
4. 각국의 아동복지 발달과정 155

CHAPTER_08 아동복지의 실천원리 162

1. 아동복지와 사회복지실천 163
2. 아동복지의 기본요소 171
3. 아동복지의 실천원칙 179

CHAPTER_09 아동복지 상담 및 치료 183

1. 아동복지상담 184
2. 아동치료 188
3. 통합적 사례관리 194

CHAPTER_10 아동보육 202

1. 영유아 보육정책 203
2. 방과 후 아동 보호 208
3. 아동보육 214

CHAPTER_11 위기 아동과 지역사회보호 223

1. 빈곤가정아동 224
2. 장애아동 228
3. 한부모가족 아동 233
4. 다문화가족 아동 237
5. 새터민 아동 242

CHAPTER_12 가정위탁 및 입양 245

1. 가정위탁 서비스 246
2. 조손가족 아동 253
3. 입양 서비스 256

part 3 아동존중 / 265

CHAPTER_13 아동의 욕구와 환경의 역할 266

1. 아동의 발달적 욕구 특성 267
2. 아동발달 이론 273
3. 부모와 가족 280
4. 학교와 지역사회환경 286

CHAPTER_14 아동정책과 전달 체계 289

1. 아동복지 정책과 제도 290
2. 아동복지 서비스 전달 체계 294
3. 아동복지 및 권리 관련 법 297

CHAPTER_15 아동복지의 과제와 전망 308

1. 아동복지의 과제 309
2. 아동복지의 발전방향 325

유엔아동권리협약 332
참고문헌 348

PART 1 아동권리

제1장 아동의 권리

제2장 아동권리지표 개발

제3장 우리나라 아동권리 수준

제4장 아동권리 존중 노력

제5장 아동의 권리와 아동학대 예방

제6장 아동권리 상실

CHAPTER_01

아동의 권리

1. 아동의 권리와 아동복지

1) 아동의 권리

2) 아동권리의 역사

3) 아동권리와 복지

2. 아동권리의 발달

1) 아동권리사상의 발전

2) 아동권리의 속성과 내용

3) 아동권리선언

3. 유엔아동권리협약

1) 유엔아동권리협약의 채택과정

2) 유엔아동권리협약의 네 가지 기본권

3) 권리협약의 바탕이 되는 네 가지 원칙

4. 한국의 아동인권

1) 〈아동권리헌장〉

2) 아동권리공약 3장

3) 어린이 헌장

1. 아동의 권리와 아동복지

전통적으로 아동은 부모에게 속해 있는 것으로 생각하는 경향이 강하다. 아동이 법적으로 미성년이기 때문에 보호자의 보호를 받는 것은 당연하지만 아동에 대해서 하나의 인격이 아니라 어느 누군가에 딸린 존재로 보는 것은 바른 시각이 아니다(노병일, 2016).

18세기 유럽의 아이들은 공동체의 일원으로 흡수되어 있었다. 아이들은 어려운 생활여건에 처해 있었고, 종종 희생자가 되기 일쑤였다. 당시의 여러 자료를 살펴보면 우물이나 강에서 익사, 말발굽에 차이거나 돼지에 깔려 죽고, 굴뚝 청소를 하다가 불에 타 죽는 경우도 있었다. 아이들은 부엌과 마구간, 빵집과 시장, 농장 앞뜰이나 공동세탁장에 이르기까지 어디에나 있었다. 아이와 어른이 공존하며 살아가야 했기에 가정과 공동체 안에서 그물망처럼 연대의식이 형성되어 있었다(김수진 옮김, 2004).

2014년도에도 가족동반자살이 여러 건 있었다(한국일보, 2014). 대표적으로 몇 건만 보면, 경기 광주에서 13세 지체장애 딸을 돌보다 불화로 자살을 택한 가족의 경우 아빠(44세), 딸(13세, 지체장애 2급), 아들(4세)이 함께 목숨을 끊었다.

이 경우 자살을 선택한 것은 부모인 어른들이다. 또 설령 자녀가 자살에 동조했다 하더라도 아직 사리를 분멸하기에는 이른 시기에 부모가 자살하자고 하는 것에 동의한 것을 스스로 죽음을 결정한 일이라고 볼 수 없다. 자신의 생명에 대해서 죽는 것을 스스로 결정한다는 것도 윤리적인 문제가 있지만 거기에 더하여 아동의 경우 이를 제대로 파악할 인지적 능력이 갖추어지기 이전에 죽음을 맞이하는 것은 결국 아동의 권리가 심하게 침해되는 것이다.

1) 아동의 권리

아동권리란 아동이 인간으로서 누려야 할 기본적인 제반권리를 총칭하는 것으로, 성인의 권리와 많은 공통성을 가지고 있으면서도 아동의 특성상 '성인의 권리'라는 개념과는 차이가 있다(김정래, 2002).

아동의 권리를 이야기할 때, 두 가지 상반된 개념을 염두에 두어야 한다.

하나는 아동의 보호로서, 아동의 기본적인 욕구나 필요를 충족시킬 의무를 강조하는 개념이다. 교육, 양육, 적절한 음식, 보호, 사랑, 애정, 훈육 등에 대한 아동의 권리와 이를 실현시킬 부모와 국가의 의무가 도출된다.

또 다른 하나는 아동의 자율성으로서, 선택과 자유를 강조하는 개념이다. 아동권리는 아동의 자격으로서 승인되는 아동 고유의 권리와 인간의 자격으로서 승인되는 인권으로 구성되어 있는데, 인간은 태어날 때부터 가지는 권리가 있다(윤매자 외, 2014).

2) 아동권리의 역사

아동의 권리는 인간이 사회생활을 영위해 가면서 마땅히 누려야 할 권리, 인간이 세상에 태어나서 성장해 가면서 바라는 것, 희망하는 것, 요구하는 것들에 대해 이익을 받을 수 있도록 법질서에 의하여 인정된 자격을 말한다(박희숙 외, 2014). 아동권리는 근대 이전과 근대 이후로 나누어 볼 수 있다.

(1) 근대 이전의 아동권리

서구사회의 고대나 중세의 아동은 어른의 소유물로 취급되는 것이 일반적이었으며, 가족이 가진 경제적 자산의 일부이자 가족 노동력의 한 부분으로만 인식되었다. 또한, 인권에 대한 개념은 르네상스사상과 신 중심의 세계관에서 인간 중심의 세계관으로 전환에서 전개되었다. 특히 근대의 자연법사상의 영향을 받아 신 중심의 봉건체제를 붕괴시킨 시민혁명과 18세기 계몽사상은 프랑스혁명과 인간 중심의 시민사회건설을 이룸으로써 인권사상의 토대를 마련하였다(이신영, 2016).

초기 기독교 사상가들은 영아도 영혼을 가진 존재로 보긴 했으나 인간으로서 인권을 가진 존재로 인정하기보다 부모의 욕구에 무조건 복종하도록 가르쳤다(이종성, 2006). 그들은 원죄설에 따라 구원을 받아야 하기 때문에 엄격한 체벌 등으로 훈육해야 한다고 굳게 믿었다.

(2) 근대 이후의 아동권리

근대에 들어오면서 인간성 재발견이 시도됨에 따라 인간 중심 세계관이 펼쳐지고, 아동은 성인과는 다른 존재라는 인식을 하기 시작하였다. 산업이 발달하면서 시민계급 중산층이 생성되고, 학교제도의 출현과 가족단위의 주거생활은 아동의 권리 발전에 중요한 역할을 하였다.

19세기에 이르면서 국가마다 아동에 대한 특별한 보호, 아동노동착취의 제한, 기초교육 제공, 빈민아동에 대한 재정 지원 등을 법으로 보호하는 움직임이 일어나기 시작하였다. 이러한 변화는 아동의 삶에서 처하게 되는 결핍상태에 대한 관심으로 이어져 아동의 교육권, 학습권, 복지권과 관련되고, 경제적, 사회적, 문화적 권리보장의 근간을 이루었다(이한우 외, 2012).

3) 아동권리와 복지

아동복지에 관한 우리나라의 기본 법률인 「아동복지법」은 목적, 기본 이념, 정의 등을 명시하고 "아동은 아동의 권리보장과 복지증진을 위하여 이 법에 따른 보호와 지원을 받을 권리를 가진다."고 명시하고 있다(「아동복지법」 제2조 제4항).

아동이 건강하게 출생하여 행복하고 안전하게 성장하도록 국가와 지방자치단체는 물론 국민과 보호자는 노력해야 한다. 아동권리와 복지의 기본 이념은 '아동은 어떤 종류의 차별도 받지 않아야 하며, 안정된 가정환경에서 자라야 하고, 모든 활동에서 아동의 이익이 최우선적으로 고려되어야 한다.'는 것이다.

(1) 아동복지와 권리의 이념

아동복지의 이념은 '아동을 어떻게 보고, 어떻게 이해하느냐' 하는 그 시대와 사회의 아동관과 밀접한 관계가 있다. 과거에는 아동을 성인의 축소물로 보았는데, 이러한 태도로 아동에 대한 이해를 하면서 아동을 고유한 심리적 욕구, 인격과 존엄성을 지닌 독립된 개체로 인식하게 되었다(윤매자 외, 2014).

대표적인 아동복지와 권리의 이념으로는 자유방임주의, 국가부권주의, 가족중심주의, 아동권리주의 등이 있다.

① 자유방임주의

국가의 관여는 개인의 자유에 대한 억압으로 국가에 의한 조치도 구속이나 통제라고 가정하므로 아동복지에 대한 국가 역할의 최소화를 핵심으로 한다. 국가는 아동의 부모가 아니므로 아동의 부모가 지닌 아동에 대한 우선적 책임과 권리를 중시하고 아동과 가정에 대한 불간섭주의의 입장을 취한다.

② 국가부권주의

부모와 자녀 간의 생물학적 유대보다도 양육자와 아동 간의 심리적 유대가 강조되므로, 아동 보호에 대한 광범위한 국가 개입을 핵심으로 한다. 따라서 부모가 아동 보호에 부적절한 기능을 할 경우, 국가가 가족과 아동에게 언제든지 개입하여 아동을 보다 나은 양육환경으로 옮길 수 있다는 입장을 선택하고 있다. 아동출산수당, 보육비 지원, 심한 아동학대 발견 시 양육권 박탈 등 우리나라도 점차 국가부권주의로 발전하고 있으나 아동의 의견을 참작하는 아동의 선택적 권리도 존중해 주어야 한다.

③ 가족중심주의

생물학적 가족이 중요하다고 보고, 가능하다면 이동의 보호는 생물학적 부모-자녀관계의 유지를 핵심으로 한다. 따라서 이 이념에서는 아동 최선의 이익은 친부모에게서 양육 받는 것이며, 국가가 아동에게 대리 보호를 제공하기보다는 아동에게 대리 보호가 필요하지 않도록 가족에게 지지적 서비스를 사전에 제공하여야 한다. 아동은 언제든지 생물학적 부모에게 양육 받을 권리를 누릴 수 있도록 가족이 붕괴되지 않도록 보호해 주어야 한다.

④ 아동권리주의

아동의 생존할 권리, 보호받을 권리, 발달할 권리, 참여할 권리의 네 가지 기본 권리를 강조한다. 아동을 성인과 같은 자율성을 지닌 독립된 존재로 보고, 아동의 자기 결정권과 참여권의 극대화를 핵심으로 한다. 이때 국가의 역할은 아동 권리를 존중하고 아동이 성인으로부터 자유를 얻을 수 있도록 보장하는 것이다.

(2) 아동복지의 전제조건

아동복지의 전제조건은 건강한 가정과 부모, 경제적 안정, 교육을 받을 권리, 건강과 안전, 놀이와 여가, 노동으로부터의 보호, 특수욕구를 가진 아동 보호 등이다. 또한, 아동의 권리는 각각의 법률로 규정하여 보호하고 있다.

① 건강한 가정과 부모

가정은 아동의 건전한 성장을 위한 최적의 장소로서, 아동은 일차적으로 부모와 가족으로부터 생존에 필요한 생리적 욕구를 충족할 수 있어야 한다. 가정에서 정서적인 인간관계를 경험하고 사회화의 기초도 형성한다.

긴급하거나 부득이한 경우가 아니면 아동은 가정에서 이탈되어서는 안 되며, 가정이 없는 아동에게는 가정을 만들어 주는 등 가족과 함께 있을 권리를 보장해 주어야 한다.

가족 구성원 모두는 가족해체를 예방하기 위하여 노력하여야 하며, 국가 및 지방자치단체는 가족해체를 예방하기 위하여 필요한 제도와 시책을 강구하도록 되어 있다(「건강가정기본법」 제9조).

② 경제적 안정

아동의 성장과 발달은 가정생활의 경제적 여건에 상당히 좌우된다. 경제적 불안정은 가족 해체의 원인이 되기도 하고, 부모의 아동 양육방식에 부정적인 영향을 끼치기도 한다. 또한, 아동의 기본적 욕구인 의식주도 해결하기 어려울 수 있다. 빈곤한 가정의 아동은 영양실조에 걸리거나 비위생적 환경으로 질병에 걸리기 쉬우며, 질병에 걸리더라도 제대로 치료받지 못할 경우 생존할 권리와 질병으로부터 보호받을 권리를 상실할 수도 있다.

국가는 생활이 어려운 사람에게 필요한 여러 가지 급여를 지급하여 이들의 최저생활을 보장하고 자활을 돕고 있다(「국민기초생활 보장법」 제1조, 제7조).

③ 교육을 받을 권리

모든 아동은 타고난 잠재력을 최대한 계발하여 능력을 발휘할 수 있도록 사회적 기회가 주어져야 한다. 아동의 발달에 맞는 교육 기회가 박탈될 경우, 아동의 욕구 충족이 이루어지지 않을 뿐만 아니라 사회적으로도 능력 있고 자질을 갖춘 인적 자원이 부족해진다.

아동이 교육을 받을 권리는 인종, 국가, 빈부, 성별에서 차별을 받아서는 안 되며 의무교육은 6년의 초등교육과 3년의 중등교육으로 하며(「교육기본법」 제8조), 유아교육을 위해서는 “국가와 지방자치단체는 유아교육을 진흥하기 위하여 필요한 시책을 수립·실시하여야 한다.”고 명시하고 있다(「교육기본법」 제20조).

④ 건강과 안전

아동의 건강은 어머니의 건강과 밀접한 관련이 있다. 어머니의 영양, 질병, 심리 상태에 따라 아동은 직접적인 영향을 받으며 건강한 아동의 출생을 위해서는 태아기 때부터 모자보건을 위한 대책이 마련되어야 한다. 산모의 정기적인 검진은 태어날 아동의 건강과 안정을 위해 절대적으로 필요하다.

「모자보건법」은 모성 및 영유아의 생명과 건강을 보호하고 건전한 자녀의 출산과 양육을 도모하여(「모자보건법」 제1조) 아동의 건강과 안전을 임신하였을 때부터 국가가 지원하도록 하고 있다.

⑤ 놀이와 여가

아동은 놀이를 통해서 여러 가지 성장 발달을 이룬다. 아동은 즐겁게 뛰어노는 가운데 건강해지며 각 신체기관이 조화롭게 발달하고, 놀이를 통해 실제 사물에서 벗어나 추상적이고 자유롭게 사고할 수 있는 능력과 잠재력을 키운다. 요즘 가정은 자녀 수가 적어 형제끼리 놀이를 하거나 여가를 즐길만한 여건이 안 되므로 국공립 어린이집에서는 놀이터를 설치하여(「영유아 보육법」 제15조) 아동이 놀이를 통해 여러 가지 성장 발달이 이루어지도록 하여야 한다.

⑥ 노동으로부터의 보호

아동의 노동은 건강과 신체적, 정신적, 도덕적 발달에 나쁜 영향을 끼치므로 노동으로부터 보호되어야 한다. 아동의 노동은 교육권이나 여가와 문화활동의 권리를 침해하며, 인지 발달에 문제를 초래하므로, 세계 각국은 물론 우리나라에서도 15세 미만인 자는 근로자로 사용하지 못하도록 하고 있다(「근로기준법」 제64조).

⑦ 특수욕구를 가진 아동 보호

신체, 정신, 심리, 행동장애를 가진 아동 등에 대해서는 조기 발견과 함께 특수 보호와 치료의 기회가 있어야 하고, 저소득층의 아동에 대해서는 교육이나 보건 면에서 특별한 고려가 있어야 한다. 또한, 사회문화적으로 소수 집단에 속하는 외국인 노동자나 북한 이탈가족, 다문화가족의 아동이 겪는 사회적, 심리적 문제에 대해서도 대책을 마련하여 이들이 잘 적응할 수 있도록 해야 한다.

장애아동은 자신에게 영향을 미치는 모든 활동에 대하여 자신의 견해를 자유로이 표현할 권리를 최대한 보장받으며(「장애아동 복지 지원법」 제3조), 다문화가족 구성원인 18세 미만인 사람의 초등학교 취학 전 보육 및 교육을 지원하고(「다문화가족 지원법」 제10조), 탈북청소년의 일반학교 진학을 지원하기 위하여 정착 지원 시설 내에 북한 이탈주민 예비학교를 설립·운영할 수 있다(「북한 이탈주민의 보호 및 정착 지원에 관한 법률」 제24조의 2).

2. 아동권리의 발달

1) 아동권리사상의 발전

요즘은 아동도 인격을 가진 권리의 주체로 인식된다. 아동의 권리는 아동의 여러 가지 욕구가 사회에 인식되고 주장된 것을 말하며, 아동복지의 이념적 기초가 된다. 아동권리의 실현은 아동복지의 중요한 목표이자 과제이다(공계순 외, 2013). 인권으로서 아동권리의 인식과 아동복지의 실현은 밀접한 관련성이 있다. 전통적으로 근대사회에 이르기까지 아동의 권리는 보호를 받지 못했고, 노동에 동원되는 것도 당연시되고 있었다.

과거에는 부모나 사회와의 관계에서 종속적인 존재에 지나지 않았던 아동이 이제는 독립된 인간으로서의 기본적 권리의 주체가 되어야 한다는 사상이 발전하게 된 것이다(오정수·정익중, 2013).

1989년 11월 20일 유엔에서 채택된 〈유엔아동권리협약(CRC: Convention on the Rights of the Child)〉은 지구촌 모든 어린이들의 권리를 지켜 주기 위한 국제사회의 약속이며, 우리나라에서 아동의 권리를 지켜 주기 위한 법으로는 「아동복지법」, 「아동의 빈곤 예방 및 지원 등에 관한 법률」, 「영유아 보육법」, 「입양특례법」, 「실종아동 등의 보호 및 지원에 관한 법률」 등이 있고, 간접적으로 아동의 권리를 지켜 주기 위한 법으로는 「건강가정기본법」, 「국민기초생활 보장법」, 「교육기본법」, 「모자보건법」, 「근로기준법」, 「장애아동 복지 지원법」, 「다문화가족 지원법」, 「북한 이탈주민의 보호 및 정착 지원에 관한 법률」 등이 있다.

2) 아동권리의 속성과 내용

아동은 성인에 비해 미숙하며 사회적인 권력이 없기 때문에 권리를 갖거나 주장한다는 점이 이해되지 않을 수도 있다. 권리는 그 종류와 형태를 불문하고 인간의 존엄성을 근거로 하고 있다. 아동이 누리는 권리는 권리의 천부성과 보편성에 근거한다(김정래, 2002). 아동이 갖는 권리의 내용은 제공, 보호, 참여의 개념으로 이해하여야 한다.

'제공'이란 아동이 생존에 필요한 인적, 물적 자원을 제공받고 사용할 수 있는 권리를 말한다. 장애인 및 난민 아동의 보호, 교육 및 보건 서비스를 받을 수 있는 권리, 이름과 국적을 가질 수 있는 권리, 여가와 문화생활을 누릴 수 있는 권리 등이 포함된다.

'보호'의 개념은 열악하고 유해한 환경으로부터 보호받아야 하며 이를 향유할 권리를 말한다. 신체적·성적 학대로부터 보호받을 권리, 문제 있는 부모로부터 분리가 가능한 권리가 있다.

'참여'의 개념은 아동이 자유롭게 의사결정을 하고 자신의 삶을 결정하는 데 간섭을 받지 않고 참여할 수 있는 권리를 말한다. 아동 개인의 생활양식과 관련하여 머리카락이나 옷을 선택하는 데 개인적인 선호를 따라 스스로 결정하거나, 중요한 집안일에도 아동이 자기 의사를 반영할 수 있어야 한다.

아동권리 개념은 아동권리 신장의 단계를 나타내기도 하는데 아동권리를 인식하기 시작한 초기에는 아동이 보호의 대상이었던 반면, 현재는 아동은 성인과 평등한 조건에서 고려의 대상이 된다. 아동의 권리를 온전하게 보장하기 위해서는 소극적인 권리뿐만 아니라 참여를 통하여 실질적인 권리도 보장해야 하는데 점차적으로 이러한 적극적인 권리도 인정하는 것으로 발전하고 있다.

3) 아동권리선언

(1) 아동권리에 관한 제네바선언

〈아동권리에 관한 제네바선언〉은 5개 조항으로 어린이가 가난과 착취로부터 벗어나 정상적인 성인으로 자라날 수 있도록 보호하고 지도해 주어야 한다는 것을 강조하고 있다. 이 선언은 1924년 제네바에서 개최된 국제연맹 회의에서 채택되었기 때문에 〈아동권리에 관한 제네바선언〉이라고 부르고 있다(오정수·정익중, 2013).

〈아동권리에 관한 제네바선언〉

1. 어린이는 신체적, 정신적으로 정상적인 발달을 위해 요구되는 모든 수단을 강구해야 한다.
2. 굶주린 어린이에게 먹을 것을, 병든 어린이에게 치료의 혜택을, 지능 발달이 뒤늦은 어린이에게는 도움을, 불량한 어린이에게는 감화를, 고아와 부랑아에게는 주거를 마련하여 보호해 주어야 한다.
3. 위기에 직면하였을 때, 최우선적으로 어린이를 구해야 한다.
4. 어린이에게 장래 설계를 세울 수 있는 지위로 이끌며 어린이는 모든 종류의 착취에서 보호를 받을 수 있어야 한다.
5. 어린이에게 자기의 능력은 인류동포에게 봉사하기 위한 것이라는 자각을 주며 교육을 해야 한다.

(2) 유엔아동권리선언

〈아동권리에 관한 제네바선언〉을 기초로 한 〈유엔아동권리선언〉은 1959년도에 있었으며, 국제아동의 해(1979)를 제정하는 등 아동권리에 대한 관심이 모아졌다. 이러한 관심이 실질적으로 아동권리를 보장하도록 하는 합의로 이어져서 아동권리협약을 탄생시키고 많은 국가가 이 협약을 비준하기에 이르렀다(이순형 외, 2013).

〈유엔아동권리선언〉

인류는 아동에 대해 최선의 것을 부여할 의무를 지니고 있으므로 여기에 국제연합총회는 아동이 행복한 생활을 보내며, 또는 자기와 사회의 복지를 위한 본 선언에 열거된 권리와 자유를 향유할 수 있도록 하기 위해 본 아동권리선언을 공포하며, 또한, 양친 개인으로서 남녀, 민간단체, 정부 및 지방 행정기관 등이 이들 권리를 인식하여 다음의 원칙에 따라서 이들 권리를 지키도록 노력할 것을 요망한다.

1. 어린이는 누구나 인종, 종교, 태생 또는 성별로 인한 구별이나 차별 없이 이 선언에 명시된 모든 권리를 누려야 한다.
2. 어린이는 건강하게 정상적으로 육체적, 정신적, 도덕적, 영적, 사회적 발달을 하기 위한 기회를 가질 권리가 있다.
3. 어린이는 태어날 때부터 이름과 국적을 가질 권리가 있다.
4. 어린이는 적절한 영양, 주거, 의료 등의 혜택을 누려야 한다.
5. 심신장애 어린이는 특별한 치료와 교육, 보살핌을 받아야 한다.
6. 어린이는 완전하고 조화롭게 자라기 위해 부모와 사회의 사랑과 이해를 필요로 한다.
7. 어린이는 의무교육을 받을 권리가 있으며, 놀이와 여가시간을 가져야 한다.
8. 어린이는 전쟁이나 재난으로부터 제일 먼저 보호받고 구조되어야 한다.
9. 어린이는 모든 형태의 학대, 방임 및 착취로부터 보호되어야 한다.
10. 어린이는 어떤 형태의 차별로부터도 보호받아야 하며 인간 상호 간의 우정, 평화 및 형제애의 정신으로 양육될 권리를 가진다.

3. 유엔아동권리협약

*** 부록(p.330) 유엔아동권리협약 참조

〈유엔아동권리협약〉은 1989년 11월 20일 유엔이 채택한 국제인권협약이며, 모두 54조로 구성되어 있다.

협약이란 국가들 사이에 같은 법을 지키기로 결정한 합의를 말한다. 한 나라의 정부가 협약을 비준하면 협약을 지킨다고 약속하는 것이다.

한국은 1991년 11월 20일에 아동권리협약을 비준했다. 이 협약은 18세 미만인 사람이 갖는 권리를 담고 있다.

〈유엔아동권리협약〉의 54개 조항은 어린이의 기본 권리를 자세히 설명하고 있다. 모든 권리들은 서로 연관되어 있으며 모두 똑같이 중요하다. 사람은 자랄수록 선택하고 권리를 행사하는 것에 대한 책임이 점점 커진다. 〈유엔아동권리협약〉은 어린이의 책임도 담고 있다. 어린이는 다른 사람들, 특히 부모의 권리를 존중할 책임, 상대방을 괴롭히거나 해치지 않을 책임, 환경을 돌보기 위해 노력할 책임, 능력이 닿는 대로 많이 배우고 다른 사람들과 지식을 나누며 경험할 책임, 다른 사람의 아이디어나 생각 또는 종교적 원칙을 존중할 책임이 있다.

[그림 1-1] **〈유엔아동권리협약〉 홍보포스터**

출처: 유니세프 홈페이지.

1) 유엔아동권리협약의 채택과정

유엔에서 정한 〈유엔아동권리협약〉은 1948년에 시작하여 1990년 국제법으로 효력을 발휘하였으나 2015년 현재 196개국이 협약을 비준하였다. 세계 각국이 동시에 채택하지 않은 이유는 각 국가마다 사정이 다르기 때문이다.

국제협약 중 가장 많은 나라가 비준하였고 우리나라도 1991년에 비준하였으나 미국만 아직 비준하지 않고 있다.

- 1948년: 유엔총회에서 〈세계인권선언〉 채택(아동의 권리가 포함되어 있으나 어린이만을 위한 별도의 선언은 채택하지 않음).
- 1959년: 유엔총회에서 어린이권리선언 채택(서명 국가들에 법적 의무 없음).
- 1978년: 폴란드 정부, 아동권리협약의 초안을 유엔인권위원회에 제출.
- 1979년: 유엔인권위원회, 세계아동의 해를 맞아 실무팀을 구성하여 각국 정부의 의견 조정, 협의.
- 1989년: 11월 20일 유엔총회에서 아동권리협약을 만장일치로 채택.
- 1990년: 10월 〈유엔아동권리협약〉, 국제법으로 효력 발휘.
- 1991년: 우리나라 협약 비준.
- 2002년: 5월 유엔총회에서 〈유엔아동권리협약〉의 2개 선택의정서 채택.
  - 아동의 무력분쟁 참여에 관한 선택의정서.
  - 아동의 매매, 매춘, 포르노그래피에 관한 선택의정서.
- 2010년: 192개 나라가 협약을 비준.

2) 유엔아동권리협약의 네 가지 기본권

아동은 행복을 위해 누려야 할 많은 권리가 있다. 그중 〈유엔아동권리협약〉은 네 가지 권리, 즉, 생존, 보호, 발달, 참여의 권리가 담겨 있다.

〈생존의 권리(right to survival)〉

적절한 생활 수준을 누릴 권리, 안전한 주거지에서 살아갈 권리, 충분한 영양을 섭취하고 기본적인 보건 서비스를 받을 권리 등, 기본적인 삶을 누리는 데 필요한 권리.

〈보호의 권리(right to protection)〉

모든 형태의 학대와 방임, 차별, 폭력, 고문, 징집, 부당한 형사처벌, 과도한 노동, 약물과 성폭력 등 어린이에게 유해한 것으로부터 보호받을 권리.

〈발달의 권리(right to development)〉

잠재능력을 최대한 발휘하는 데 필요한 권리. 교육받을 권리, 여가를 즐길 권리, 문화생활을 하고 정보를 얻을 권리, 생각과 양심과 종교의 자유를 누릴 수 있는 권리 등.

〈참여의 권리(right to participation)〉

자신의 생활에 영향을 주는 일에 대해 의견을 말하고 존중받을 권리. 표현의 자유, 양심과 종교의 자유, 평화로운 방법으로 모임을 자유롭게 열 수 있는 권리, 사생활을 보호받을 권리, 유익한 정보를 얻을 권리 등.

출처: 유니세프 홈페이지.

3) 유엔아동권리협약의 바탕이 되는 네 가지 원칙

〈무차별의 원칙〉

모든 어린이는 부모가 어떤 사람이건, 어떤 종교를 믿건, 어떤 언어를 사용하건, 부자건 가난하건, 장애가 있건 없건 모두 동등한 권리를 누려야 한다.

〈아동의 최선의 이익 우선〉

아동에게 영향을 미치는 모든 것을 결정할 때는 아동의 이익을 최우선으로 고려해야 한다.

〈아동의 생존·보호·발달〉

어린이는 특별히 생존과 발달을 위해 다양한 보호와 지원을 받아야 한다.

〈아동의 참여〉

책임감 있는 어린이가 되기 위해 어린이 자신의 능력에 맞게 적절한 사회활동에 참여할 기회를 가지고, 자신의 생활에 영향을 주는 일에 대하여 의견을 말할 수 있어야 하며 그 의견을 존중받을 수 있어야 한다.

출처: 유니세프 홈페이지.

4. 한국의 아동인권

1) 아동권리헌장

보건복지부는 2016년 '〈아동권리헌장〉 제정을 위한 공청회'를 개최하고 아동권리의 주체인 아동, 학부모, 아동·청소년 단체, 학계, 아동 NGO 및 보육 등 아동과 관련된 전문가 등이 모여 제1차 아동정책기본계획의 비전인 '행복한 아동, 존중받는 아동' 실현을 위한 〈아동권리헌장〉 제정에 대해 토론을 했다(보건복지부, 보도자료 2016. 4. 19.).

토론에는 이재연 숙명여대 교수, 한국아동권리학회장인 황옥경 서울신학대 교수, 아동대표로 박강이(초6), 이영찬(중1), 박찬미(중3), 전문가로는 손병덕(총신대 교수), 안동현(한양대 교수), 이배근(한국 아동학대 예방협회 회장), 전영순(월드비전 본부장), 김영명(서강어린이집 원장)이 패널로 참여하였다.

제1차 아동정책기본계획은(2015~2019)우리나라 아동의 삶의 만족도가 OECD국가 중 최하위 수준으로 아동의 삶의 만족도와 행복지수를 OECD 평균 수준으로 높이는 것을 핵심 목표로 삼고 있다. 우리나라 아동의 삶의 만족도는 61.5점(최상위 네덜란드 94.2점), 행복지수가 72.5점(OECD 평균 100점)으로 낮아 이를 개선하기 위해서는 아동이 안전하고, 건강하게 성장할 수 있는 사회가 되고, 아동 및 부모뿐만 아니라, 전 국민이 아동이익 우선 원칙과 아동의 발달·생존·보호·참여의 권리를 인식하는 것이 중요하다.

사회부총리 겸 교육부 장관은 2016년 '제5차 사회관계장관회의'를 주재하고 "아동 스스로 자신의 권리를 인식하고 지킬 수 있도록 〈아동권리헌장〉을 제정해 확산할 필요가 있다."고 밝혔다. 또한, "아동이 안전하고 건강하게 성장할 수 있도록 보호·지원하는 사회가 되어야 한다."고 말했다(머니투데이, 2016. 4. 25.).

보건복지부는 제94회 어린이날을 앞두고 2016년 5월 2일 〈아동권리헌장〉을 선포하였다(보건복지부 보도자료, 2016. 5. 2.). 〈아동권리헌장〉은 아동이 스스로 자신의 권리를 알고 지킬 수 있고 어른도 아동의 권리를 이해하고 존중하여야 한다는 약속이다. 전문과 9개 조항으로 이루어진 〈아동권리헌장〉은 〈유엔아동권리협약〉의 조항들을 함축적으로 모아 간결하게 정리하였고, 아동이 겪고 있는 위기에 주목해 학대 등으로부터 보호받을 권리, 놀 권리, 표현의 자유와 참여, 상상과 도전, 창의적 활동 등을 비중 있게 다루었다.

[그림 1-2] 〈아동권리헌장〉 리플릿

출처: 보건복지부 보도자료(2016. 5. 2.).

서울의 노원구청, 경기 고양시청, 경북 구미시청 등 지방자치단체에서도 〈아동권리헌장〉 선포가 늘어나고 있다.

▧ 아동권리헌장 ▧

〈배경 및 취지〉

〈아동권리헌장〉은 〈유엔아동권리협약〉의 주요원칙을 충실히 이행하기 위해 제정되었다.

우리나라는 1991년 협약을 비준하였고, 아동권리 증진을 위해 많은 노력을 하였으나 아동 삶의 만족도와 아동권리에 대한 인식 수준이 낮은 상황이다. 전문과 9개 조항으로 이루어진 〈아동권리헌장〉은 협약의 조항들을 함축적으로 모아 간결하게 정리한 것이다. 협약의 원칙을 기반으로 아동이 겪고 있는 위기에 주목해 학대로부터 보호받을 권리, 놀 권리, 표현의 자유와 참여, 상상과 도전, 창의적 활동 등을 비중있게 다루고 있다. 〈아동권리헌장〉은 아동 스스로 자신의 권리를 알고 지킬 수 있고, 어른도 아동의 권리를 이해하고 존중하여야 한다는 약속이다.

2016년 5월 2일

〈아동권리헌장 내용〉

모든 아동은 독립된 인격체로 존중받고 차별받지 않아야 한다. 또한, 생명을 존중받고 보호받으며, 발달하고 참여할 수 있는 고유한 권리가 있다.

부모와 사회, 국가와 지방자치단체는 아동의 이익을 최우선적으로 고려해야 하며, 다음과 같은 아동의 권리를 확인하고 실현할 책임이 있다.

1. 아동은 생명을 존중받아야 하며 부모와 가족의 보살핌을 받을 권리가 있다.
2. 아동은 모든 형태의 학대와 방임, 폭력과 착취로부터 보호받을 권리가 있다.
3. 아동은 출신, 성별, 언어, 인종, 종교, 사회·경제적 배경, 학력, 연령, 장애 등의 이유로 차별받지 않을 권리가 있다.
4. 아동은 개인적인 생활이 부당하게 공개되지 않고 보호받을 권리가 있다.
5. 아동은 신체적·정신적·사회적으로 건강하게 성장하고 발달하는 데 필요한 기본적인 영양, 주거, 의료 등을 지원받을 권리가 있다.
6. 아동은 자신이 살아가는 데 필요한 지식과 정보를 알 권리가 있다.
7. 아동은 자유롭게 상상하고 도전하며 창의적으로 활동하고 자신의 능력과 소질에 따라 교육받을 권리가 있다.
8. 아동은 휴식과 여가를 누리며 다양한 놀이와 오락, 문화·예술활동에 자유롭고 즐겁게 참여할 권리가 있다.
9. 아동은 자신의 생각이나 느낌을 자유롭게 표현할 수 있으며, 자신에게 영향을 주는 결정에 대한 의견을 말하고 이를 존중받을 권리가 있다.

2) 아동권리공약 3장

아동권리공약 3장은 소파 방정환선생이 1923년에 어린이날 기념식장에서 선포한 것으로 〈아동권리에 관한 제네바선언〉(1924년)보다 1년 먼저 선포하였다.

> 제1장 재래의 윤리적 압박으로부터 해방하여 완전한 인격적 대우를 허하라.
> 제2장 재래의 경제적 압박으로부터 해방하여 만 14세 이하 어린이들의 무상 또는 유상의 노동을 폐하라.
> 제3장 고요히 배우고 즐거이 놀 만한 각양의 가정 또는 사회적 시설을 행하라.

3) 어린이 헌장

〈어린이 헌장〉은 1957년 2월에 한국동화작가협회의 마해송 등 7명이 성문화하여 발표한 것을, 보건사회부가 아동 및 모자관계 단체, 관련 전문가들과 함께 심의, 보완, 수정한 뒤 같은 해 5월 5일 제35회 어린이날을 기하여 당시 내무부, 법무부, 문교부, 보건사회부 등 4부의 장관 명의로 발표한 것이다.(한국민족문화대백과사전).

전문 및 본문 9개 항으로 구성된 헌장에는 "인간으로서 존중받아야 하고, 참된 애정으로 교육하여야 하며, 위험할 때에 맨 먼저 구출되어야 한다."는 내용 등이 포함되어 있다.

그 뒤 1988년에 보건사회부는 〈어린이 헌장〉이 제정된 지 30여 년이 넘어 시대에 맞지 않고 피상적이라 하여 관계 전문가 30여 명이 참석한 가운데 헌장을 개정, 제66회 어린이날을 맞아 전문과 11개 항으로 된 본문을 공포하였다.

개정한 〈어린이 헌장〉은 인간으로서의 존엄성을 갖는 민주사회 시민으로서의 어린이상을 구체화하였으며, "굶주린 어린이는 먹여야 한다."는 등의 피상적인 내용을 전면 개정하여 어린이의 건전한 출산과 건강, 교육, 레크리에이션, 노동 등에 대한 사회의 보호를 구체화하여 명시하고, 미래사회가 요구하는 한국시민과 세계인으로서의 진취적 기상을 갖추도록 할 것을 명시하였다.

한국학중앙연구원은 〈어린이 헌장〉의 의의와 평가를 다음과 같이 하였다.

"〈어린이 헌장〉은 어린이를 미래의 민족·국가의 주체로 보고 그들의 교육과 건강을 보살피고자 하는 목적에서 제정된 것으로, 국가의 장래를 생각할 때 매우 의의가 크다(한국학중앙연구원 홈페이지)."

새시대의 주인공이 될 소년소녀에 대한 사회적 희망을 바탕으로 그들의 건전한 성장과 장래를 축복하는 뜻에서 제정한 것이 '어린이날'이라고 본다면, 이 어린이들을 대상으로 어린이날 하루뿐만 아니라, 항상 관심을 가지고 보살피도록 제정한 것이 〈어린이 헌장〉이라 할 수 있다. 이러한 정신에 바탕을 두고 앞으로 나라와 겨레를 이끌어 나갈 어린이들이 어른과 구별되어 국가와 사회의 보호를 받고 선량하고 아름다운 인간으로 성장·발전할 수 있도록 해야 할 것이다. 또한, 어린이를 소극적으로 보호하는 것뿐 아니라 자신의 행동에 책임을 질 줄 알며 씩씩하고 슬기롭게 나라와 인류를 위해 공헌할 수 있도록 교육하여야 할 것이다(한국민족문화대백과사전 홈페이지).

〈어린이 헌장〉

대한민국 〈어린이 헌장〉은 어린이날의 참뜻을 바탕으로 하여 모든 어린이가 차별 없이 인간으로서의 존엄성을 지니고 나라의 앞날을 이어나갈 새 사람으로 존중되며 아름답고 씩씩하게 자라도록 함을 길잡이로 삼는다.

1. 어린이는 건전하게 태어나 따뜻한 가정에서 사랑 속에 자라야 한다.
2. 어린이는 고른 영양을 취하고, 질병의 예방과 치료를 받으며, 맑고 깨끗한 환경에서 살아야 한다.
3. 어린이는 좋은 교육시설에서 개인의 능력과 소질에 따라 교육을 받아야 한다.
4. 어린이는 빛나는 우리 문화를 이어받아, 새롭게 창조하고 널리 펴나가는 힘을 길러야 한다.
5. 어린이는 즐겁고 유익한 놀이와 오락을 위한 시설과 공간을 제공받아야 한다.
6. 어린이는 예의와 질서를 지키며, 한겨레로서 서로 돕고, 스스로를 이기며 책임을 다하는 민주 시민으로 자라야 한다.
7. 어린이는 자연과 예술을 사랑하고 과학을 탐구하는 마음과 태도를 길러야 한다.
8. 어린이는 학대를 받거나 버림을 당해서는 안 되고, 나쁜 일과 힘겨운 노동에 이용되지 말아야 한다.
9. 어린이는 해로운 환경과 위험으로부터 먼저 보호되어야 한다.
10. 몸이나 마음에 장애를 가진 어린이는 필요한 교육과 치료를 받아야 하고, 빗나간 어린이는 선도되어야 한다.
11. 어린이는 우리의 내일이며 소망이다. 나라의 앞날을 짊어질 한국인으로, 인류의 평화에 이바지할 수 있는 세계인으로 자라야 한다.

출처: 색동회 홈페이지.

CHAPTER_02

아동권리지표 개발

1. 아동권리지표 개발의 필요성

1) 아동권리협약 이행보고서 작성 지침

2) 아동권리지표의 요건

3) 아동권리에 대한 연구 및 지표

2. 아동권리지표 체계와 내용

1) 아동권리지표의 체계

2) 세부관심영역

3. 아동권리지표의 시범 적용

1) 인구

2) 생존과 건강

3) 가족

4) 교육

1. 아동권리지표 개발의 필요성

우리나라는 〈유엔아동권리협약〉 당사국으로 협약 조항에 따라 1차 및 2차 국가보고서를 제출하고 유엔아동권리위원회의 심의를 마쳤다. 우리나라의 1차 및 2차 국가 보고서 심의 시 유엔아동권리위원회로부터 〈유엔아동권리협약〉 이행상황에 대한 정보수집체계의 구축과 효율적 정보수집 도구로서 아동지표의 개발을 권고받았다(서문희 외, 2003).

본 아동권리지표 개발은 한국보건사회연구원의 『아동권리지표 개발에 관한 연구』를 참조하여 요약·재편집하였다.

1) 유엔아동권리협약 이행보고서 작성 지침

아동권리위원회가 1991년 당사국 정부의 제1차 보고서의 작성방법에 관한 지침을 마련하였다. 협약 이행을 위한 세부내용은 8개 분야로 되어 있다.

(1) 일반조치

협약의 규정과 국내법 및 정책의 조화방안, 아동 관련 정책의 조정 및 협약 이행사항의 모니터링을 위한 기관 현황 및 계획.

(2) 아동의 정의

각 법규의 연령 규정 및 최소연령 등.

(3) 일반원칙

무차별, 아동이익최우선, 생명 존중 및 발달권, 아동 견해의 존중.

(4) 시민적 권리와 자유

이름과 국적, 신분의 유지, 표현의 자유, 적절한 정보에의 접근, 사상, 양심, 종교의 자유, 집회 및 결사의 자유, 사생활의 보호, 고문 및 기타 비인도적 취급을 받지 않을 권리.

(5) 가정환경 및 대리 보호

부모의 지도, 부모의 책임, 부모로부터의 분리, 가족의 재결합, 아동을 위한 양육비 회수, 가정환경 상실 아동, 입양, 불법이송 및 미귀환, 아동학대, 유기 및 신체적·심리적 회복과 사회복귀, 양육 및 보호기관에 대한 심사.

(6) 기초보건 및 복지

생존 및 발달, 장애아동, 보건 서비스, 사회보장 및 아동 보호시설, 생활 수준.

(7) 교육·문화·여가

교육, 교육의 목표, 여가·오락활동 및 문화적 활동.

(8) 특별보호조치

비상상황의 아동, 법적 분쟁상황의 아동, 착취상황의 아동, 소수민족 및 원주민 등.

2) 아동권리지표의 요건

아동권리지표의 기본조건으로는 타당성, 객관성, 민감성, 비교성, 정확성 및 분해성을 갖추어야 한다. 그러나 아동권리지표는 새로운 시스템으로 구성하기보다는 기존의 자료에 근거하고 기존의 시스템을 변형하여 개발하는 것이 효율적이다.

아동권리 모니터링은 지속적으로 수행되어야 하며, 지표는 아동의 일상을 나타내고 상황의 개선을 위해 시도된 프로그램의 효과측정에도 도움을 줄 수 있어야 한다.

3) 아동권리에 대한 연구 및 지표

(1) 한국의 사회지표

국민의식, 만족도 등 주관적인 지표를 포함시키기 위하여 1977년부터 사회통계조사가 실시되고 있다.

(2) 아동·청소년 관련 지표

세계아동현황 지표(Unicef, 2001)는 기본지표와 기본지수 향상률, 영양, 보건, 교육, 인구, 경제, 여성 8개 부분 47개 지표로 구성되며 국가별 자료를 제시하고 있다.

(3) 미국아동복지지표

인구 및 가족 특성, 경제적 안정, 보건, 행동 및 사회·환경, 교육 5개 부문 25개 개별지표로 구성되어 있다.

(4) 아동복지지표(정영순, 1997)

인구·가족·지역, 경제적 안정, 부모상황, 보건, 교육, 사회복지 6개 부문 25개 영역, 111개 개별지표로 구성되어 있다.

(5) 한국의 아동지표(아동권리학회, 2001)

인구, 생명 및 생존, 보건, 보육, 교육, 가족, 사회성 발달, 사회보장, 경제적 안정, 문제 행동과 사회적 안정의 10개 영역, 23개 관심영역, 67개 세부관심영역, 277개 개별지표로 구성하고 영역별 3개씩 30개의 대표지표를 선정하고 있다.

(6) 짐바브웨의 아동권리지표

아동-부모 관계, 사회적·경제적 착취, 보호와 생존, 아동정의, 재활 그리고 이행, 교육과 발달, 감시와 기록의 6개 영역으로 구성되어 있다.

(7) 한국의 청소년지표(이종원 외, 1997)

인구, 가족, 건강, 문화, 복지, 비행 7개 부문, 26영역, 104개 개발지표로 구성되어 있다.

(8) 청소년복지지표(이소희 외, 1999)

인구·가족·지역, 경제적 안정, 부모상황, 보건, 교육, 문화, 정보·통신, 사회복지 8개 부문, 36개 영역, 207개 개별지표로 구성되어 있다.

(9) 청소년문화복지지표(이소희·김민정, 2000)

배경, 여가 및 사회참여, 공연 관람 및 예술활동, 정보통신·미디어, 유해환경 5개 부문, 22개 영역, 46개 세부영역, 186개 개별지표로 구성되어 있다.

(10) 청소년인권지표(길은배 외, 2001)

인구, 건강과 생존, 가족, 교육, 문화와 여가, 사회보장, 시민권과 자유, 사회적 약자 청소년의 권리 8개 분야, 15개 관심영역, 36개 세부관심영역에서 142개 개별지표로 구성되어 있다.

2. 아동권리지표 체계와 내용

1) 아동권리지표의 체계

아동권리지표의 체계는 〈유엔아동권리협약〉에 이론적 근거를 두며 유엔아동권리위원회가 1991년에 제시한 당사국의 제1차 국가보고서의 작성 지침체계를 기초로 하고 있다.

아동권리지표의 분야는 인구, 생존과 건강, 가족, 시민적 권리와 자유, 교육, 사회복지, 문화와 여가, 특별보호의 8개 영역으로 구성되어 있다.

(1) 인구분야

아동인구에 대한 정보는 아동권리 증진을 위한 정책 수립 및 시행에 가장 근본적인 기초가 되므로 18세 미만 인구를 하나의 분야로 하고 관심영역 및 세부관심영역을 각각 '인구특성' 하나로 설정하고 5개 객관적 지표를 선정했다.

(2) 생존과 건강분야

생존과 건강은 아동의 생존 발달과 직결되는 문제이며 보건의 문제로 어떠한 대상이건 복지를 논의할 때 기본적으로 포함되어야 할 분야로 파악하고, 보건을 복지와 함께 다루고 있는 유엔아동권리위원 지침과는 달리 이를 별도의 분야로 설정했다.

생존과 건강분야는 건강, 생존의 두 가지 관심영역으로 구성하였다. 건강 관심영역은 모자보건, 보건, 건강위해, 장애, 질병 및 의료이용의 5개의 세부 관심영역을 두고 객관적 지표 11개, 주관적 지표 2개로 모두 13개의 개별지표로 구성하였으며 생존 관심영역은 안전 및 사고, 사망 2개의 세부관심영역을 두고 객관적 지표 3개, 주관적 지표 1개로 모두 4개의 지표로 구성. 생존과 건강분야 총

17개의 지표 중 3개가 주관적 지표이다.

(3) 가족분야

〈유엔아동권리협약〉은 아동의 권리보장을 위하여 부모의 지도, 부모의 책임, 부모로부터의 분리, 가족의 재결합, 아동을 위한 양육비 회수 등을 규정하고 있다.

가족분야는 아동의 성장 발달권, 가정생활을 할 권리보장 등을 반영하는 분야로 가족형성과 가족생활 2개의 관심영역으로 구성하였다. 가족형성 관심영역은 가족구성과 가족해체의 2개 세부관심영역을 두고 6개의 객관적 지표로 구성하였으며 가족생활 관심영역은 주거환경, 생활안정 및 부모-자녀 중심의 가족관계의 3개 세부관심영역을 두고 8개의 지표로 구성하였다. 이들 중 4개 지표는 주관적 지표이다.

(4) 교육분야

〈유엔아동권리협약〉은 교육의 기회와 목표에 대하여 정하고 있다. 교육기회에 대해서는 초등교육의 의무 및 무상제공, 중등교육의 이용 및 접근 가능성 보장, 고등교육의 능력에 따른 개방의 보장, 탈락률을 감소시키기 위한 적절한 조치, 아동의 인간적 존엄성에 합치되는 학교 교칙 등을 명시하고 있다. 교육의 목표는 아동의 인격, 재능 및 정신적·육체적 능력을 최대한 계발하고, 모든 사람과의 관계에 있어서 이해, 평화, 관용, 성의 평등 및 우정의 정신에 입각하여 책임 있는 삶을 영위하기 위하여 준비하며, 인권과 기본적 자유 및 자연환경을 존중하도록 가르쳐야 한다고 밝히고 있다.

교육 분야는 교육의 투입, 과정, 산출의 단계에 따라 교육기회, 교육여건, 교육결과로 관심영역을 설정하였다. 교육기회는 취학 전 교육, 일반교육, 특수교육, 인권교육의 네 가지 세부관심영역을 두었으며, 교육여건은 교육환경, 교육복지, 교육비용의 세 가지 세부관심영역, 교육결과는 동일 명칭의 세부관심영역을 포함하였다. 개별지표는 17개이고 이 중에서 5개의 지표가 주관적 지표이다.

(5) 문화와 여가분야

〈유엔아동권리협약〉에 의하면 아동은 휴식과 여가를 즐기고 자신의 연령에 적합한 놀이와 오락활동에 참여하며, 문화생활과 예술에 자유롭게 참여할 수 있는 권리를 갖고 있다. 특히 입시 위주의 교육을 특징으로 하는 우리나라 교육 풍토 속에서 문화와 여가는 아동이 놀 권리를 얼마나 향유하는가와 직결된다는 면에서 지표로서의 중요성이 부각된다.

문화여가 분야는 문화와 여가로 관심영역을 설정하고 각각 문화생활과 여가 활동을 세부관심영역으로 설정하여 모두 17개의 지표를 제시하였다.

(6) 사회복지분야

〈유엔아동권리협약〉은 가족환경을 갖지 못한 아동에게는 가족환경을 대체할 수 있는 환경을 제공받을 권리를 보장하여야 하며, 대리 보호 수단인 입양제도는 아동의 최선의 이익이 절대적으로 고려되어야 하고, 아동학대에 대해서 적절한 입법적·행정적·사회적 및 교육적 보호조치를 취하여야 함을 명시하고 있다.

사회복지분야는 이러한 조항들을 모두 반영하여 사회보장, 복지 서비스의 두 가지 관심영역을 설정하였다. 사회보장은 재정, 기초보장을 세부관심영역으로 설정하고, 복지 서비스의 세부관심영역은 상담, 보육, 보호대상 아동 보호, 입양, 장애아동 보호, 학대아동 보호 등 모두 6개의 세부관심영역을 설정하였다. 사회복지분야 개별지표는 모두 21개이고 이들 중 하나가 주관적 지표이다.

(7) 시민적 권리와 자유분야

〈유엔아동권리협약〉이 규정하고 있는 시민적 자유와 권리에는 이름과 국적, 신분의 유지, 표현의 자유, 적절한 정보에의 접근, 사상, 양심, 종교의 자유, 집회 및 결사의 자유, 사생활의 보호, 고문 및 기타 비인도적인 취급을 받지 않을 권리를 포함하고 있다.

시민적 권리와 자유 분야에 하나의 관심영역을 두고 여기에 종교, 의사표현,

결사집회, 인도적 처우, 정부접근의 5개 세부관심영역을 두었다. 지표는 총 17개이고 이 중에서 1개 지표가 주관적 지표이다.

아동을 단순한 수혜자가 아닌, 권리의 주체로 보고 참여를 보장하는 등 아동권리를 가장 특징적으로 나타내며, 동시에 권리지표의 특성을 대표하는 분야라고 하겠다.

(8) 특별보호분야

〈유엔아동권리협약〉에서는 난민 아동과 무력분쟁 하의 아동 보호, 자유상실 아동, 형의 선고 등 사법행정상의 아동 및 다양한 형태의 착취아동 등 특별한 곤란상태에 처한 아동은 특별보호조치를 받을 권리가 있음을 규정하고 있다.

특별보호 분야는 비행, 근로, 성적 학대 및 착취의 세 가지 관심영역을 설정하였다. 비행 관심영역은 비행과 범죄아동의 2개 세부관심영역 개별지표, 근로는 근로여건과 근로복지의 2개 세부관심영역, 성적 학대 및 착취는 동일한 명칭의 세부관심영역을 설정하였다.

2) 세부관심영역

(1) 인구분야

관심영역	세부관심영역
인구특성	아동 수, 아동인구 비율, 조출생률, 출생성비, 외국인 아동 수

(2) 생존 및 건강분야

관심영역	세부관심영역
모자보건	저체중아 출생률, 모유수유율, 예방접종률
건강	신체중량지수 구성 비율, 우울감 경험 아동 비율, 자살사고 경험 아동 비율
건강위해	학교급식의 식중독 발생률, 음주율, 흡연율, 흡입제, 신경안정제 등 유해약물 사용 경험률
장애	장애아동 출현율

질병 및 의료이용	유병률, 의료이용 충족률
안전 및 사고	안전사고 사상 아동 비율, 안전교육을 받아 본 아동 비율, 사회 안전에 대한 아동의 인식도
사망	사망원인별 사망률

(3) 가족분야

관심영역	세부관심영역
가족구성	가족형태, 결혼한 아동 수
가족해체	부모 이혼 아동 수, 부모 이혼 시 양육자, 부모 이혼 시 면접권 확보 비율, 부모 이혼 시 부모선택 비율
주거환경	혼자 사용하는 공간 보유율, 주거환경 만족도
생활안정	가구의 소득 분포, 부모의 고용상태, 경제생활 만족도
가족관계	부모에 의한 학대 경험률, 부모의 아동의견 존중 정도, 부모와의 관계 만족도

(4) 교육분야

관심영역	세부관심영역
취학전 교육	취학전 교육 보육기관 이용률
일반교육	취학률, 중도 탈락률, 학습시간
특수교육	분리, 통합, 특수교육 대상 아동 취학률
인권교육	아동권리에 대한 인식 정도
교육환경	교사 1인당 학생 수, 학생 1인당 도서관 장서 수, 학교폭력 경험률, 학업 및 학생생활 스트레스 정도
교육복지	학비 지원 학생 비율, 사교육비 비율
교육비용	GNP 대비 공교육비, 학생 1인당 공교육비 대비 사교육비 비율
교육결과	교육의 인격 형성 효과, 교육의 지식 및 기술 습득 효과, 학교생활 만족도

(5) 문화와 여가분야

관심영역	세부관심영역
문화생활	공연 및 전시 관람률, 여행 경험률, 독서량
여가활동	여가활동시간, 여가시간 이용방법, 레저시설 이용률, 여가활동 만족도

(6) 사회복지분야

관심영역	세부관심영역
재정	GDP 대비 아동 관련 총예산 비율, GDP 대비 사회보장 예산 비율
기초보장	국민기초생활보장 수급자 중 아동 비율, 아동인구 대비 국민기초생활보장 대상 아동 비율
상담	아동상담기관 수, 상담전문가와의 상담 경험률
보육	보육 서비스 이용률, 시설유형별 보육 구성비율, 보육료 지원 아동 비율, 보육 충족률
보호대상 아동 보호	보호대상 아동 발생 수, 대리 보호 아동 비율, 아동 복지시설 수 및 보호아동 수, 대리 보호아동 생활만족도, 급식 지원 아동 비율
입양	입양아동 수, 입양 장애아동 비율
장애아동 보호	장애아동의 장애인 등록률, 치료 서비스를 받는 장애아동 비율
학대아동 보호	학대아동 수, 학대아동 조치결과

(7) 시민적 권리와 자유분야

관심영역	세부관심영역
종교	종교 대체과목 개설 및 자유 선택 허용 비율
의사표현	교지 및 학교신문 발행 학교 비율, 두발 및 복장 자율화 학교 비율, 학교운영위원회에 학생 참여 학교 비율, 선생님 앞에서 학생의 의견 표명 정도
결사·집회	학생 대표 피선출 제한 학교 비율, 자발성에 의한 동아리 및 단체 가입 아동 비율
인도적 처우	학교내 체벌 경험률, 검찰의 아동 소년범죄 처리, 소년보호사건 처리, 소년보호 사건 중 변호인 변론 혜택 비율
정보접근	도서관 이용률, 아동도서 발행 비율, 아동가구의 컴퓨터 보유율, 인터넷 이용률, 인터넷 이용시간, 이동전화 소유율

(8) 특별보호분야

관심영역	세부관심영역
비행	음란물 접촉 아동 비율, 아동 풍기사범 단속 처리 건수, 가출아동 비율
범죄아동	범죄자 중 아동 비율, 누범률, 소년보호 및 교정기관 수용자 수, 보호관찰 대상자 수
근로여건	근로아동 비율, 근로시간, 근로자 평균임금 대비 아동 임금 비율, 근로여건 만족도
근로복지	정규 근로아동의 취학률
성적 학대 및 착취	성폭력 피해 경험률, 성매매 경험률

3. 아동권리지표의 시범 적용

1) 인구

(1) 인구특성

2002년 **[18세 미만 아동의 수]**는 11,702,826명이고 전체 인구의 24.8%를 차지 했다. 성별로는 남자 아동이 전 인구의 13.0%, 여자 아동이 전 인구의 11.6%를 차지했으며 아동 전체의 남녀 비율은 52.8% 대 47.2%이다. 거주지는 군지역에 아동인구의 약 20%에 못 미치는 아동이 거주하였으며, 80%는 도시에 거주하였다.

[조출생률]은 인구 1,000명당 출생아 수로 산출하는데 이는 1970년 31.2에서 점차 감소하여 2001년 11.6을 기록하였다.

[출생성비]는 여아 100명당 남아 출생아 수를 나타내는데 이는 인구의 성적 균형이라는 인구학적 특성을 나타내며, 동시에 남아 선호에 의한 여아 태아를 차별하는 사회적 의미를 갖는다.

2001년 총 출생성비는 109.0인데 첫째아는 105.4, 둘째 아는 106.4 셋째아 이상은 141.4를 넘고 있어 남아선호가 1992년 이후 줄어들은 듯 하지만 여러 자녀를 낳을 경우는 남아선호가 오히려 증가하였다.

〈표 2-1〉 **출산순위별 출산성비**

(단위: 여아 100명당 남아 수)

구분	1992	1993	1994	1995	1996	1997	1998	1999	2000	2001
총출생성비	113.6	115.3	115.2	113.2	111.6	108.2	110.1	109.6	110.2	109.0
첫째아	106.2	106.4	106.0	105.8	105.3	105.1	105.9	105.6	106.2	105.4
둘째아	112.4	114.7	114.1	111.7	109.8	106.3	108.0	107.6	107.4	106.4
셋째아 이상	194.5	206.6	205.1	180.2	166.2	135.5	145.6	143.1	143.9	141.4

출처: 통계청(2001). 인구동태통계연보.

2) 생존과 건강

(1) 건강

출생 시 체중은 신생아 및 영유아기의 사망, 질병이환 등을 포함한 영아 보건에 영향을 미치고, 저체중아는 조기분만이 많기 때문에 아동의 건강과 직결된다.

한국보건사회연구원의 2000년 출산력 조사결과에 따르면 출생 시 체중이 2.5kg 미만인 [**저체중아 출생률**]은 3.0%이고 성별로는 남아 3.61%, 여아 4.15%이었으며, 동보다 읍면 지역에서 태어난 아동이 저체중 및 과체중의 비율이 각각 다소 높았다.

[**모유수유율**]은 2000년 출산력 조사결과 생후 2주에 46.2%, 생후 1개월에 35.7%, 생후 3개월에 31%, 생후 6개월에 20.7%, 생후 12개월째에는 9.4%로 급속히 낮아졌다.

〈표 2-2〉 **14~44세 유배우 부인의 최종출생아 월령별 수유양상**

(단위: %)

최종출생아 월령	모유만	모유+보충식	혼합유	혼합유+보충식	인공 수유만	인공유+보충식	보충식	계(수)
생후 2주	46.1	0.1	23.7	0.4	29.7	–	–	100.0(1,343)
1~2월 미만	35.2	0.5	19.0	0.6	44.2	0.5	–	100.0(1,300)
2~3월 미만	29.3	1.7	13.5	2.4	47.9	5.2	–	100.0(1,247)
3~4월 미만	22.1	4.4	9.6	4.2	40.3	19.4	–	100.0(1,180)
4~5월 미만	14.9	8.4	4.9	6.3	25.8	39.6	0.1	100.0(1,118)
5~6월 미만	9.5	11.2	2.8	8.2	16.3	51.7	0.3	100.0(1,065)
6~7월 미만	7.3	11.6	1.2	6.6	12.3	60.3	0.7	100.0(1,014)
11~12월 미만	1.9	7.5	0.8	4.6	6.4	75.6	3.2	100.0(777)
12~13월 미만	1.0	5.4	0.7	4.9	5.0	75.7	7.3	100.0(735)

출처: 김승권 외(2000). 전국출산력 및 가족보건실태조사. 한국보건사회연구원.

[**예방접종률**]은 일정 기간 동안 출생한 표준접종시기를 초과한 아동 중 예방접종을 한 출생아의 비율이다. BGC 예방접종률은 99.6%, 디프테리아, 파상풍, 백일해 및 폴리오 예방을 위한 DT&P 1차 접종률 98.8%, 2차 접종률 98%, 3차 접종률은 95.3%이었으나 12~15개월 사이에 접종하는 추가접종률은 75.8%로 낮

아졌다. MMR 예방접종률은 90.2%, 간염 예방접종률은 1차 98.3%, 2차 94.8%로 접종률이 떨어졌다.

[우울감]은 2002년도 조사에서 1년 동안의 우울을 느끼는 정도를 직접 질문하는 방법으로 조사한 결과 12~14세는 3.54%, 15~19세는 6.23%가 느낀다고 했다. 남자보다 여자, 동보다는 읍면에서 우울 정도가 높았다.

〈표 2-3〉 **1년간 우울 인식도(12~19세)**

(단위: %)

구분		계(N)	항상 느낌	가끔 느낌	거의 안 느낌	전혀 안 느낌
전체	전체	100.0(1,243)	6.23	49.92	30.68	13.17
성	남자	100.0(632)	3.29	44.20	36.94	15.57
	여자	100.0(611)	9.24	55.76	24.28	10.72
연령	12~14세	100.0(481)	3.54	41.50	36.16	18.80
	15~19세	100.0(762)	7.91	55.18	27.25	9.66
지역	동	100.0(1,043)	5.63	49.82	31.00	13.55
	읍면	100.0(200)	9.45	50.44	28.93	11.18

출처: 보건복지부(2002). 2001 국민건강 영양조사: 보건의식형태편. 한국보건사회연구원.

2002년도의 자료를 보면 12~14세의 19%, 15~19세의 26.4%가 1년간 **[자살 생각]**을 한 것으로 조사되었는데 남자보다 여자가 자살 생각 비율이 높았다.

〈표 2-4〉 **1년간 자살 생각 경험(12~19세)**

(단위: 명, %)

구분		전체		남자		여자	
		명	%	명	%	명	%
전체		1,244	23.58	633	18.49	611	28.78
연령	12~14세	480	19.00	248	15.73	232	22.34
	15~19세	764	26.42	385	20.20	379	32.79
지역	동	1,043	23.54	534	18.64	509	28.69
	읍·면	201	23.79	99	17.61	102	29.19

출처: 보건복지부(2002). 2001 국민건강 영양조사: 보건의식형태편. 한국보건사회연구원.

[학교급식의 식중독 발생률]은 급식학교 대비 식중독 발생 건수 비율이다.

2002년 급식대상 학교는 9,775개교로, 전체 학교의 94.7%에 해당하고 학생 수는 전체 초·중·고등학교 재학생의 83.1%인 647만 명이 학교 급식을 제공받았다. 2001년 급식으로 인한 식중독 발생 건수는 36건으로 발생률은 0.41% 이하이며, 급식 유형별로는 직영 0.25%, 위탁 1.04%로 위탁급식의 식중독 발생률이 4.4배 높았다.

〈표 2-5〉 **3년간 식중독 발생률 현황**

(단위: 개소, 명, %)

구분		1998		1999		2000		2001	
		수	비율	수	비율	수	비율	수	비율
전체	식중독 발생 건수	16	0.22	21	15	0.26	0.18	36	0.41
	식중독 환자 수	1,385	0.04	3,039	0.06	4,076	0.08	4,889	0.09
직영	식중독 발생 건수	7	0.11	8	0.12	8	0.12	17	0.24
	식중독 환자 수	595	0.02	669	0.02	1,482	0.03	1,990	0.05
위탁	식중독 발생 건수	9	0.88	13	0.80	7	0.39	19	1.04
	식중독 환자 수	790	0.32	2,370	0.29	2,594	0.29	1,899	0.15

출처: 교육인적자원부(2001). 학교급식 관련 위생사고 발생 현황. 재구성.

장애아동은 법적 기준으로 장애가 있다고 판정된 아동인데 [**장애아동 출현율**]은 법적으로 장애 범주를 어떻게 설정하느냐에 따라 달라진다. 0~4세 0.33%, 5~9세 0.84%, 10~14세 0.80%, 15~19세 0.97%이며 남아의 장애 출현율이 높다.

〈표 2-6〉 **성 및 연령구분별 장애 출현율**

(단위: %)

연령	전체		남자		여자	
	출현율	추정수	출현율	추정수	출현율	추정수
0~4세	0.33	10,925	0.36	6,254	0.31	4,671
5~9세	0.84	30,925	1.00	19,286	0.67	11,639
10~14세	0.80	27,574	1.06	19,334	0.50	8,230
15~19세	0.97	35,245	1.26	23,286	0.67	11,959
전체 인구	3.09	1,449,494	3.86	890,430	2.34	559,064

출처: 변용찬 외(2000). 2000년도 장애인 실태조사. 보건복지부, 한국보건사회연구원.

[유병률]은 일정 기간 동안 유병상태 인구의 비율인데 보건복지부 국민건강·영양조사에서는 기간을 2주간으로 설정하고 있다. 그 결과를 보면 0~4세 43.41%, 5~9세 30.16%, 10~14세 19.85%, 15~19세 19.79%로 성별이나 지역별로는 일관성 있는 차이를 보이지 않고 있다.

〈표 2-7〉 **2주간 유병자율**

(단위: %)

구분		전체 인구	0~4세	5~9세	10~14세	15~19세
전체	전체	40.46	43.41	30.16	19.85	19.79
	동	38.02	43.06	29.84	19.96	20.27
	읍	51.92	45.37	32.28	19.25	16.91
성	전체	36.62	44.72	30.06	20.32	19.77
	동	34.78	44.16	30.05	20.69	20.30
	읍	45.39	47.73	30.08	18.35	16.34
연령	전체	44.14	41.86	30.27	19.31	19.81
	동	41.13	41.75	29.60	19.14	20.23
	읍	57.99	42.49	34.67	20.43	17.45

출처: 보건복지부(2002). 2001 국민건강 영양조사: 총괄편. 한국보건사회연구원.

[의료이용 충족률]은 유병자의 유병 일수를 투약 일수로 나눈 것으로 연령이 많아짐에 따라 의료이용 충족률은 낮아진다. 연령별로 보면 0~4세 80.30%, 5~9세 68.55%, 10~14세 54.69%, 15~19세 52.16%로 집계되었으며 성별이나 지역별로는 일관성 있는 차이를 보이지 않았다.

(2) 생존

15~19세 인구 중 사회가 안전하다고 보는 비율은 교통, 건축 및 시설물, 치안, 식품 모두에서 10% 정도에 불과하다. 전체 인구의 안전 인식과 비교하면 치안을 제외하고는 15~19세 인구가 안전하다고 인식하는 비율이 높다.

〈표 2-8〉 **유형별 사회 안전에 대한 인식도**

(단위: %)

구분		안전하다	매우	비교적	보통이다	불안하다	비교적	매우	계
교통	전체	8.2	0.4	7.8	42.9	48.9	41.2	7.7	100.0
	15~19세	10.0	0.8	9.2	44.4	45.6	38.0	7.6	100.0
시설물 및 건축물	전체	9.1	0.3	8.8	47.5	43.5	36.6	6.9	100.0
	15~19세	10.4	0.4	9.9	49.3	40.4	33.5	6.9	100.0
치안	전체	10.5	0.5	10.0	44.1	45.4	37.7	7.7	100.0
	15~19세	10.4	0.6	9.8	45.1	44.4	35.6	8.8	100.0
식품	전체	8.6	0.4	8.2	44.3	47.1	37.3	9.8	100.0
	15~19세	10.7	0.6	10.1	48.0	41.3	32.9	8.3	100.0

출처: 통계청(2001). 사회통계조사보고서.

학교에서 **[안전교육을 받아 본 아동의 비율]**은 42.2%로 나타났다. 학교 급별이 높아질수록 이수 비율이 낮고 읍면이 도시보다 비율이 낮았다.

사망 세부관심영역의 개별지표는 10만 명당 주요 사망원인별 **[사망률]**이다. 아동의 사망률은 통계청에서 0세, 그 이상은 5세 간격으로 집계하는데 0세 527.4, 1~4세 40.1, 5~9세 22.9, 10~14세 19.3, 15~19세 41.5이다.

〈표 2-9〉 **연령별 사망률(2001년)**

(단위: 인구 10만 명당, 명)

구분	0세	1~4세	5~9세	10~14세	15~19세	인구전체
사망률	527.4	40.1	22.9	19.3	41.5	507.0
사망자	3,008	1,042	816	614	1,504	242,730

출처: 통계청(2001). 사망원인통계연보.

3) 가족

(1) 가족형성

[아동의 가족형태]는 아동과 부모를 중심으로 하는 가족형태로 아동과 부모 포함 가족, 아동과 편부모가족, 아동과 부모 없이 친인척으로 구성된 가족, 아동

만으로 구성된 가족, 기타 가족으로 구분한 아동 중심의 가족 비율을 의미한다.

전국에서 표본 추출한 12,000가구를 대상으로 실시한 2002년 보육실태조사에서 아동과 부모의 동거 여부를 중심으로 한 가족형태를 보면 12세 미만 아동이 있는 가구의 93.7%는 아동이 부모와 함께 살고, 1.2%는 모 없이 부와 살며, 3.0%의 아동은 부 없이 모와 사는 것으로 조사되었다. 또 1.2%는 부모 없이 조부모와, 0.9%는 부모 없이 친인척과 함께 생활했다.

〈표 2-10〉 **지역별 12세 미만 아동의 부모와의 동거 여부**

(단위: %)

구분	대도시	중·소도시	읍·면	계
부모와 동거	93.8	94.9	91.0	93.7
부와 동거(모 부재)	0.8	1.7	1.3	1.2
모와 동거(부 부재)	3.6	2.5	2.0	3.0
조부모와 동거(부모 부재)	1.1	0.4	3.4	1.2
친인척과 동거(부모 부재)	0.6	0.5	2.3	0.9

출처: 한국보건사회연구원(2002). 2002년 전국 보육실태조사.

이혼율이 높아짐에 따라 해마다 발생하는 **[부모 이혼 아동 수]**도 증가하게 된다. 통계청에서는 미성년자 통계를 내고 있는데 2001년 기준으로 부모가 이혼하는 미성년자의 수는 최소한 153,698명 이상으로 추정된다. 이는 1999년 및 2000년에 비하여 17,000명 이상 증가된 것이다. 18세 미만 아동의 수는 이보다는 약간 적을 것으로 추측할 수 있다.

〈표 2-11〉 **이혼 시 미성년 자녀 수별 아동 수 및 비율**

(단위: 명, (%))

구분		자녀없음	1명	2명	3명 이상	계	최소추정 미성년자 수
1999	수 (비율)	33,932 (28.7)	37,691 (32.0)	41,241 (34.9)	5,150 (4.4)	118,014 (100.0)	135,623 –
2000	수 (비율)	35,523 (29.6)	38,117 (31.8)	41,079 (34.2)	5,263 (4.4)	119,982 (100.0)	136,064 –
2001	수 (비율)	37,660 (27.9)	42,193 (31.3)	46,694 (34.6)	6,039 (4.5)	135,014 (100.0)	153,698 –

출처: 통계청(2002). 인구동태통계연보.

(2) 가족생활

[부모에 의한 학대 경험 아동 비율]은 1년간 부모로부터 학대를 경험한 아동의 비율로 학대유형별(신체적, 정서적, 성적, 방임)로 집계되어야 한다고 정의하였다.

1세 미만 연령 집단을 제외한 모든 연령 집단을 대상으로 지난 6개월간 부모로부터 매를 맞은 횟수를 보면 전체 연령 집단에서 절반 이상의 아동이 매를 맞는 것으로 나타났다.

가정에서의 **[언어적 폭력]**을 경험한 아동 비율도 높았다. 대부분 가정에서조차 '꼴도 보기 싫다', '병신 같은 것' 등의 심한 언어적 학대를 경험한 것으로 나타나 아동이 언어적 폭력에 노출되어 있음을 보여 준다. 가장 비율이 낮은 것이 '집을 나가라'는 언어폭력인데 이것도 15%의 중·고등학생이 경험한 것으로 조사되었다.

〈표 2-12〉 **부모에 의한 언어적 학대 실태**

(단위: %(명))

문항	전혀 없었다	드물게 있었다 (일 년에 2~3번)	가끔 있었다 (한 달에 2~3번)	자주 있었다 (일주일에 1~3번)	계(수)
꼴도 보기 싫다	57.5	29.8	9.0	3.6	100.0(963)
병신 같은 것, 멍청한 것	61.5	27.8	7.6	3.1	100.0(958)
이 웬수야	66.9	24.0	7.0	2.2	100.0(755)
이 돌대가리 같으니	74.1	19.0	4.6	2.4	100.0(960)
너는 집안의 골칫거리야	80.9	14.7	2.9	1.6	100.0(961)
학교 그만 둬, 돈 벌어와	81.3	13.0	4.4	1.4	100.0(962)
죽어버려라	82.4	13.5	3.0	1.0	100.0(962)
너 내 자식이 아니다	84.5	11.0	3.0	1.5	100.0(962)
집 나가 버려라	85.0	10.6	3.3	1.0	100.0(961)

출처: 청소년보호위원회(1998). 청소년 인권의 현황과 대책.

[부모의 아동 의견 존중 정도]는 가정에서 아동 관련 사항을 결정할 때 부모

가 자녀의 의견을 존중하는 정도로 중학생 70.6%, 고등학생 64.3%가 존중받는다고 여겼다. 그러나 30~40% 정도는 부모가 자신의 의견을 존중하지 않는 편이라고 인식했고 전 연령별로 부모 모두에 대하여 5~6% 정도는 매우 존중하지 않는다고 응답하였다. 중학생보다 고등학생이 부모가 자신의 의견을 존중하지 않는다는 응답비율이 높았다.

[**아동의 부모와의 관계 만족도**]에서 '매우 만족'이 부 44.3%, 모 54.6%로 부보다는 모와의 관계 만족도가 높고 학교 급이 높아질수록 비율이 낮아졌다.

4) 교육

(1) 교육 기회

[**취학 전 아동 교육보육기관 이용률**]은 만 3~5세 아동 중 28.4%는 유치원에, 30.6%는 어린이집에 등록하여 모두 59.0%의 아동이 유아기관에 등록한 것으로 조사되었다. 연령별로는 만 3세 아동 42.8%, 만 4세 아동 57.8%, 만 5세 아동 68.7%로 연령이 높아짐에 따라 이용률이 증가하였으며 이용기관은 만 3세 이하는 어린이집이 30.8%로 유치원 12%보다 높지만 만 4세부터는 유치원의 이용률이 높아졌다.

미취학 아동의 기관 이용률은 만 5세 아동을 중심으로 보면 우리나라는 68.7%, 미국 73.8%, 이탈리아 97.6%, 노르웨이 80.5% 등과 비교하여 낮은 수준이다. 연령이 낮은 3세와 4세의 경우는 그 차이가 더 크다.

2002년 초등학교와 중학교는 98.5%, 고등학교는 94%의 [**취학률**]을 나타냈다. 초등학교와 중학교는 거의 완전 취학을 이루었으며 의무교육 기간까지는 남녀간 차이도 거의 나타나지 않았다. 고등학교 취학률의 남녀 차이는 2002년 0.2%로 1980년 14.1%에 비해 많이 좁혀진 것이다.

[**학습 시간**]은 평일에는 초등학생이 7시간 20분, 중학생이 8시간 52분, 고등학생이 10시간 7분으로 나타났다. 고등학생의 경우는 평일에 초등학생과 중학

생의 경우보다 학습시간이 길어 학교 외 공부시간이 짧게 나타났지만, 토요일과 일요일의 경우는 초등학생보다 많은 것으로 나타났다. 또한, 상급학교로 진학할수록 주말 공부시간이 많아지고 있다.

CHAPTER_03

우리나라 아동권리 수준

1. 아동권리 향상을 위한 조치
   1) 이미 시행 중인 아동권리
   2) 최근 개선된 아동권리
   3) 아동권리 개선 실적

2. 아동의 정의
   1) 불합리한 법규 개정
   2) 아동의 정의
   3) 아동권리 개선 실적

3. 일반 원칙
   1) 차별금지
   2) 차별금지의 원칙
   3) 아동이익 최우선의 원칙

4. 시민적 권리와 자유
   1) 이미 시행 중인 아동권리
   2) 최근 개선된 아동권리
   3) 아동권리 개선 실적

5. 가정환경 및 대안양육
   1) 이미 시행 중인 아동권리
   2) 최근 개선된 아동권리
   3) 아동권리 개선 실적

6. 보건기초 및 복지
   1) 이미 시행 중인 아동권리
   2) 최근 개선된 아동권리
   3) 아동권리 개선 실적

7. 교육, 여가 및 문화적 활동
   1) 이미 시행 중인 아동권리
   2) 최근 개선된 아동권리
   3) 아동권리 개선 실적

1. 아동권리 향상을 위한 조치

우리나라 아동권리 수준을 알아보려면 여러 기관에서 발간하고 있는 보고서, 백서, 논문을 참조하거나 언론기관의 기사를 찾아보는 방법이 있을 것이다.

우리나라는 〈유엔아동권리협약〉 제44조의 규정에 따라 협약 이행사항을 1994년에 1차 국가보고서, 1999년에 2차 국가보고서, 2008년 3·4차 국가보고서를 보냈고, 2017년에 5·6차 국가보고서를 보내려 준비 중이다.

1차 국가보고서는 협약이행을 위한 개선목표가 명확하지 못했고, 2차 국가보고서는 1차 보다는 충실한 내용이었으나 권리이행의 포괄적인 파악과 협약이행을 어렵게 하는 걸림돌들을 제대로 파악하지 못했다. 3·4차 국가보고서는 정부 각 부처의 실적과 내용을 수합하여 제출하였다.

2011년 유엔인권위원회는 우리나라가 제출한 3·4차 국가보고서를 심사하고 우려와 권고사항의 일부가 불충분하게 다루어지거나 전혀 다루어지지 않았음을 지적하였다. 특히 국가인권위원회 내 아동권리분과위원회 설립, 체벌의 전면적인 금지, 아동이 겪는 스트레스를 줄이기 위한 교육정책검토를 촉구하였다. 5·6차 국가보고서는 2017년 6월 19일까지 제출해 달라고 요구하고 있다(정옥분 외, 2016).

또한, 〈유엔아동권리협약 국가보고서〉는 몇 가지 한계가 있는데, 권고를 중심으로 한 법과 정책에 대한 이행평가는 협약 전반에 대한 아동권리 수준을 확인하기 어려우며 어떤 경우 국가보고서 제출과 권고를 받기까지 소요되는 시간으로 인하여 우리나라 아동의 변화한 현재적 욕구를 충분히 반영하기 어렵다(황옥경 외, 2015).

그럼에도 우리나라 아동권리 수준을 객관적으로 살펴보기 위해 보건복지부에서 발행한 〈유엔아동권리협약 제3·4차 국가보고서〉를 참조, 요약·재편집하였다.

1) 이미 시행 중인 아동권리

2000년 제2차 국가보고서 제출과 2003년 아동권리위원회의 권고사항을 계기로 국제적 수준의 아동의 권리를 증진하기 위하여 아동 관련 종합대책의 수립, 아동 관련 예산의 확대, 아동정책 추진체계의 정비 등을 추진하였다.

2008년은 아동·청소년정책의 전환기라 할 수 있다. 그동안 아동·청소년정책은 보건복지부(아동정책), 여성가족부(보육정책), 국가청소년위원회(청소년정책) 등 여러 부처에서 수행해 왔는데 2008년부터는 보건복지부에서 통합적으로 추진하도록 하였다.

〈유엔아동권리협약〉 비준 당시에 유보하였던 아동의 부모면접교섭권을 「민법」 개정을 통하여 반영하였다.

(1) 입양허가제(21조)

종래 「민법」은 당사자 간의 입양합의에 의한 입양신고만으로 입양이 성립할 수 있도록 하고 별도로 법원의 허가를 필요로 하지 않았다. 하지만 정부는 2005년에 「민법」을 개정하여 입양의 성립에 있어 가정법원의 허가를 반드시 요하는 친양자제도를 도입하였다.

2005년에 「입양촉진 및 절차에 관한 특례법」을 개정하여 '입양의 날(5. 11.)' 및 '입양주간' 사업을 추진하고 있다. 또한, 2007년 1월 '국내 입양 활성화 대책'을 수립하여 TV, 인터넷, 종교신문 등을 활용한 홍보활동을 전개하였다.

(2) 아동의 부모면접교섭권(제9조)

2005년에 「민법」을 개정하여 가정법원이 직권으로 부모의 자녀면접교섭권에 개입할 수 있도록 하여 공공성을 강화하였다. 하지만 여전히 자녀를 양육하지 않는 부모일방에게만 면접교섭권을 인정하고 자녀에게는 인정하지 않아 자녀는 면접교섭권의 주체가 아닌 객체로 인식되는 문제가 있었다. 이에 2007년 12월에 「민법」을 개정하여 협약상의 '아동의 이익 최우선의 원칙'을 실현하고 아동의 권리를 강화하기 위하여 아동에게도 부모면접교섭권을 인정하였다.

2) 최근 개선된 아동권리

(1) 당사국 이행의무(제4조)

아동 관련 3대 종합대책과 '청소년 육성기본계획'은 아동의 보호와 육성, 안전, 기본생활보장, 권리, 참여를 강화하는 데 기여하였다. 특히 추진과정에서 관련 법을 제·개정하여 아동권리증진의 법적근거를 확보하였다. 또한, 2008년에 추진되고 있는 아동청소년 관련 법 제·개정은 적극적인 아동권리실현을 목표로 하고 있으며, '아동청소년정책 5개년 기본계획' 수립은 아동 관련 종합대책을 포괄적으로 계승한 아동권리증진의 국가행동계획이라 할 수 있다.

(2) 아동인권 홍보(제42조)

교육부는 2002년부터 교사를 대상으로 학생의 인권 제고 및 폭력 예방·근절을 위한 연수를 실시하고 있다. 또한, 각 시·도교육청 교육연수원에서는 전문직·관리직을 대상으로 아동권리에 관한 연수과정을 운영하고 있다. 2006년부터는 교사의 인권의식 향상을 위하여 교육청 및 학교별로 아동권리연수를 실시하고 있다.

법무부는 2006년에 '인권국'을 신설하고 인권교육 활성화에 노력하고 있다. 특히 소년사법과 관련한 종사자 등을 대상으로 교육을 실시하고 있으며, 전문적 교재 개발을 추진하고 있다. 또한, 민간단체와 연계하여 사법 종사자 양성기관에서 아동권리 교육을 실시하고 있다.

보건복지부는 2005년부터 매년 아동 복지시설 종사자 등을 대상으로 아동권리 교육을 실시하고 있다. 교육내용은 〈유엔아동권리협약〉을 이해하고 이를 현장에서 적용할 수 있도록 구성되어 있다.

(3) 국가보고서 활용(제44조 제6항)

1994년과 2000년에 제출된 국가보고서, 2006년에 제출한 선택의정서 이행에 관한 국가보고서를 비롯한 〈유엔아동권리협약〉 관련 자료는 국가인권위원회, 한국보건사회연구원 홈페이지를 통하여 정보를 제공받을 수 있다.

3) 아동권리 개선 실적

(1) 아동 관련 예산

정부는 유아 및 초·중등교육, 아동복지, 보육, 청소년정책, 성폭력·가정폭력 관련 예산을 매년 증액하여 아동 관련 정책이 안정적으로 추진될 수 있도록 노력하고 있다.

〈표 3-1〉 아동 관련 예산

(단위: 백만 원, %)

구분		2003	2004	2005	2006	2007
전체국가 예산(A)		118,132,320	120,139,368	135,215,587	146,962,504	156,517,719
아동 관련 예산	유아 및 초·중등 교육 관련 예산	17,923,061 (–)	18,985,240 (7.7)	24,390,080 (31.3)	25,257,051 (3.5)	26,835,133 (6.2)
	아동복지 관련 예산	84,297 (–)	101,182 (20.0)	13,670 (△86.51)	21,663 (58.6)	70,235 (224.2)
	보육 관련 예산	312,012 (–)	404,997 (29.8)	600,091 (48.2)	791,008 (31.8)	1,043,474 (31.9)
	청소년 관련 예산	89,747 (–)	109,824 (22.4)	125,039 (13.9)	137,815 (10.2)	156,536 (13.6)
	성폭력·가정폭력 관련 예산	6,324 (–)	13,675 (53.7)	14,563 (6.5)	19,013 (30.5)	20,352 (7.0)
	계(B)	18,115,441 (–)	19,614,918 (8.3)	25,143,443 (28.2)	26,226,550 (4.3)	28,125,730 (7.2)

출처: 보건복지가족부(2009). 유엔아동권리협약 제3·4차 통합 국가보고서. 재인용.
( )는 증감률을 표시한 것임.

2. 아동의 정의

1) 불합리한 법규 개정

종전의 「민법」은 약혼연령 및 혼인적령에 관하여 남자는 만 18세, 여자는 만 16세로 달리 규정하고 있었다. 하지만 이는 불합리한 차별이며 남녀평등에 반한다는 비판이 있었다. 현행법의 합리적 근거 없는 성차별적 요소를 없애기 위해 2007년 11월 「민법」을 개정하여 만 16세인 여자의 혼인 가능 연령을 남자(만 18세)와 동일하게 하였다.

2) 아동의 정의

〈유엔아동권리협약〉 제1조에서는 아동을 18세 미만의 모든 사람으로 규정하고 있으나 우리나라 현행 법 체계는 법의 목적 및 정책 내용에 따라 다양한 용어와 연령기준을 제시하고 있다. 이를 근거로 관련 통계를 생산하고 있으며, 정책 및 제도 개선에 활용하고 있다.

3) 아동권리 개선 실적

(1) 아동인구

아동인구의 감소는 국가경쟁력과 직결되는 문제이므로 정부는 지속적으로 변화추이를 점검해 나가고 있다. 현재 저출산 현상으로 인하여 아동인구는 지속적으로 감소하고 있다. 아동인구비율은 2003년 24%에서 2007년 22.1%로 감소하였다. 2010년에는 21.5%로 감소될 것으로 예측되고 있다.

〈표 3-2〉 아동인구

(단위: 명, %)

구분	2003	2004	2005	2006	2007
전체인구(A)	47,859,311	48,039,415	48,138,077	48,297,184	48,456,369
아동인구(B)	11,478,537	11,297,516	11,105,069	10,903,869	10,704,846
(B/A)	24.0	23.5	23.1	22.6	22.1
0세	494,291	480,092	453,778	442,831	449,027
1~5세	3,008,495	2,858,133	2,712,913	2,537,401	2,383,255
6~11세	4,177,543	4,112,409	4,016,417	3,922,772	3,806,079
12~17세	3,798,208	3,846,882	3,921,961	4,000,865	4,066,485

출처: 보건복지가족부(2009). 유엔아동권리협약 제3·4차 통합 국가보고서. 재인용.

3. 일반 원칙

1) 차별금지

2004년에 제정된 「청소년복지 지원법」, 2006년에 개정된 「아동복지법」, 2007년에 제정된 「장애인차별금지 및 권리구제 등에 관한 법률」과 「장애인 등에 대한 특수교육법」 등이 있다. 2008년에는 「초·중등교육법」을 개정하여 불법체류자의 아동도 거주지 확인만으로 의무교육을 받을 수 있도록 하였다. 또한, 다문화가족 아동, 새터민 아동이 차별 없이 안정된 생활을 영위할 수 있도록 지원하고 있다.

(1) 관련 법

「대한민국헌법」은 모든 영역에서의 차별금지를 천명하고 있으며, 아동 관련 법은 이를 적극적으로 반영하고 있다. 2004년 「청소년복지 지원법」 제정 및 2006년 「아동복지법」 개정 등을 통하여 인종차별금지를 명문화하였다. 「장애인 차별금지 및 권리구제 등에 관한 법률」에 따라 교육책임자는 장애아동의 입학 또는 전학을 강요할 수 없다. 또한, 장애를 이유로 교내외 활동(수업·실험·수학

여행 등)의 참여를 제한할 수 없도록 하였으며, 통학·이동 및 교육활동을 위한 정당한 편의를 제공하도록 하고 있다. 2007년 5월에는「장애인 등에 대한 특수교육법」이 제정되었다.

(2) 인종차별금지

정부와 지방자치단체는 다문화가족 아동을 위하여 2007년부터 지역사회 다문화아동 종합 지원 사업을 실시하고 있다. 동 사업은 다문화가족 아동의 욕구 및 실태조사 결과를 토대로 다양한 서비스를 제공하는 것으로 2007년 부산(도시형), 2008년 익산(도·농형)에서 실시되었다.

아동의 타문화에 대한 편견 해소 및 다양성이 존중되는 건강한 학교문화를 조성하기 위하여 학교순회 다문화이해교육을 실시하고 있다.

(3) 새터민 아동 지원

2005년부터 '탈북자'라는 용어를 대신해 '새터민'이라고 하였다. 새터민 아동의 안정적인 정착 지원 및 보호를 위하여 입국초기(하나원 재원 중)부터 정착시까지 단계별로 지원체계를 마련하고 있다.

하나원 입소교육, 비교문화체험학습, 사회입문 프로그램, 거주지 방문교육으로 이어지는 새터민 아동의 정착초기교육 프로그램을 개발·운영하고 있다.

2) 차별금지의 원칙

(1) 외국인정책 기본계획

2007년 재정된「재한외국인 처우 기본법」의 규정에 따라 2008년에 '제1차 외국인정책 기본계획'을 수립했다. 본 기본계획에는 아동이 외모나 문화적 차이 때문에 사회로부터 부당한 차별적 인식과 편견에 노출되어 있음을 우려하여 학교교육을 통한 다문화이해 증진정책이 포함되었다.

(2) 다문화가족 교육 지원 대책

다문화가족 아동의 교육환경 개선을 위하여 2006년에 '다문화가족교육 지원 대책'을 수립하였다. 본 대책에는 다문화가족자녀를 위한 '방과 후 학교' 프로그램 개설 지원, 교육과정 개정 시 도덕교과에 '타문화편견 극복' 단원포함, 불법체류자자녀의 교육권보호를 위한 부처협의 추진 등이 포함되었다.

3) 아동이익 최우선의 원칙

2007년부터 시행되고 있는 12세 미만의 취약계층 아동과 가족을 지원하는 '드림스타트' 사업은 대표적인 예라할 수 있다. 또한 「국민기초생활 보장법」, 「가족친화 사회환경의 조성 촉진에 관한 법률」, 「한부모가족 지원법」, 「건강가정 지원법」 등은 아동을 보호하고 있는 보호자 및 가족에 대한 적극적인 지원정책이다.

4. 시민적 권리와 자유

1) 이미 시행 중인 아동권리

(1) 표현과 결사의 자유

'학교운영위원회'는 학교헌장 및 학칙의 제정 또는 개정에 관한 사항 등을 심의하는 기구로 국·공립 및 사립의 초·중·고등학교, 특수학교에 설치되어 있다. 동 위원회는 교원대표·학부모대표 및 지역사회인사로 구성되어 있다.

학교에서 아동의 능동적인 참여를 촉진하기 위하여 학생 인권침해 논란이 있는 학교생활 규정조항을 개정하고, 학생의 인격을 침해하는 생활지도방법을 개선해 나가고 있다.

(2) 체벌

체벌에 관하여「초·중등교육법 시행령」(제31조 제7항)은 학생을 지도할 때 "교육상 불가피한 경우를 제외하고는 학생에게 신체적 고통을 가하지 아니하는 훈육·훈계 등의 방법으로 하여야 한다."고 규정하고 있으며, 학생에게 심한 폭행·욕설행위 등 사회통념상 지나친 체벌을 한 교원에 대해서는 교원양정 기준을 강화하여 형사처벌을 하고 있다.

2) 최근 개선된 아동권리

(1) 이름과 국적(제7조)

대한민국에서 태어난 아동은「국적법」에 의거하여 이름과 국적을 취득할 수 있다. 국적취득에 있어서 부모 양계 혈통주의와 속인주의 원칙을 따르고 있다. 2007년에 제정된「가족관계의 등록 등에 관한 법률」에서는 부 또는 모에게 출생신고 의무를 부과하고 있으며, 부 또는 모가 출생신고를 할 수 없을 경우에는 동거친족이나 분만에 관여한 의사·조산사 또는 그 밖의 사람을 출생신고 의무자로 규정하고 있다.

(2) 신분의 유지(제8조)

2005년「민법」개정에 따라 2008년부터는 아버지의 성과 본을 따르도록 한 부성주의의 원칙을 수정하여 자녀의 성과 본은 아버지를 따르는 것을 원칙으로 하되, 혼인 당사자가 혼인신고 시 협의를 한 경우에는 어머니의 성과 본을 따를 수 있도록 하였다. 또한, 자녀의 복리를 위하여 아버지 또는 어머니의 청구로 법원의 허가를 받아 자녀의 성과 본을 변경할 수 있도록 하였다.

(3) 표현의 자유(제13조)

아동의 표현의 자유는「대한민국헌법」에 보장되어 있으며 국가인권위원회는

「대한민국헌법」과 국제조약에 근거하여 아동의 표현의 자유가 보장되고 있는지를 지속적으로 모니터하고 있다.

학교에서 아동의 표현의 자유가 침해되지 않도록 아동 개개인과 학생회의 활동을 적극 권장하고 있다.

(4) 사생활의 보호(협약 제16조)

모든 국민의 사생활은 「대한민국헌법」에 의해 보장된다. 개인의 사생활은 「대한민국헌법」과 법률의 근거 없이 이를 제한할 수 없고, 제한하는 경우에도 「대한민국헌법」상 요건에 따라 필요 최소한의 제한에 그치도록 하고 있다. 「교육기본법」은 아동에 관한 정보보호의원칙, 「초·중등교육법」은 학생 관련 자료제공의 제한, 「청소년의 성보호에 관한 법률」은 성범죄 피해 아동의 사생활에 관한 비밀을 공개하거나 타인에게 누설하는 것을 엄격히 금지하고 있다.

(5) 정보 접근권(협약 제17조)

「공공기관의 정보공개에 관한 법률」에 따라 정보공개를 청구할 권리를 갖는다. 정부는 정부기관의 홈페이지에 국민이 쉽게 접근할 수 있도록 개선하는 한편, 아동이 보다 쉽게 접근할 수 있도록 아동용 홈페이지, 외국인의 접근성 향상을 위한 영문홈페이지도 개설·운영하고 있다.

교육청 단위로 학교도서관 활성화 사업학교를 선정하여 자율적으로 추진하도록 하였다. 이를 위하여 정부는 2003년부터 2007년까지 총 1,390억 원을 지원하였다.

(6) 고문 및 기타 비인도적 취급을 받지 않을 권리(협약 제37조 제1항)

「대한민국헌법」은 국민의 신체의 자유를 보장하며, 고문 및 비인도적인 취급을 받지 않을 권리를 보장하고 있다. 「형법」 및 「형사소송법」도 위의 권리를 적극적으로 보장하고 있다.

고문은 「형법」 제123조(직권남용), 제124조(불법체포구금), 제125조(폭행가혹행위), 「특정범죄 가중처벌 등에 관한 법률」 제4조의 2, 「군형법」 제62조, 「국가정보원법」 제19조 등에 의해 금지되고 처벌된다.

3) 아동권리 개선 실적

(1) 체벌금지학교

아동의 권리를 침해할 수 있는 학교생활규정을 개정하여 인권존중의 학교문화를 만드는 일에도 힘쓰고 있다. 그 결과 체벌금지학교는 2003년에 전체학교의 27.7%에서 2007년에는 69.7%로 증가하였다.

(2) 학교도서관 설치 및 장서 현황

2003년부터 2007년까지 '학교도서관 활성화 사업'에 의하여 지원한 학교도서관은 6,205개교이다. 이 중 초등학교 3,214개교(51.8%), 중학교 1,737개교(28%), 고등학교 1,241개교(20%), 특수학교 13개교(0.2%)이다. 같은 기간 전체 도서관 설치율은 82.4%(8,657개교)에서 94.1%(10,422개교)로 증가하였고, 학생 1인당 장서 수도 6.5권에서 10.8권으로 증가하였다.

〈표 3-3〉 **학교도서관 설치 및 장서 증가**

구분	2003	2004	2005	2006	2007
학교 수	10,503	10,146	10,826	11,016	11,076
도서관 수	8,657	9,248	9,696	10,015	10,422
설치율(%)	82.4	86.8	89.6	90.9	94.1
학생 1인당 장서 수	6.5	7.5	8.32	9.5	10.8

출처: 보건복지가족부(2009). 유엔아동권리협약 제3·4차 통합 국가보고서. 재인용.

5. 가정환경 및 대안양육

1) 이미 시행 중인 아동권리

(1) 대안양육

'그룹홈'과 '가정위탁보호' 등 대안양육을 확대하고 있으며, 위탁 가정을 대상으로 양육보조금, 아동상해보험료, 전세자금 등의 재정 지원을 하고 있다.

2004년 「아동복지법」을 개정하여 '공동생활가정(그룹홈)'을 아동 복지시설의 종류에 추가하였다. 2005년 「아동복지법」을 개정하여 보호를 필요로 하는 아동에 대한 가정위탁보호를 활성화할 수 있도록 '가정위탁 지원센터'의 지정요건 및 절차, 직원의 자격기준, 설치기준 등에 관한 법적근거를 마련하였다.

(2) 아동학대와 방임

2003년을 아동안전 원년으로 선포하고 '아동안전 종합대책'을 수립하였다. 2006년에는 아동학대 신고 의무자를 확대하고 아동 보호 전문기관을 확충하여 전국적인 시스템을 구축하였다.

2000년 17개소였던 '아동 보호 전문기관'을 2007년에는 44개소로 확대하고 아동학대 신고 의무자들에게 사이버 교육을 실시하는 등 아동학대 예방을 위해 노력하고 있다.

'아동 보호 전문기관'은 피해 아동을 대상으로 상담 및 놀이치료, 심리치료, 학습 지원, 방과 후 서비스를 제공하고 있다.

(3) 아동부양

이혼·별거 시 자녀양육비를 효율적으로 확보할 수 있도록 2007년 「민법」을 개정하여, 양육 비용부담 등 양육사항에 대한 협의를 하여야만 협의 이혼이 가능하도록 하였다.

2007년 「민법」을 개정하여 협의 이혼 시 자녀양육사항을 협의하여 양육자 및 양육비용의 부담에 대한 내용이 담긴 협의서를 법원에 제출하도록 의무화하였다.

2) 최근 개선된 아동권리

(1) 부모의 지도와 책임(협약 제5조)

부모의 지도와 책임은 「민법」의 친권개념에 근거하고 있으며(제909조 제1항, 제912조), 동 개념은 가족해체의 경우에도 자녀양육권(제837조 제1항)으로 동일하게 적용된다.

2004년에 제정된 「유아교육법」에서는 만 3세부터 초등학교 취학 전까지의 아동을 국가 및 지방자치단체, 보호자가 건전하게 교육할 책임을 부여하고 있다.

한부모가족에는 아동 양육비지급, 아동학자금(입학금과 수업료)면제, 한부모 보호시설 입소, 영구임대 아파트 등이 지원되고 있다. 2007년 개정된 「한부모가족 지원법」에서는 조손가족을 지원대상에 포함시켰다.

(2) 부모로부터의 분리(협약 제9조)

부모로부터 아동을 분리하는 친권상실은 원칙적으로 「민법」에 근거하고 있다(제924조, 제925조). 「민법」, 「아동복지법」 등은 친권행사의 근본적인 목적인 자녀의 복리에 상치될 때는 친권제한을 명문화하고 있다.

「아동복지법」은 학대받은 아동을 보호하기 위한 조치로 응급조치(제27조)와 보호조치(제10조)를 규정하고 있다. 아동학대의 현장에 출동한 아동 보호 전문기관 및 사법경찰관리는 응급조치로서 3일을 초과하지 않는 범위 내에서 피해아동을 격리·보호할 수 있으며, 지속적인 격리·보호가 필요한 경우에는 지방자치단체장에게 대리 양육보호, 가정위탁보호, 보호시설 입소 등의 보호조치를 의뢰하고 있다.

(3) 가족의 재결합(협약 제10조)

아동난민의 가족재결합과 관련하여, 1994년부터 2008년 7월 말까지 인정된 아동난민은 10명이지만, 모두 부모와 함께 입국한 사례로 현재까지 난민 아동과 관련하여 가족재결합은 문제되고 있지 않다.

3) 아동권리 개선 실적

(1) 국내 입양

전체 입양에서 국내 입양이 차지하는 비율은 2003년 40.6%에서 2006년까지 크게 변화하지 않다가 2007년에 52.3%로 증가하였다. 이는 국내 입양 활성화 대책의 효과로 볼 수 있다.

〈표 3-4〉 **국내·외 입양현황**

(단위: 명, %)

구분	2003	2004	2005	2006	2007
국내 입양	1,564	1,641	1,461	1,332	1,388
국내 입양 비율	40.6	42.0	41.0	41.2	52.3
국제 입양	2,287	2,258	2,101	1,899	1,264
전체	3,851	3,899	3,562	3,231	2,652

출처: 보건복지가족부(2009). 유엔아동권리협약 제3·4차 통합 국가보고서. 재인용.

(2) 아동학대 발생 수준 및 아동학대 신고 건수

아동학대 건수는 2003년 2,921건에서 2007년 5,581건으로 5년간 2배 증가하였다. 이는 5년간 아동 보호 전문기관이 20개소에서 44개소로 증가하였고, 아동학대 예방을 위한 대국민 인식개선 노력과 아동학대 신고 활성화 등으로 그동안 은폐되었던 학대아동의 발견 및 보호 건수가 증가하였기 때문이다. 학대유형도 신체 학대는 감소하는 반면, 정서 학대, 성 학대, 방임 등이 증가하는 경향을 보였다.

〈표 3-5〉 아동학대의 사례유형 현황

(단위: 건, %)

구분	2003	2004	2005	2006	2007
신체 학대	347(11.9)	364(9.4)	423(9.1)	439(8.4)	473(8.5)
정서 학대	207(7.1)	350(9.0)	512(11.1)	604(11.6)	589(10.6)
성 학대	134(4.6)	177(4.5)	206(4.4)	249(4.8)	266(4.8)
방임	965(33.0)	1,367(35.1)	1,635(35.3)	2,035(39.1)	2,107(37.7)
유기	113(3.9)	125(3.2)	147(3.2)	76(1.5)	59(1.0)
중복 학대	1,155(39.5)	1,508(38.8)	1,710(36.9)	1,799(34.6)	2,087(37.4)
계	2,921	3,891	4,633	5,202	5,581

출처: 보건복지가족부(2009). 유엔아동권리협약 제3·4차 통합 국가보고서. 재인용.

6. 보건기초 및 복지

1) 이미 시행 중인 아동권리

(1) 모유수유

2003년 이후 아동의 건강권을 확보하기 위해 모유수유를 권장하고, 모유수유 여성의 권익이 보호될 수 있도록 사회환경을 조성해 나가고 있다. 2006년 '전국 출산력 및 가족보건·복지실태조사'에 의하면 모유수유율은 2003년 16.5%에서 2006년 24.2%로 증가하였다.

(2) 보건의료 예산 확대 및 의료의 접근성 확보

보건의료 예산은 2003년 6,144억 원, 2004년 6,632억 원, 2005년 4,227억 원, 2006년 2,165억 원, 2007년 35,020억 원이다.

의료급여는 국민의 조세를 재원으로 국민기초생활보장 수급자(소득인정액이 최저생계비 이하인 가구의 구성원)와 수급자에는 해당되지 않지만 소득 인정액이 최저생계비 120% 이하인 가구의 18세 미만 아동과 만성질환자에 대하여 의료 서비스를 제공한다.

2) 최근 개선된 아동권리

(1) 생존 및 발달(협약 제6조 제2항)

2005년에 「실종아동 등의 보호 및 지원에 관한 법률」을 제정하였으며, 2008년에 「다문화가족 지원법」을 제정하였다. 이 법은 안정적인 가족생활 영위와 문화의 차이를 고려한 언어통역, 법률상담 및 행정 지원 등의 전문적인 서비스를 제공하는 다문화가족에 대한 지원정책의 제도적인 틀을 마련한 것이다.

또한, 2007년부터 '드림스타트' 사업을 추진하고 있는데, 사업의 목표는 사회적 투자확대를 통하여 빈곤아동의 가난대물림을 사전에 막고, 빈곤아동 개개인의 능력을 함양하여, 공평한 출발기회를 보장하는 데 있다. 드림스타트 사업의 예산은 2007년도 51억 원에서 2008년도는 98억 원으로 확대되었다.

(2) 장애아동(협약 제23조)

2008년 8월, 장애 발생 요인 및 장애인의 다양한 욕구에 대응하고 장애인 복지를 선진국 수준으로 향상시키기 위하여 '장애인 정책 발전 5개년 계획(2008~2012)'을 수립하였다.

2007년부터 보육 중인 아동의 통학과 보육활동을 지원하기 위한 '장애아동 보육도우미' 사업을 실시하고 있다.

2005년도에 농어촌지역 18개소에 특수교사 및 치료교사를 각각 1명씩 배치하였고, 2006년도에는 60개소, 2007년도에는 76개소에 교사를 배치하는 등 연차적으로 확대할 계획이다.

(3) 보건 서비스(협약 제24조)

2007년 「학교보건법」을 개정하여 학교 건강검진 제도를 개선하고, 보건과목을 정규교과목으로 하는 등 보건교육을 강화하였으며, 2007년부터 만 6세 미만의 영유아를 대상으로 하는 건강검진 제도를 실시하고 있다.

또한, 「전염병 예방법」에 따라 예방접종대상 전염병을 지정·관리하고 있다. 따라서 보건소에 등록하는 모든 영유아는 예방접종 사업의 대상이다. 6세 미만 영유아에 대하여 무료건강검진을 실시하여 아동의 보건·복지 향상을 위해 노력하고 있다.

3) 아동권리 개선 실적

(1) 실종아동 발생 현황

실종아동의 발생 건수는 2003년 3,206건에서 2007년 8,602건으로 5년간 2.7배 증가하였고, 실종아동의 발견 후 가정 복귀율은 2003년 99.8%, 2007년에 99.9%로 발견된 실종아동의 대다수가 가정에 복귀하는 것으로 나타났다.

〈표 3-6〉 **실종아동 발생 및 발견 현황**

(단위: 건, %, 2008년 7월 기준)

구분	발생 건수	발견 현황	
		보호자 인계(가정복귀율)	미발견
2003	3,206	3,201(99.8)	5
2004	4,064	4,063(100)	1
2005	2,695	2,695(100)	–
2006	7,064	7,057(99.9)	7
2007	8,602	8,596(99.9)	6

출처: 보건복지가족부(2009). 유엔아동권리협약 제3·4차 통합 국가보고서. 재인용.

(2) 다문화가족의 아동

다문화가족의 아동은 2007년에 13,445명으로 2005년도 6,121명에 비해 2배 이상 증가하였다. 전체 외국인 학생 수 중에서 모가 외국인인 학생비율은 2006년 83.7%, 2007년 88.0%로 증가하여 결혼이민자 가정이 늘어나고 있음을 알 수 있다.

〈표 3-7〉 다문화가족 아동 현황

(단위: 명, %)

구분	국제결혼가정 학생 수				모가 외국인인 학생 수			
	계	초	중	고	계	초	중	고
2005	6,121	5,332	583	206	–	–	–	–
2006	7,998	6,795	924	279	6,695	5,854	682	159
2007	13,445	11,444	1,588	413	11,825	10,387	1,182	256
구성비	100.0	85.1	11.8	3.1	88.0	90.8	74.4	62.0

출처: 보건복지가족부(2009). 유엔아동권리협약 제3·4차 통합 국가보고서, 재인용.

(3) 영아 및 모성사망률

2002년 영아사망률은 천 명당 5.3명으로 1993년 9.9명, 1996년 7.7명에서 1999년 6.2명으로 점진적으로 감소추세를 보이고 있다. 신생아 사망률 또한, 1996년 출생아 천 명당 6.6명에서 2002년에는 3.3명으로 감소되었다.

〈표 3-8〉 영아사망률

(단위: 명)

구분	1993	1996	1999	2002
신생아(0~27일)	6.6	4.1	3.8	3.3
신생아 후기(28~364일)	3.3	3.6	2.4	2.0
영아(0~364일)	9.9	7.7	6.2	5.3

출처: 보건복지가족부(2009). 유엔아동권리협약 제3·4차 통합 국가보고서, 재인용.

모성사망률은 1995년과 1996년에 각각 0.011에서 2002년과 2003년에 모두 0.006으로 감소되었다. 모성사망률이 감소한 이유는 과거에 비해 결혼율 및 출산율이 감소하여 동 연령층에 임신과 분만에 노출된 수가 감소한 것이 영향을 미친 것이다.

7. 교육, 여가 및 문화적 활동

1) 이미 시행 중인 아동권리

(1) 공교육의 질적 향상

2007년 학교 급별 연간 학생 1인당 공교육비는 초등학교 410.1만 원, 중학교 445.4만 원, 고등학교 592.3만 원, 대학 822.5만 원으로 1970년 이후 지속적으로 증가해 왔다.

2004년 2월에 '공교육 정상화를 통한 사교육비 경감 대책'을 발표하였고, 2007년 3월에는 '사교육 의존도 완화 방안'을 발표하였다.

(2) 무상의무교육

2004년 「유아교육법」을 제정하여 유아교육에 대한 공교육체제를 마련하였다. 동법에 따라 정부는 초등학교 취학 직전 1년의 유아교육을 무상으로 실시하고 있다.

중학교 과정의 의무교육은 2004년부터 전면 실시되고 있다. 그리고 2008년부터는 특수교육대상 학생의 고등학교 교육이 무료로 실시되고 있다.

의무교육 실시와 관련하여 무호적, 주민등록 말소, 불법체류 아동(무국적자 포함)의 초·중학교 의무교육 취학절차를 간소화하였다. 이들 아동은 거주사실 확인만으로 취학이 가능하다.

(3) 여아의 고등교육 기회 확대

2004년에 개정된 「교육기본법」은 교육시설에서 합리적인 이유 없이 '성별'에 따라 참여 또는 혜택을 제한하거나 배제하는 등의 차별을 해서는 안 된다는 사항을 규정하여 남녀평등교육이 실현될 수 있도록 하였다.

2) 최근 개선된 아동권리

(1) 교육에의 권리(협약 제28조)

2008년에 '기초생활수급자 장학금 제도'를 마련하였으며, 2005년 「초·중등교육법」 개정 시 대안학교 조항을 신설하였다. 이 법에 따라 정부는 학업을 중단하거나 개인적 특성에 맞는 교육을 받고자 하는 학생을 대상으로 다양한 교육을 제공할 수 있는 대안학교 설립근거를 마련하고, 교육과정·수업연한 등에 관하여 자율성을 부여하였다.

(2) 교육의 목표(협약 제29조)

제7차 교육과정은 협약 제 29조의 교육목표와 아동의 인격, 재능 및 정신적, 신체적 능력을 계발하는 데 기여하고 있다. 제7차 교육과정은 21세기의 세계화·정보화 시대를 주도할 자율적이고 창의적인 한국인 육성을 목표로 하고 있다.

2007년 수립한 '국가인권정책 기본계획'에 학교인권교육을 위한 인권 친화적 교육과정 및 교과서도입, 교원에 대한인권교육, 인권교육연구학교지정·운영 등을 포함시켜 추진하고 있다.

(3) 여가, 오락 및 문화적 활동(협약 제31조)

아동이 다양한 활동에 주체적이고 자발적으로 참여할 수 있는 기회를 제공하고 활동을 진흥하기 위하여 2004년에 「청소년활동 진흥법」을 제정하였다.

또한, 청소년수련활동 인증제 시행, 청소년활동 및 복지, 보호에 관한 종합적인 정보 안내 및 서비스 제공, 청소년복지 지원을 위한 사업 및 서비스 영역개발과 보급 등의 업무를 담당하기 위하여 2005년에 '한국청소년진흥센터'를 설립하였다.

3) 아동권리 개선 실적

(1) 학교교육 현황

우리나라의 교육은 유치원교육 3년과 초등학교 6년, 중학교 3년, 고등학교 3년, 특수학교로 운영되고 있다. 저출산의 영향으로 학생 수는 감소하고 있으나, 학교 수와 교원 수는 증가하고 있어 교육여건이 개선되고 있다.

교원 수의 증가와 학생 수 감소가 결합되어 교원 1인당 학생 수는 지속적으로 감소하고 있다. 1970년 당시 교원 1인당 학생 수는 유치원 13.4명, 초등학교 56.9명, 중학교 42.3명, 일반계 고등학교 32.0명, 전문계 고등학교 27.5명이었다. 2007년 현재 교원 1인당 학생 수를 1970년과 비교할 때 50% 이상 감소했음을 알 수 있다.

(2) 학업중단율

전문계 고등학교의 경우 학업 중단율은 1970년 4.1%, 1980년 3.4%, 1990년 3.2%, 2000년 4.4%, 2007년 3.1%로 증감이 되풀이되었다. 전문계 고등학생의 중도 탈락률은 중학교와 일반계 고등학교에 비해 여전히 높은 수준이다. 과거에는 가정의 경제적 빈곤이 학업중단의 주요 원인이었다고 한다면 최근에는 비행이나 학교생활 부적응, 나아가 중학생 조기유학 등이 주된 원인으로 등장하고 있다.

〈표 3-9〉 **중·고등학생 학업중단율**

(단위: %)

구분	중학교	고등학교	일반계 고등학교	전문계 고등학교
2003	0.7	1.6	0.9	3.2
2004	0.7	1.3	0.8	2.5
2005	0.8	1.3	0.8	2.6
2006	0.9	1.6	1.0	3.1

출처: 보건복지가족부(2009). 유엔아동권리협약 제3·4차 통합 국가보고서, 재인용.

(3) 특수교육

2007년 전국의 특수학교 수는 144개교로 특수교육 초창기인 1962년의 10개교에 비해 약 14배, 「특수교육진흥법」 제정 직후인 1979년의 53개교에 비해 약 2.7배가 증가하였다.

2007년의 특수교육대상 아동은 65,940명으로, 이 중 지적장애아동이 36,041명으로 가장 많다. 교육과정별로 살펴보면 유치원 3,125명, 초등학교 32,752명, 중학교 15,267명, 고등학교 13,349명이다. 또한, 3,621개 유·초·중·고등학교의 6,263개 일반학급에서 7,637명의 특수교육대상 아동이 통합교육을 받고 있다.

CHAPTER_04

아동권리 존중 노력

1. 어린이집 영유아 권리 존중
   1) 영유아 권리 존중을 위한 자가 체크리스트
   2) 영유아 권리 존중 실천하기
   3) 영유아가 보육과정에 참여하기
   4) 자유활동시간 영유아 존중하기
   5) 영유아 권리실천을 위한 방법
   6) 영유아 권리를 위한 양육자와 소통
   7) 영유아 권리를 위한 보육교직원의 교육

2. 영유아 주변인들의 아동권리 인식
   1) 부모의 아동권리 인식
   2) 어린이집에서의 아동권리에 대한 부모와 교사의 인식
   3) 유아교사의 아동권리 인식
   4) 어린이집에서의 권력과 정서
   5) 시설보호 아동의 권리 인식
   6) 면접교섭권과 아동권리
   7) 아동권리를 위한 초등학교 환경

3. 아동권리 교육준비
   1) 최근 발간된 교재
   2) 아동권리 교육

1. 어린이집 영유아 권리 존중

「서울시 어린이집 영유아 권리 존중을 위한 자가 체크리스트」(서울특별시육아종합지원센터, 2015)는 보육교직원의 생각과 태도를 스스로 점검할 수 있게 개발된 자료이다.

보육교직원은 주기적으로 활용하여 자신의 상태를 점검하도록 권고하고 있다. 본 단원에서는 〈서울시 어린이집 영유아 권리 존중을 위한 자가 체크리스트〉에 수록된 내용을 참조하여 정리하였다.

1) 영유아 권리 존중을 위한 자가 체크리스트

「서울시 어린이집 영유아 권리 존중을 위한 자가 체크리스트」는 8분야 24항목을 보육교직원이 스스로 점검하고 해설서를 이용하여 이해하도록 되어 있다.

영유아 권리 존중을 위한 자가 체크리스트는 아래와 같다.

1. 어린이집 일과에서 영유아의 권리 존중을 실천하고 있습니까?
   - 1-1. 낮잠 및 휴식에 대한 영유아의 개별적 욕구를 반영할 수 있는 적절한 환경(시간, 공간)을 조성해 주고 있다. ( )
   - 1-2. 대·소집단활동에 참여하지 않거나 계속해서 놀이하려는 영유아의 욕구를 존중해 주고 있다. ( )
   - 1-3. 급·간식에 대한 영유아의 기호, 먹는 속도와 양을 존중해 주고 있다. ( )
   - 1-4. 배변, 배뇨 등 영유아의 기본적인 생리욕구를 존중해 주고 있다. ( )
   - 1-5. 보육교직원은 일관성 있는 태도로 영유아의 욕구를 존중해 주고 있다. ( )
2. 영유아가 보육과정의 계획과 운영에 참여할 수 있는 구조가 있습니까?
   - 2-1. 영유아가 만든 결과(작품, 사진, 노래, 블럭, 구조물 등)에 대해 존중하며 적절히 게시되어 있다. ( )
   - 2-2. 영유아의 의견에 잘 표현될 수 있는 분위기를 조성하여 영유아의 의견을 반영한 보육과정을 운영한다. ( )
   - 2-3. 규칙을 정할 때는 영유아의 의견을 반영하거나 동의를 구하고 있다. ( )
3. 자유 선택활동 시간에 영유아를 존중하는 상호작용을 하고 있습니까?
   - 3-1. 영유아의 개인차를 인정하고 놀이에서 자율성과 주도성을 지지하는 상호작용을 한다. ( )
   - 3-2. 영유아의 흥미, 관심, 기분 및 건강상태를 전반적인 맥락으로 파악하고 있다. ( )
   - 3-3. 영유아 간의 관계를 살피며 상호 역동성을 파악하여 상호작용한다. ( )

4. 영유아 권리 실천을 위해 어린이집을 다양한 방법으로 개방하고 있습니까?

4-1. 어린이집 운영위원회를 운영하고 있다. ( )

4-2. 열린어린이집 운영 등의 다양한 방식으로 양육자의 참여가 이루어지고 있다. ( )

4-3. 양육자의 보육실 참관(절차 및 방법, 안내)이 이루어지고 있다. ( )

5. 보육교직원은 영유아 권리 존중을 위해 양육자와 소통하고 있습니까?

5-1. 보육교직원은 양육자와의 소통을 위해 영유아의 전반적인 상태(기분, 건강, 배변 등)와 가정 내 주요한 정보를 파악하고 있다. ( )

5-2. 양육자에게 규칙적인 등·하원 시간 등 안정된 생활습관의 중요성을 전달하고 있다. ( )

5-3. 보육교직원은 영유아에 대하여 양육자와 서로 협의하고 책임을 공유하는 적극적인 노력을 하고 있다. ( )

6. 영유아 권리 존중의 이해와 실천을 위한 보육교직원의 교육이 이루어지고 있습니까?

6-1. 영유아 권리 존중의 위한 보육교직원의 교육이 실행되고 있다.

6-2. 아동학대 신고 의무자에 대한 교육, 양성평등교육 등을 이수하였다.

6-3. 영유아 권리의 기초가 되는 〈유엔아동권리협약〉의 내용을 이해하고 있다.

7. 영유아의 권리 보호를 위해 보육교직원의 적절한 근무환경이 이루어져 있습니까?

7-1. 보육교직원의 적절한 근무환경에 대한 노력이 이루어지고 있다. ( )

7-2. 보육교직원의 업무스트레스 해소를 위해 구체적인 노력이 이루어지고 있다. ( )

8. 영유아 권리 존중을 위해 보육교직원 간 협의 지원이 이루어지고 있습니까?

8-1. 어린이집 운영(보육과정, 특별활동, 견학, 행사 등)의 계획과 평가에 보육교직원의 의견이 수렴되고 있다. ( )

8-2. 반 운영의 어려움이 있을 때 자체회의를 통해 협력 및 해결하는 구조가 있다. ( )

2) 영유아 권리 존중 실천하기

영유아는 많은 시간을 어린이집에서 보육교사와 함께 생활한다. 보육교사는 전문가로서 아동들에게 많은 영향을 주는 사람이다.

(1) 무의식중 영유아 권리침해

① 등원 및 맞이하기

- "울면 아기 돼", "울음 뚝", "이러면 엄마 힘들어", "씩씩하게 헤어져야 착한 친구지"

– 엄마와 함께하고 싶은 감정을 읽어 주어야 함.

② 자유 선택활동 시간

• "친구 힘들게 하는 사람은 혼자 놀이하세요", "고자질하면 나쁜 친구에요"
  – 또래와 갈등상황에 있는 마음을 헤아려 주어야 함.

③ 대·소집단활동

• "자꾸 떠들거니?", 똑바로 앉아라", "열 셀 동안 이리 모여"
  – 집중하지 못하는 환경, 시간, 교수법 등을 고려해야 함.

④ 간식 및 점심시간

• "뱉어도 소용없어", "넌 왜 못 먹니?", "젓가락질을 못하니?", "밥 먹으라고 했지"
  – 개별적인 욕구와 성향을 이해하여야 함.

⑤ 기저귀 갈이 및 화장실 가기

• "또 응가 했니?", "아까 다녀오지 않았니?", "지금은 안 돼.", "힘들어 죽겠네."
  – 배변을 즉각적으로 처리해 주거나 환경을 마련해 주어야 함.

⑥ 낮잠 시간

• "눈 꼭 감아", "누가 눈 뜨니?", "이야기하지 않아요", "친구 자는 데 방해 돼요."
  – 개인적 신체리듬을 존중해 주어야 함.

3) 영유아가 보육과정에 참여하기

(1) 영유아의 참여권 존중

① 간식, 점심식사량

• 영유아가 간식, 점심을 얼마만큼 먹을지 스스로 정할 수 있도록 기회 부여.

② 줄서기, 이동하기, 기다리기

- 영유아가 어떤 방법으로 그 시간을 보내기 원하는지 이야기 들어주기.

③ 낮잠 자기

- 영유아가 낮잠시간에 낮잠 자기를 원하지 않을 경우 다른 영유아가 방해받지 않는 수준에서 스스로 할 수 있는 활동 선택하도록 도와주기.

(2) 영유아 의사 존중

① 규칙 정하기

- 영유아의 의견을 반영한 규칙 만들어 주기.

② 작품전시

- 영유아가 만든 작품이나 활동의 결과물을 아동이 원하는 곳에 게시해 주기.

③ 야외활동

- 영유아가 가고 싶거나 하고 싶은 것을 알아보고 견학장소와 행사계획하기.

4) 자유활동시간 영유아 존중하기

(1) 자유활동시간은 영유아를 개별적 지원

보육교사는 아동이 주도적으로 놀이를 하도록 지원해 주어야 한다.

- 놀잇감, 공간 구성, 면적 제공하기.
- 영유아의 흥미, 욕구, 감정상태 파악하기.
- 관심과 정서적 지지해 주기.

(2) 영유아와 보육교사의 상호작용

보육교사는 영유아를 단순히 가르치는 존재로 인식하지 않고 영유아가 스스로 성장해 나갈 수 있는 힘을 지닌 능동적인 인간으로서의 자율성을 존중해 주어야 한다.

- 영유아가 하는 말을 중간에 끊지 않기.
- 영유아의 말을 주의 깊게 들어주고 적절한 반응하기.
- 다툼 발생 시 일방적으로 비난하거나 훈육하지 말기.

5) 영유아 권리실천을 위한 방법

(1) 지역사회, 어린이집, 가정이 함께 협력

"한 아이를 키우려면 온 마을이 필요하다."는 말이 있듯이 영유아가 행복하고 건강하게 자랄 수 있도록 지원하기 위해서는 가정, 어린이집, 지역사회가 소통과 협력을 하여야 한다.

- 어린이집에는 소통을 위한 자리 마련.
- 어린이집 운영위원회 체계 마련(운영위원: 지역사회 인사, 원장, 교사, 학부모).
- 운영위원회 결정사항은 학부모에게 통보.

(2) 개방된 보육환경

어린이집과 가정은 공동양육자 관계이다. 영유아의 건강한 발달을 위해서는 마음을 열고 서로 이해하고 상대의 입장을 고려한 협력관계가 필요하다.

- 양육자는 어린이집 운영체계를 살펴보고 이해하기.
- 양육자는 어린이집의 운영 방침, 철학, 보육교사의 노고 등 이해하기.
- 양육자와 어린이집은 상호 이해와 신뢰 구축.

6) 영유아 권리를 위한 양육자와 소통

(1) 어린이집과 양육자는 상호 지지적 동반자

어린이집과 가정은 영유아의 성장과 발달을 위해 기여해야 하는 공통의 목적을 지니고 있다. 서로의 관계를 원만하게 유지하는 것이 무엇보다 중요하다.

- 영유아의 생활, 또래관계, 발달 상태 등 유용한 정보 공유.
- 양육자와 보육교사 간 친밀감, 신뢰감 형성.
- 영유아의 질병 상태 공유 등.

(2) 영유아의 안정된 생활을 위한 공동노력

영유아에게 있어 발달을 위한 기본적인 의식주는 중요한 역할을 한다. 이를 보장하는 것은 양육자와 보육교사의 당연한 역할이며 영유아의 권리 중 생존권에 해당되는 부분이기도 하다.

- 영유아의 생활리듬 지켜 주기.
- 일정한 시간에 규칙적인 생활리듬 만들어 주기.

(3) 양육의 일차적 책임은 양육자

〈유엔아동권리협약〉 제18조 제1항에서 "부모 또는 경우에 따라서 법정 후견인이 영유아의 양육과 발전에 일차적 책임을 진다."라고 명시하고 있다. 시대의 흐름에 따라 보육은 공공의 영역으로 확장되어, 사회·국가·가정이 함께 영유아를 양육하는 현실이 되었다.

- 행복한 가정 안에서 영유아는 건강한 성장과 발달을 이룰 수 있음.
- 양육자에게 영유아의 연령 및 발달시기에 따른 정보나 적절한 양육 방법 안내.
- 영유아의 가족력, 가정환경, 최근 중요한 사건 등을 파악.

7) 영유아 권리를 위한 보육교직원의 교육

(1) 영유아 권리 존중에 대한 관점

영유아 권리에 대한 관점은 영유아를 성인의 도움이 필요한 수동적이고 무능한 존재로 여겼던 과거에서 존중받아야 하는 권리의 주체자로 인식하는 현재까지 많은 변화가 있었다. 어린이집에 근무하는 보육교직원들은 다양한 교육을 통해 이미 '아동권리' 및 '영유아 권리가 존중되는 보육의 중요성'에 대하여 알고 있다.

① 영유아에 대한 오해

- 영유아는 잘 모르니 알려주어야 한다.
- 영유아는 자기 중심적이기 때문에 타인을 배려하지 못한다.
- 영유아가 하는 행동은 미덥지 못하고 위험할 수 있으니 대신 해 주어야 한다.

이런 생각들은 보육교직원의 과중한 업무 속에서 '영유아의 권리'에 대해 큰 고민이나 갈등 없이 무의식적으로 습관적인 반응을 하기 때문이다.

② 보육교직원의 영유아 권리의식에 대한 철학 확립

- 관습적으로 행해지는 보육과정이 영유아의 권리를 침해하고 있지 않은지 점검.
- 영유아 권리에 대한 감수성을 자극하는 교사교육.
- 보육교직원-영유아 간의 상호작용, 어린이집의 환경 등 새로운 관점 인식.

(2) 차별과 편견 없이 평등하게 대해야 할 존재

보육교직원은 영유아의 하루 일과를 보내는 동안 영유아의 권리 존중과 관련된 수많은 상황을 경험하게 된다. 영유아 역시 보육교직원과의 긴밀한 관계 안에서 자존감을 형성하고 자신의 권리에 보다 민감해야 한다.

- 보육교직원이 가지는 남녀의 차이는 영유아에게 '남녀차별'로 인식됨.
- 영유아를 서로 비교하거나 경쟁적인 언급 피하기.
- 인권에 대한 철학, 성, 장애, 인종에 대한 평등 의식 고취.

(3) 정기적인 교육

보육교직원은 영유아의 생활에서 직간접적인 영향을 미치는 중요한 성인이다. 보육교직원은 가정 밖에서 만나는 영유아의 첫 사회적 관계 대상이며, 영유아를 교육하고 보호하는 역할을 하고 있다.

- 〈유엔아동권리협약〉을 잘 이해하는 것이 영유아 권리 존중 실천의 기초.
- 어린이집 내의 소모임, 자체 회의 시 영유아 권리 존중에 대한 교육.
- 육아종합 지원센터에서 '찾아가는 아동인권 민감성 향상' 교육.

2. 영유아 주변인들의 아동권리 인식

서아프리카의 곤자족은 어린 시절의 은혜를 부모에게 갚기를 원하고, 태국의 부모-자녀관계는 도덕적 채무자-채권자로 간주하였다. 잠비아의 통가족은 가족관계는 부모와 자식의 신부대를 받기 위해 일찍 결혼시키고 아들을 가진 부모는 되도록 장가를 늦춰 가급적 오래 아들의 노동력을 가계에 보태고자 하였다. 이러한 가정의 부모들은 나이가 들었을 때 부양을 받기 위해 자녀에게 투자한다는 생각이 강하다(Montgomery, 2015; 이상욱 외, 2016 재인용).

영유아에 대한 외국의 생각과, 우리나라 영유아 주변인들의 아동권리 인식을 살펴보고, 나는 아동권리를 어떻게 존중해 줄 것인지 생각해 볼 필요가 있다.

1) 부모의 아동권리 인식

(1) 아버지의 아동권리 인식

아버지의 아동권리 인식은 총점 평균 4.56으로 높았으며, 가장 높은 점수는 보호권 4.72, 생존권 4.55, 참여권 4.52, 발달권 4.47의 순이었다(허은, 2014).

아버지의 참여권 인식이 높을수록 아버지의 양육참여가 증가하였다. 건강권, 생명존중권, 의료 지원 및 서비스, 신체적 보호 등을 높게 인식하였으나 경제권, 사생활권, 종교선택의 자유, 부모로부터의 독립권 등은 상대적으로 낮게 인식하였다. 즉, 아동은 부모의 보호를 받아야 아동권리가 유지되는 것으로 생각하고 있는 것이다.

(2) 유아기 자녀를 둔 부모의 아동권리 인식

김건용 외(2016)는『부모의 아동권리 인식과 관련 법』에서 유아기 자녀를 둔 부모들은 아동권리에 대한 중요도를 높게 인식하고 있다고 하였다.

유아기 자녀를 둔 부모들은 아동이 권리를 실제로 거의 누리지 못한다고 인식한다. 아동이 실제 보유하고 있는 권리가 있다고 인지한 항목은 기분이 언짢을 때 전문가의 도움을 받을 수 있는 권리, 건강하게 자랄 권리, 생명존중권, 생활 수준 유지, 성인의 관심과 지도, 나를 대신해서 내 입장을 말해 줄 사람이 있을 권리(법정대리인) 등이었다.

즉, 자녀들의 권리는 중요하게 인식은 하고 있으나 아동의 권리를 인정하는 것은 별개의 문제라고 생각하는 것이다.

가정에서의 아동권리 존중 실천 방법 안내문

1. 아동학대란?	
	• 보호자를 포함한 성인에 의하여 아동의 건강과 복지를 해치거나 정상적 발달을 저해할 수 있는 신체적·정서적·성적폭력, 가혹행위 및 아동의 보호자에 의한 유기와 방임을 말함.(「아동복지법」 제3조 제7호)
2. 학대의 유형	
신체 학대 	• 신체적 손상을 입힌 경우와 신체적 손상을 입도록 허용한 경우. • 생후 36개월 이하의 영아에 가해진 체벌은 이유 여하를 막론하고 학대. 예 물건을 던지는 행위. 떠밀고 움켜잡는 행위. 뺨을 때리는 행위. 발로 차는 행위. 두들겨 패는 무기로 위협하는 행위.
정서 학대 	• 언어적, 정서적 위협, 억제, 감금, 기타 가학적 행위. • 아동의 인격, 감정이나 기분을 심하게 무시하거나 모욕하는 행위. • 좁은 공간에 장시간 혼자 가두어 두는 행위. • 원망적, 거부적, 적대적, 경멸적, 언어폭력. 예 아동과의 약속에 무신경하거나 아동의 마음에 상처를 입히는 방임. 언어적 폭력(소리를 지르는 행동), 공포 분위기를 조성하는 행위. 좁은 방에 가두는 행위, 벌거벗겨 내쫓는 행위, 짐을 싸서 내보내는 행위.
성 학대 	• 성인이 성적 충족을 목적으로 아동과 함께하는 모든 성적 행위. • 포르노 매체에 배우로 출연, 포르노물 판매 행위. 예 보호자의 부부관계 및 자위행위 목격. 포르노 비디오를 아동에게 보여 주는 행위. 성매매 업소에 아동을 데리고 가는 행위. 계모나 계부, 친지, 이웃에 의한 강간 접촉 행위.
방임 	• 고의적, 반복적으로 아동 양육 및 보호를 소홀히 함으로 아동의 건강과 복지를 해치거나 정상적인 발달을 저해하는 모든 행위. 예 씻기지 않는 행위, 어린이집에 도시락 씻어 보내지 않는 행위. 옷을 갈아입히지 않는 행위. 보호자가 아동을 집에 두고 가출하는 행위. 예방접종을 제때에 하지 않거나 필요한 치료를 소홀히 하는 행위. 아동에게 의식주를 제공하지 않거나 장시간 위험한 상태에 방치하는 물리적 방임. 아동의 무단결석을 허용하는 교육적 방임.

3. 안 돼요(금지행위)

- 아동의 신체에 상해를 주는 학대 행위.
- 아동에게 성적 수치심을 주는 성희롱, 성폭행 등의 학대 행위.
- 아동의 정신건강 및 발달에 해를 끼치는 정서적 학대 행위.
- 자신의 보호·감독을 받는 아동을 유기하거나 의식주를 포함한 기본적 보호 양육 및 치료를 소홀히 하는 방임 행위.
- 아동을 타인에게 매매하는 행위.
- 아동에게 음행을 시키거나 음행을 매개하는 행위.
- 장애를 가진 아동을 대중에 관람시키는 행위.
- 아동에게 구걸을 시키거나 아동을 이용하여 구걸하는 행위.
- 대중의 오락 또는 흥행을 목적으로 아동의 건강, 안전에 유해한 곡예를 시키는 행위.
- 정당한 권한을 가진 알선기관 외의 자가 아동의 양육을 알선하고 금품을 취득하는 행위.
- 아동을 위하여 증여 또는 급여된 금품을 그 목적 외의 용도로 사용하는 행위.

4. 아동이 자신이 당하고 있는 폭력에 대해 털어 놓을 때……

- 늘 평정을 유지하고 침착하세요. 부모의 반응이 차이를 만들어 냅니다.
- 노골적이고 솔직한 표현도 잘 받아 주세요.
- 당황스럽고 난처한 주제라도 피하지 마세요.
- 어떠한 주제에 대해서든지 이야기해도 좋다는 것을 아이가 알 수 있도록 해야 합니다.
- 그 어떤 것도 섣불리 추측하거나 판단하지 마세요.

5.아동의 이야기를 들은 후……

- 아이의 감정에 공감하면서, 안전에 대한 욕구를 평가해 주세요.
- 아이가 여러분에게 무엇을 원하는지 파악해 보세요.
- 여러분이 걱정하고 마음 쓰고 있다는 것, 아이의 잘못이 아니라는 것, 아이가 비난받을 일이 아니라는 것에 대한 확신을 심어 주세요.
- 아이에게 안전할 권리가 있다는 것을 알려 주세요.
- 여러분이 앞으로 어떤 조치를 취할 것인지에 대해 아이에게 알려 주세요.
- 폭력 유형에 따라 적절한 기관에 도움을 요청하세요.

6. 아동의 권리를 존중하는 방법(민주형 부모되기)

- 아이의 생각, 감정, 욕구를 아이 처지에서 이해한다.
- 아이가 사랑을 원할 때 안아 주기 등 즉각적이고 구체적인 행동으로 표현한다.
- 아이가 부모에게 다가올 때 거부하지 않는다.
- 매일 30분은 아이가 하는 이야기를 듣는다.
- 아이가 하고 싶어 하는 놀이를 매일 30분씩 함께한다.

<table>
<tr><td></td><td colspan="6">• 가능한 한 아이 스스로 선택하게 히고 책임지게 한다.
• 부모의 생각을 곧바로 말하기 보다, 아이 스스로 생각해 보고 표현할 기회를 준다.
• 아이가 도움을 구할 때는 격려하거나 도와준다.
• '안돼'라는 말을 남발하지 않는다.
• 아이의 실수나 실패를 배움의 과정으로 받아들이고, 혼자 노력하는 것을 존중해 준다.
• 결과보다 노력하는 태도를 칭찬한다.</td></tr>
<tr><td colspan="7">7. 이렇게 칭찬해 주세요♥</td></tr>
<tr><td></td><td></td><td></td><td></td><td></td><td></td><td></td></tr>
<tr><td>한 번의 미소</td><td>정확히
잘하고 있어</td><td>대단한
발견이야~</td><td>네가 자랑스
럽구나~</td><td>웃는 모습이
예뻐~</td><td>좋아 보이는데</td><td>넌 정말 멋져</td></tr>
<tr><td></td><td></td><td></td><td></td><td></td><td></td><td></td></tr>
<tr><td>비밀을
알아 냈구나</td><td>네가 날 웃게
만든단다</td><td>너를
응원한단다~</td><td>난
네가 좋단다</td><td>넌 정말
중요하단다</td><td>너에겐 마음의
힘이 있어</td><td>넌 나의
희망이야</td></tr>
</table>

출처: 바름이어린이집 홈페이지, 재인용

2) 어린이집에서의 아동권리에 대한 부모와 교사의 인식

부모와 교사의 아동권리에 대한에 인식에서는 교사가 높았고, 실천상황에서 발달권과 참여권은 부모가 높았다(최은숙, 2013).

보육교사는 정기적인 아동권리에 대한 교육을 받아 인식 면에서는 높지만 실제상황에서는 부모의 적극적인 아동에 대한 사랑보다 다소 느슨해질 수밖에 없고 어떤 한 아동에게 부모 수준으로 사랑을 주다 보면 다른 아동에게 베풀 수 있는 여력이 작아질 수밖에 없다. 보육교사는 자신이 담당하고 있는 여러 아동에게 동등한 대우를 해 주어야 하는 의무도 있기 때문에 특정한 아동에게 발달권, 참여권을 전적으로 지지하지 못하는 것이다.

3) 유아교사의 아동권리 인식

유아교육 현장에서 교사들은 〈유엔아동권리협약〉에서 제시한 생존권, 보호권, 발달권, 참여권 중 참여권을 가장 중요하게 인식하였다(박정은, 2014).

유아교사들은 〈유엔아동권리협약〉에서 제시한 참여권, 보호권, 발달권 순으로 중요하게 인식하는 이유는 공적인 공간에서의 아동권리를 존중해 주다 보니 당연히 참여권이 최우선이고 그다음 아동들이 다치거나 사고가 나지 말아야 하므로 보호권을 중요하게 생각하는 것이며, 발달권의 순위가 낮은 것은 아동 개인차가 있으므로 보육교사가 더 노력한다고 해서 대단한 성장이 나타나지는 않을 것이기 때문이라 인식한 것으로 보아야 할 것이다.

4) 어린이집에서의 권력과 정서

어린이집을 포함한 영유아 기관은 부모를 위한 곳도 교사를 위한 곳도 아닌, 영유아를 위한 사회문화적 환경이 필요하다.

영아들의 일과표는 '보육적인' 일과에 따라 먹기, 자기, 기저귀 갈기 등으로 조직된다. 이런 일과 사이사이에 영아들은 그네나 자리에 앉아 놀이를 한다(양옥승 외 역, 2014).

이런 일과에는 전형적인 교사 지시적 활동인 이야기 나누기, 미술, 음악활동 등도 포함된다. 이런 일과표는 대체로 어린이집 내부의 게시판에 붙어 있다.

학부모와 교사들이 볼 수 있도록 되어 있어, 학부모에게는 자신의 아이가 언제 어떠한 교육과 생활을 하게 될 것인지 짐작할 수 있으며, 교사에게는 다음에 무엇을 해야 할 것인지 미리 마음의 준비를 할 수 있도록 해 준다. 그러나 아동에게는 마음대로 행동을 시작하거나 조직해서는 안 된다는 것을 암시한다(Denzin, 1973; 양옥승 외 역, 2014 재인용).

아동 양육시설에 붙어 있는 일과표대로 생활하기 힘들 수도 있다. 일과표는 표준적인 계획을 표시하는 것이고 아동권리 존중 측면에서 아동의 생각과 생체

리듬을 감안한 보육활동이 이루어져야 할 것이다.

5) 시설보호 아동의 권리 인식

「시설보호아동의 아동권리 인식에 영향을 미치는 요인에 관한 연구」를 연구한 이초록(2015)은 연구에서 시설보호아동의 아동권리 인식 평균점수는 총 100점 만점에 85.18점으로 비교적 높은 수준이었다.

시설보호아동의 아동권리 인식 수준에 영향을 미치는 요인으로는 자아존중감, 인권감수성, 학년 등이 있다.

아동권리 교육의 기본 구성을 한국의 아동인권 상황에 맞게 재구성한 것이 아니라 대부분 〈유엔아동권리협약〉의 내용을 기준으로 혹은 각 기관의 특성에 맞는 기준으로 내용을 구성하고 있기 때문이다.

6) 면접교섭권과 아동권리

우리나라는 2007년 「민법」을 개정하여 아동을 면접교섭의 주체로 인정하면서도 이를 실현하기 위한 수단이나 이행강제 방법에 대해서는 규정하지 않고 있다(이영민, 2014).

아동권리에 관한 국제협약이나 아동권리에 관한 유럽협약 등에서 확인할 수 있는 아동의 자율성 측면을 강조함으로써 아동의 존엄성을 확립하려는 국제적 추세에 반하는 입법이라 할 수 있다.

아동이 아동권리로써 면접교섭권을 확보하려면 면접교섭의 결정, 변경, 제한을 청구할 수 있는 당사자 자격을 인정하고, 경우에 따라 법정대리인이나 특별대리인 없이도 변호인을 통해 소송을 제기할 수 있도록 개정되어야 하겠다.

7) 아동권리를 위한 초등학교 환경

우리사회가 아동의 권리라는 개념을 고려한 지는 얼마 되지 않는다. 아동은 그저 청소년 시기를 거쳐 어른으로 성장해 나가는 과정이며 어른의 보호를 필요로 하는 삶의 한 과정에 지나지 않는 것으로 인식해 온 것이 보통의 사고였다(보건복지부, 2009).

보건복지부(2009)의 『아동권리협약과 함께하는 아동청소년의 권리-초등학교 교사용』 중에서 아동권리에 관한 부문만 발췌하였다.

(1) 아동권리에 기초한 학교생활

학습은 교수를 위한 수동적인 과정이 아니다. 아동이 인권을 배우는 '학습자'라는 존재가 되었다고 해서 이미 자신에게 존재하는 아동의 권리를 유보하는 것이 아니다. 아동이 교문을 통과하였다고 해서 인권을 잃는 것은 아니다. 협약 제29조 제1항에서 학교가 모든 의미에서 아동 친화적이어야 하며 인간 존엄성에 대한 전적인 존중을 견지해야 함을 명백히 요구하고 있다.

(2) 교육의 목적은 아동의 인권과 존엄성 강화

우리사회에서 교육은 사회에 필요한 자원을 확보하는 일로 여겼으며 이로 인해 학생은 인간자본으로 여겼고 교육은 인간자본을 키우는 일로 여겼다. 교육의 주된 목적은 아동의 인권과 존엄성 강화가 아니라 경제적 생산을 위한 준비과정이며 타인과 경쟁에서 이기도록 가르치는 것이었다.

(3) 인권 친화적 학교환경의 중요성

학교가 인권 친화적이기 위해서는 학교에 근무하는 교사의 인권도 고려되어야 하고, 학생의 인권도 고려되어야 하며, 더불어 학부모의 인권도 고려되어야 한다.

〈표 4-1〉 **인권교육환경을 위한 교사평가항목(올바르지 않은 예)**

이슈	사례	문항내용
학생의 존엄과 의사존중	정당성을 잃은 학교규율	교칙을 제·개정할 경우 학생의 의견을 수렴하더라도 최종 결정은 교사와 학교장의 몫이다.
	언어폭력	성적이 떨어졌거나 훈계를 해도 듣지 않는 학생에게는 자존심을 건드려서라도 자극을 주는 것이 효과적이다.
차별금지	성별차별	여학생에게는 두발 길이를 자유화하되, 남학생에게는 좀 더 엄격한 제한 규정을 두어도 된다.
	빈곤학생에 대한 차별	학교의 바쁜 일정 속에서 일처리를 신속하게 하려다 보면 급식비 지원 대상을 공개할 수도 있다.
	장애학생에 대한 차별	한정된 학교 예산이라면 소수 장애학생을 위한 편의시설에 투자하는 것보다 다수 일반학생들의 학업지도에 투자하는 것이 더 효율적이다.
교육에 대한 권리	교육목표를 벗어난 행동	사교육비가 급증하고 있는 상황에서 학생들이 학교에 있는 시간을 최대한 늘리고 보충수업 등을 통해 학생들을 지도해 주는 것이 좋다.
	학생선수에 대한 폭력	학생 운동선수는 어차피 앞으로 운동 분야로 진출할 것이므로, 출전과 훈련 때문에 수업참석을 거의 못 할 수도 있다.
학생자치와 참여권	동아리 활동규제	동아리 설립에 대한 허가권과 해산권은 일반적으로 학교가 가질 필요가 있다.
신체의 자유	모욕적인 처우	학생들에게 정도를 벗어나지 않는 체벌은 교육적으로 필요하다.
사상, 양심, 종교의 자유	양심에 반하는 서약의 강요	자신이 무엇을 잘못했는지 모르는 학생에게는 종교과목 이외에 반성문을 쓰도록 지도하고 각서를 받는 것이 효과적이다.
	종교강요	종교과목 수업을 하는 학교에서는 종교과목 이외에 대체과목이 편성되어 있지 않더라도 크게 문제될 것이 없다.
표현의 자유	복장과 두발 제한	학생은 단정한 외모를 유지하고 공부 이외의 것에 신경을 쓰지 않는 것이 중요한 만큼 교복을 입도록 하는 것이 좋다.
	매체활동에 대한 규제	학교신문에 게재하는 학생들의 출판물은 미리 살펴보고 적절하지 못한 내용을 걸러 낼 필요가 있다.
사생활과 개인정보의 보호	개인 소지품과 공간에 대한 침해	부적절한 물건을 학교에 가져오지 않도록 지도하기 위해서는 가방이나 사물함 등을 가끔씩 불시에 점검할 필요가 있다.
	개인정보 침해	학생의 가정환경을 파악하여 적절한 교육과 혜택 등을 제공하기 위해서는 보호자의 직업이나 재산 등도 미리 일괄 조사해둘 필요가 있다.
	감시 장비의 설치	도난 방지, 면학 분위기 조성, 폭력 예방 등을 위해서 복도, 교사, 기숙사 등에 CCTV를 설치할 수 있다.

정보접근권	자기 정보에 대한 접근	학교가 수집하거나 기록해 둔 정보를 학생들이 열람하거나 수정을 요구하게 허용할 필요가 있다.
적법절차를 누릴 권리	정당성을 벗어난 징계	도난사건이나 폭력사건 발생 시 학생들을 잘 아는 교사가 확신이 가는 학생을 조기에 지목하여 자백을 유도하는 것이 신속한 사건처리에 도움이 된다.

출처: 문용린 외(2009).

학교는 아동을 교육시키기 위한 시설이지 아동의 권리를 존중하기 위한 시설이 아니라는 목적의식 차이에서 오는 것이라 생각된다. 공교육도 시키면서 아동들의 권리를 존중해 주려는 초기단계이므로 교사들이 아동의 권리를 존중해 주어야 한다는 것은 인지하고 있다.

아동권리 존중과 아울러 교사의 권리 또한 존중받아야 아동권리 존중도 정착될 수 있는 것인데 현재 학교에서는 교사의 권리 존중보다 아동권리 존중에 치우쳐 있다.

(4) 인권에 대한 사회적 시각의 변화 필요성

우리 사회에서 인권은 주로 사회적 약자의 권리로 논의되고 피해와 억압에 대한 사회 저항의 언어로만 이해되어 사회의 다수 사람들이 인권을 그리 긍정적으로 보려고 하지 않는다(이봉철, 2001).

아동을 위한 인권교육의 학습내용으로서 인권을 정치적이거나 법적인 논리나 관점에서가 아니라 아동이 시민으로서 살아가는 구체적인 일상생활 영역의 문제와 연관된 것(구정화 외, 2004)이라고 인식할 때 아동권리를 위한 인권교육이 가능하다.

(5) 인권을 교육내용으로만 바라보는 시각의 변화 필요성

우리의 인권교육은 몇 가지 문제점이 있는데, 가장 큰 문제는 인권교육이 인지적인 영역 위주로 강조되어 왔다는 것이다. 특히 우리의 교과서에서 다루어야 하는 내용으로 인식하고 있다(문용린 외, 2003).

아동의 인권은 학교는 물론 가정과 지역사회 모든 곳에서 골고루 이루어지고 실천되어야 하는 것이다. 그중 가장 중요한 곳은 가정이다. 가정의 '밥상머리교육'에서 부모의 지도와 부모의 모범된 모습을 통한 가정교육이 절실하다.

(6) 아동이 일상으로 경험하는 인권을 고려한 시각의 변화 필요성

인권교육에서 바라보는 인권은 단순히 아동의 권리 목록을 인지적 수준에서 이해하는 것이 아니다. 자신의 권리에 대해서 제대로 안다는 것은 단순히 '우리들은 이러이러한 권리를 갖는다.'라는 인지적 수준의 논의만으로는 불가능하다.

순간순간 벌어지는 상황에 따라 아동인권이 존중되는 사례가 축적되어야 아동인권존중 문화가 정착된다. 목록나열은 다만 참고사항일 뿐이다.

(7) 아동권리 교육의 목적으로서 인권을 보는 시각

아동권리를 강조하는 인권교육에서 중요하게 다루어야 하는 것은 인권의 관점으로 아동 자신의 삶과 주변의 세상을 볼 수 있는 인권 문해력과 감수성을 기르도록 하는 것이어야 한다(구정화 외, 2004).

인권 문해력이란 일상생활에서 만나는 다양한 자극이나 사건에 대하여 매우 작은 요소에서도 인권적인 요소를 고려하여 발견하고 적용하면서 인권적인 시각을 견지하는 것을 말한다(안경환, 2004).

일상생활에서 일어나는 사건을 통해 아동권리를 정의하고 설명해 주며 아동이 어떻게 느끼고 있는지도 동시에 청취되어야 한다. 일방적인 주입식 교육보다 체험적 교육이 되어야 한다는 인식할 필요가 있다.

3. 아동권리 교육준비

1) 최근 발간된 교재

아동권리가 강조되고 있는 현 상황에 발맞추어 보육교사를 희망하는 학생들이 배울 수 있도록 교재가 발간되고 있다.

〈표 4-2〉 **아동권리에 관한 교재**

출판년도	저자	책이름	출판사	아동권리와 관련된 내용
2016년	이성한 외	아동권리와 복지	창지사	• 아동권리와 아동복지의 개념
2016년	김현자 외	아동권리와 복지	어가	• 아동의 권리 – 아동권리 특성과 아동권리 – 〈유엔아동권리협약〉 – 한국의 근대적 아동권리 사상의 발전
2016년	정옥분 외	아동권리와 복지	학지사	• 아동의 권리 – 아동권리 사상의 발전 – 아동권리의 기본요소와 원칙 – 아동권리의 내용 – 우리나라 아동권리의 발전현황
2016년	이상욱 외	아동의 행복한 생활을 드높이는 아동권리와 복지	파워북	• 아동권리 수용과 실천 – 인권개념과 논쟁점 – 인권의 특성과 기본가치 – 인권에 대한 국가의 3중 의무 – 인권의 속성과 아동권리 – 〈유엔아동권리협약〉
2016년	김호년 외	아동권리와 복지	양성원	• 아동의 권리와 욕구

출처: 각 출판사 홈페이지.

이미 발간된 교재의 내용을 살펴보면 기존의 아동복지론의 일부에 아동권리를 첨가한 유형이 많아 실질적인 아동권리를 공부하기에 미흡한 부분이 있다.

아동권리를 '아동복지론'과 분리하여 '아동권리론'으로 독립된 과목의 신설이 필요해 보인다. 과목명에서부터 아동권리인지, 아동복지인지, 아동권리와 복지의 혼합이지 혼란스럽지 않도록 정의하고 가르쳐야 '아동권리'에 대한 인식도 높아지고 현장에서의 실천도 보다 효과적으로 이루어질 것이다.

2) 아동권리 교육

(1) 지방자치단체

인천 서구는 9월 한 달간 어린이집 20곳을 대상으로 '아동권리'와 관련한 교육을 실시한다고 밝혔다(경인일보, 2016. 9. 9.).

서구육아종합 지원센터와 공동으로 어린이집 보육교사에게 아동권리, 유엔아동권리협약, 아동권리침해사례 등을 교육한다. 국가인권위원회 소속 영유아 전문 강사 3명이 교육할 예정이며, 보육교사에게 영유아지도 방법과 아동권리를 존중하는 보육 방법 등을 제언할 예정이다.

구는 아동의 권리가 존중되는 아동친화도시 조성과 더불어 유니세프 아동친화도시 인증 사업을 추진하고 있다. 구 관계자는 "아동이 자신의 권리를 존중받으며 교육받을 수 있는 환경이 조성될 수 있도록 보육교사 등에게 아동권리의 인식 개선을 위한 교육을 추진해 나갈 것"이라고 말했다(인천광역시 서구, 2016. 9. 8.).

(2) 교육기관

아산교육 지원청은 아산교육 지원청 대강당에서 '유아성교육 및 아동인권 실현을 위한 교사 교육'을 실시하였다. 아산지역 공·사립 유치원 교사 120여 명이 참석하여 '유아성교육 및 아동인권 실현'이라는 주제로 진행되었으며 가정과 연계한 유아성교육 방안, 아동인권이 실현되는 학급운영 및 생활지도 등에 대해 교육하였다(로컬투데이, 2016. 9. 8.).

충남 천안오성초등학교는 지난 9일 특수학급 및 통합학급 학생들을 대상으로 아동권리 교육을 실시하였다. 이번 교육은 아동권리에 대한 인식과 이해를 돕고 아동이 권리의 주체자로서 자신의 권리와 타인의 권리를 이해하는 권리친화적인 삶을 살아갈 수 있도록 하고자 마련됐다. 특히 아동의 4대 기본 권리인 생존권, 보호권, 발달권, 참여권에 대한 이해 및 학생으로서 할 수 있는 인권 친화적인 일들을 구체적인 사례를 교육하였다(동양뉴스통신, 2016. 9. 12.).

(3) 기타단체

영암읍지역 사회보장협의체에서는 인권의식과 아동인권문화 확산을 위하여 '우리들의 인권을 말하다'라는 주제로 인권교육을 실시하였다. 이번 인권교육은 지역아동센터 이용 아동을 대상으로 진행됐으며, 교육 내용은 인권에 대한 기본적인 이해와 권감수성을 키우기 위한 역할극 등으로 이루어졌다. 이번 교육을 통해 아동·청소년의 인권의식을 높여 자신과 타인의 권리를 존중할 수 있는 계기를 마련하였다(국제뉴스, 2016. 9. 27.).

중랑구 사회복지협의회는 학생 봉사 동아리인 '청소년 서포터즈' 회원 60여 명과 함께 아동학대 예방을 위한 캠페인을 개최하였다. '청소년 서포터즈'는 사회복지협의회에서 운영하고 있는 학생봉사동아리로 송곡고·송곡여고 학생 120명으로 구성되었으며, 아동학대 캠페인을 위해 지난 3월부터 '인권 및 아동학대 예방' 교육을 받았다(국제뉴스, 2016. 8. 19.).

CHAPTER_05

아동의 권리와 아동학대 예방

1. 아동의 권리와 보호
- 1) 아동의 권리인 보호의 개념
- 2) 아동 보호 필요성
- 3) 아동 보호의 과제

2. 아동학대 예방
- 1) 아동학대의 개념
- 2) 발생 원인
- 3) 아동학대의 유형 및 예방

3. 아동학대 현황 및 실태
- 1) 연도별 학대아동 현황
- 2) 아동학대 행위자별 발생 현황
- 3) 학대 행위자의 성별 및 연령

4. 어린이집 아동학대 실태
- 1) 최근 3년간 아동학대 발생장소
- 2) 보육교직원에 의한 아동학대 현황
- 3) 어린이집 발생 학대 유형별 현황

5. 아동학대 문제점과 과제
- 1) 아동학대의 문제점
- 2) 아동학대 예방을 위한 과제

6. 아동학대 신고 의무와 교육
- 1) 아동학대 신고 의무자
- 2) 아동학대 신고 의무자에 대한 교육

1. 아동의 권리와 보호

1) 아동의 권리인 보호의 개념

모든 사람은 존엄한 가치를 가지고 태어난다. 아동은 양육과 훈육의 대상이 아닌, 성인과 똑같이 모든 인간에게 부여된 기본적인 권리를 가진 주체적 존재이다. 아동권리는 아동이 인간으로서 가지는 기본적인 권리와 자유에 대해 특별한 보호를 받을 권리를 말한다.

아동 보호는 아동의 안전한 성장과 발달 환경을 조성하기 위한 사회 제도로, 폭력과 착취, 방임, 유기, 질병, 빈곤 등으로부터 아동을 보호하는 국가와 민간의 업무와 법령, 조직 등을 포함하는 포괄적 개념이다(노혜련 외, 2015).

최근에는, 140만 명의 아동이 하루의 대부분을 보내는 어린이집에서의 학대사건이 끊임없이 발생하고 있으며, 언론 및 방송사에서 확보한 CCTV 자료 화면이 방송을 통해 방영되어 국민적 공분을 사고 있고 SNS를 통해 급속도로 그 충격이 전파되고 있기에 어린이집에서의 아동 보호 역할 또한, 매우 중요하게 대두되고 있다.

2) 아동 보호 필요성

아동은 신체적, 정신적으로 발달 단계에 있기 때문에 어른과는 달리 적절한 법적 보호를 포함한 특별한 보호와 배려가 필요하다. 모든 아동이 안전하고, 행복하며 충족된 환경에서 자신이 가진 잠재력을 충분히 발휘하기 위해서는 아동 보호가 필요하다.

온전하지 못한 가정의 아동들은 폭력, 빈곤, 질병, 신체적·정신적 위험 등의 잠재적 위험에 노출되어 있으며, 아동이 겪는 잠재적 위험은 한 가지 측면만으로는 이해하기 어려운 복합적이고 역동적인 문제이다(Wenke, 2010).

또한, 세월호 참사(2014. 04. 16.)라는 대형 인재를 통해 어떠한 제도 개선보다 우선적으로 '상식적이고 도덕적으로 행동할 수 있는 문화'가 정착되어야 함을 인식하고, 생명을 지키기 위한 범국가적 노력이 필수적이라는 것을 확인하게 되었다. 아무리 국가 차원의 안전 교육이 실시된다고 하더라도 그것을 제대로 실행할 수 있는 기본 개념과 사회적 배경이 마련되지 않는 이상 그 어떤 제도와 교육도 무의미하다.

3) 아동 보호의 과제

빈곤은 아동 문제의 가장 큰 원인 중 하나이다. 빈곤한 상황에서는 이동의 기본 인권이 보장되기 어렵고, 극심한 빈곤은 아동에게 신체적, 정신적 상처를 입히며, 발달을 저해시켜 성인이 되어서도 가족과 사회에 기여하기 어렵다.

전 세계 임산부의 3분의 1은 계획 없는 임신을 하며, 이 중 많은 여성이 낙태를 선택해 모성건강과 태아 인권을 침해하고 있다. 또한, 원치 않은 임신은 출산 후 영아 살해나 유기의 원인이 될 수 있다. 이를 방지하기 위한 방법으로 베이비박스(baby box)가 등장했다. 그러나 이것은 버려진 신생아의 생명을 살릴 수 있는 한편, 오히려 유기되는 아동 수를 증가시킨다는 비판을 받고 있다.

또한, 보호 사업 기관이 중요하게 지적하는 부분은 부모의 부적절한 역할수행과 능동적이지 못한 부모의 역할이다. 부모는 자식에 대한 권리뿐만 아니라 의무도 함께해야 함에도 불구하고 자식에 대한 학대와 유기·방임의 문제가 지속적으로 대두되고 있다.

어린이집을 포함한 복지시설에서의 아동학대도 새로운 사회문제로 대두되고 있다. 이러한 문제를 해소하기 위해 어린이집은 법적으로 CCTV를 설치·운영하고 있으나, 어린이집에서의 아동학대와 사고가 끊이지 않고 있는 것이 현실이다. 더불어 보육교사에 대한 인권문제가 대두되고 있는 상황에서 보다 근본적인 해결책이 제시되어야 한다.

2. 아동학대 예방

1) 아동학대의 개념

아동학대의 개념은 시대나 사회문화적, 학문적 배경에 따라 범위와 기준이 다르다. 미국 「아동학대 예방법」에서는 아동학대란 '아동의 정상적 발달을 위하여 아동이 당연히 누려야 할 생활환경과 아동이 처한 실제 환경 간에 발생하는 격차와 결함'으로 정의하고 있으며, 이러한 아동학대의 개념은 협의의 개념과 광의의 개념으로 나누어 살펴볼 수 있다.

(1) 협의의 개념

신체적 학대를 의미하며 부모나 양육자의 고의적인 행위 또는 태만으로 인하여 손상의 결과가 신체적으로나 정신적으로 명백하게 드러나는 것을 의미한다.

(2) 광의의 개념

아동의 발달과 욕구를 충족시켜 주지 못하는 모든 환경을 포함하며 우리나라 「아동복지법」상에는 보호자를 포함한 교사 등의 사람들과 아동을 둘러싸고 있는 모든 양육환경, 교육환경, 사회환경 등에 의하여 아동의 건강, 복지를 해치거나 정상적인 발달을 저해할 수 있는 신체적, 정신적, 성적 폭력 또는 가혹행위를 말하며 유기와 방임도 포함된다.

(3) 세계보건기구(WHO)의 개념

세계보건기구는 아동의 양육에 책임을 지고 있거나 신뢰관계에 있거나 권위를 가진 사람에 의한 모든 형태의 신체적, 정서적 가혹한 처사, 성 학대, 방임 또는 보호의 태만 및 상업적이거나 다른 형태의 착취 결과 아동의 건강, 생존, 발달 및 존엄성에 실제적인 해를 끼치거나 그러한 가능성을 초래한 것을 포함하고 있어 아동에게 가해진 실제적인 해 이외에 잠재적인 해까지 포함하는, 보다 포괄적인 정의를 내리고 있다.

2) 발생 원인

아동학대는 복잡한 관계 속에서 발생하므로 어떤 요인에 초점을 두느냐에 따라 달라진다. 즉, 아동학대의 대부분은 하나의 원인에 의한 것이 아니라 아동 요인, 부모 요인, 가정적·사회적 요인 등이 함께 발생하고 있다(김성경 외, 2013). 학대 가능성이 높은 아동, 부모, 사회적 요인은 다음과 같다.

〈표 5-1〉 아동학대 발생 원인

부모 요인	• 부모의 미성숙 • 아동 양육에 대한 지식 부족 • 지나친 기대 • 잦은 가정의 위기 • 정서적 욕구불만 • 사회적 고립 • 어릴 적 학대 받은 경험	• 알코올중독 • 약물중독 • 부모의 그릇된 아동관 및 양육관 • 부모의 낮은 자아존중감 • 낮은 감성 • 의기소침	• 부모의 분노 • 좌절 혹은 성적욕구와 같은 충동과 감정조절의 무능력 • 원치 않는 아동 • 부모의 불안 • 우울증 • 기타 정신질환 등
아동 요인	• 미숙아·기형아·만성 혹은 급성질환아 • 신체적·정신적·기질적으로 특이하거나 장애를 가진 아동 • 운동 및 언어 등 발달이 늦은 아동 • 심하게 보채거나 밤에 잘 자지 않는 아동 • 문제 행동을 보이는 아동	• 음식을 먹거나 잠을 자는 데 어려움을 나타내는 아동 • 사회적 반응의 결핍 • 고집스런 울음과 외모 • 수유의 어려움 • 분리불안의 결함 • 자신감 결여 • 지나친 경계 • 무반응	• 겁이 많음 • 적대적 행위 • 충동적 특성 • 폭력적 행동 • 고집이 셈 • 대인관계에 둔감하고 매력이 없음 • 운동 조절 결함 등
가정·사회적 요인	• 가족관계의 문제 • 가족구조의 문제 • 폭력에 대한 가치와 규범	• 사회적 고립 및 사회적 지지체계 결여 • 신체적인 체벌에 대해 허용적인 문화	• 아동을 존중하지 않는 문화 • 자녀에 대한 소유 의식 등

3) 아동학대의 유형 및 예방

아동학대의 유형을 명확하게 분류하는 것은 쉽지 않다. 아동학대의 발생은 혼합적인 형태로 나타나기 때문이다. 「아동복지법」 제3조 제7호에 의하면 아동학대의 유형은 크게 신체적 학대, 정서적 학대, 성적 학대, 방임으로 나눌 수 있으며, 방임과 아동학대를 병렬구조로 유형화시키는 미국과는 다소 차이가 있다.

(1) 신체적 학대(physical abuse)

'꽃으로도 때리지 말라.'는 말이 있다. 그만큼 아동에게 신체적 학대는 큰 상처와 분노로 다가올 수 있다. 신체적 학대란 정당한 이유 없이, 또는 이유가 분명하여도 지나치게 감정적으로 아동을 때리거나 벌하는 것으로서 회초리나 손 이외의 도구를 사용하거나 손바닥, 종아리, 엉덩이 등 이외의 다른 부위를 때리는 모든 행위를 의미한다. 신체적 학대는 가장 눈에 많이 보여 발견이 용이하며 주로 보호자나 양육자에 의해 아동에게 고의적이거나 우발적으로 신체에 상처를 입히는 것이다.

이러한 신체적 학대는 첫째, 타박상이나 골절, 장기 손상 등의 신체적 후유증, 둘째, 발달지연, 지적장애, 언어장애, 자아기능 손상 등의 심리적·정서적 후유증, 셋째, 반사회적 행동과 비행, 자학행동, 공격적·파괴적 행동으로 나타난다.

(2) 정서적 학대(emotional abuse)

정서적 학대를 받은 아동은 자아존중감의 상실, 감정표현 부족, 애정에 대한 욕구 결핍 및 지나치게 애정을 요구하며 발달지체 등의 결과를 보이게 된다. 정서적 학대를 오래 받아 온 아들이 평소 자신의 형과 비교하며 모욕을 주었던 부모를 살해하고 사체를 유기하는 사건도 있었다. 모든 유형의 아동학대는 시간이 지나면서 아동에게 부정적 정서를 가져오므로 정서적 학대는 모든 학대 유형 중 가장 근본적인 것으로 볼 수 있다.

언어적·비언어적인 협박과 경멸을 통해 아동에게 공포감, 수치심을 주거나 적대적이고 거부적인 차별로 모욕감을 주는 정서적 학대는 아동의 자아존중감과 정서를 손상시키는 행위로서 직접적인 학대와 간접적인 학대로 나눌 수 있다.

① 직접적인 학대

아동에게 습관적으로 소리를 지르거나 무시하는 행동, 폭언 및 계속해서 의식적으로 또는 무의식적으로 아동을 거부하는 행동이나 표정과 언어, 또는 아동의 특별한 정서적인 문제에 대하여 적절한 전문가의 도움을 구하지 않거나 적절히 반응하지 못하는 것 등을 말한다.

② 간접적인 학대

아동에게 직접적으로 행하는 것은 아니지만 가족 간, 특히 부부간의 불화에 의한 구타, 폭언 등으로 아동에게 정신적인 손상을 가하는 행위를 의미한다.

(3) 성적 학대(sexual abuse)

성적 학대는 다른 사람의 성적 만족을 위하여 아동을 이용하는 성적 착취와 아동을 성적 도구로 이용하는 성적 폭행, 그리고 아동을 성적으로 자극하거나 혐오감을 갖게 하는 환경에 처하도록 내버려 두는 성적 노출 등으로 구분되기도 한다. 또한, 성인의 성적 충족을 위해 아동을 성적으로 이용하거나 아동과 함께하는 모든 성적 행위를 포함한다. 즉, 성인이 아동에게 자신의 성기나 신체를 접촉하게 하거나 아동의 성기를 만지는 행위, 아동 앞에서 옷을 벗으며 자기의 성기를 만지는 행위, 아동의 옷을 강제로 벗기거나 키스를 하는 행위, 아동 매춘이나 성매매를 시키는 모든 행위는 성적 학대 행위이다.

(4) 방임(child neglect)

방임은 아동에게 책임이 있는 양육자가 고의로 또는 방심으로 인하여 아동이

피할 수도 있는 고통을 겪게 하거나 아동의 신체적, 지적 능력을 발달시키는 데 필요한 요소들을 제공하지 못한 상태로 볼 수 있다. 방임은 신체적 방임, 의료적 방임, 정서적 방임, 교육적 방임, 성적방임으로 구분할 수 있다.

① 신체적 방임

아동의 신체적 건강과 안전을 저해할 수 있는 내용으로 장시간 위험에 방치하거나 비위생적인 상태로 두는 것이다.

② 의료적 방임

아동의 건강 유지에 필수적인 의료 서비스를 제공하지 않는 것이다.

③ 정서적 방임

아동이 보호자의 적절한 관심과 사랑을 받지 못하는 상태로서 아동에게 격려와 칭찬, 조언을 주지 않는 것이다.

④ 교육적 방임

아동의 교육에 경제적, 정신적 지원을 제대로 해 주지 못하는 경우이다.

⑤ 성적 방임

아동에게 성인의 성관계나 성 관련 시청각 자료에 노출되게 하는 것이다.

아동학대 유형별 사례 및 학대 피해 아동 보호 건수를 살펴보면 「2012년 전국 아동학대 현황 보고서」(보건복지부,2013)에서 중복 학대(3,015건)가 가장 많으며 다음으로 방임(1,713건), 정서 학대(936건), 신체 학대, 성 학대 순으로 나타나 한 번에 두 가지 이상의 학대를 함께 경험하는 중복 학대의 비율이 높아 아동학대의 심각성을 알 수 있다.

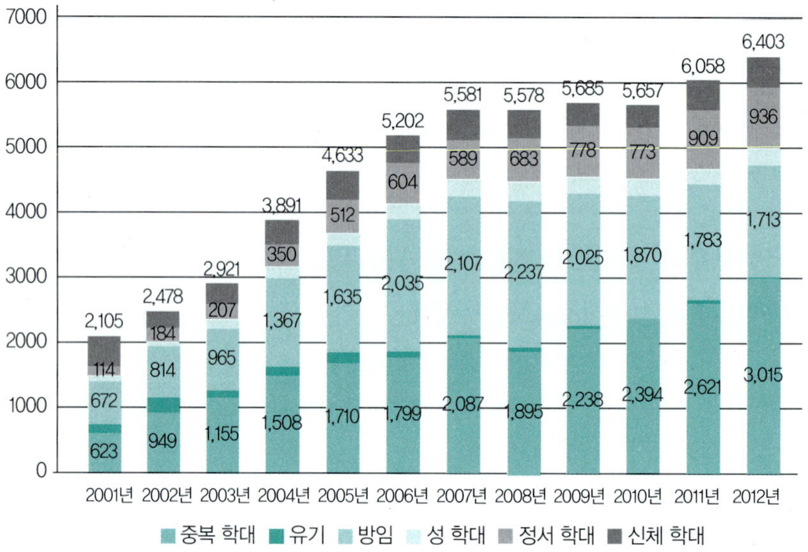

[그림 5-1] **아동학대 유형별 사례 및 학대 피해 아동 보호 건수**

출처: 보건복지부(2013). 2012 전국 아동학대 현황 보고서.

(5) 아동학대 예방

「아동학대 방지법」은 국가 및 지방공공단체의 책무를 명시, 아동학대 예방 및 조기발견부터 자립 지원까지 책임을 규정하고 있다. 학대가 의심될 경우 지방자치단체의 장이 부모에게 아동을 동반하여 출두할 것을 요구 및 조사할 수 있고 출두요구와 출입조사를 해당 보호자가 거부하게 되면 재출두 및 재출입 조사 조치한 뒤 다시 거부하면 아동의 거소 소재지 지원법원으로부터 영장을 발부받아 아동 복지시설 직원이 아동의 거소를 수색하여 아동의 안전을 확보하도록 하고 있다.

보건복지부에서는 아동학대 문제의 심각성을 알리고 아동학대 근절 및 아동인권 증진을 위한 사회적 분위기 조성을 위해 2007년부터 기념식과 주간행사를 개최하고 있으며, 매년 11월 19일과 그 주간(11월 19일~25일)을 '아동학대 예방의 날'과 '아동학대 예방 주간'으로 지정(「아동복지법」 제23조)하고 있다. 아동학대 예방의 날 및 주간행사는 2000년 세계여성기금이 11월 19일을 '세계 아동학대 예방의 날'로 제정하였고, 우리나라는 2007년부터 보건복지부와 아동보호 전문기관을 중심으로 아동학대 예방 기념행사와 다양한 캠페인을 실시하고 있다.

〈표 5-2〉 **특례법 시행전·후 아동학대 범죄 신고변화**

(단위: 건, (%))

구 분	계	112	기관 전화	기관 내방	기타
특례법 시행 전	16,643(100.0)	129(0.8)	15,208(91.4)	654(3.9)	652(3.9)
특례법 시행 후	18,558(100.0)	8,155(43.9)	9,662(52.1)	459(2.5)	282(1.5)

출처: 보건복지부 보도자료(2015. 11. 19.).

「아동학대 범죄의 처벌 등에 관한 특례법」시행 후 접수 건수가 18,558건으로 전년 동 기간 16,643건과 비교하여 11.5% 증가되었으며, 경로별로는 112가 8,155건으로 전년 동기 129건보다 무려 6,222% 증가하였다.

〈표 5-3〉 **특례법 시행 전·후 아동학대 범죄 신고 유형**

(단위: 건, (%))

구 분	계	응급 아동학대	아동학대 의심	일반 상담	동일 신고	국외
특례법 시행 전	16,643(100.0)	2,411(14.5)	11,486(69.0)	2,663(16.0)	78(0.4)	5(0.1)
특례법 시행 후	18,558(100.0)	2,285(12.3)	13,758(74.1)	2,408(13.0)	93(0.5)	14(0.1)

출처: 보건복지부 보도자료(2015. 11. 19.).

「아동학대 범죄의 처벌 등에 관한 특례법」 발효 이후 신고유형을 보면 의심사례 13,758건으로 전년 동기 11,486건보다 19.8% 증가하였다. 또한, 경찰동행 현장조사는 11,936건으로 전년 동기 2,371건보다 403.5% 증가하여 특례법 시행의 효과를 보이고 있다.

〈표 5-4〉 **특례법 시행전·후 아동학대 범죄신고 경찰동행**

(단위: 건, (%))

구 분	계	동행	비동행
특례법 시행 전	28,579(100.0)	2,371(8.3)	26,208(91.7)
특례법 시행 후	33,052(100.0)	11,936(36.1)	21,116(63.9)

출처: 보건복지부 보도자료(2015. 11. 19.).

3. 아동학대 현황 및 실태

1) 연도별 학대아동 현황

연도별 학대아동 현황을 살펴보면 2004년에 학대아동 수가 3,891명이었는데 10년이 지난 2014년에는 10,027명으로 약 2.5배가량 증가하였다. 2006년부터 2010년까지 주춤하다가 2011년부터 연간 300~400명씩 증가추세를 보이고 있어 아동학대가 날로 심각해지고 있는 것을 알 수 있다.

〈표 5-5〉 **연도별 학대아동 유형별 발생 현황**

(단위: 건, (%))

연도	계	중복 학대	신체 학대	정서 학대	성 학대	방임	유기
2010년	5,657	2,394(42.2)	348(6.1)	773(13.7)	258(4.6)	1,870(33.1)	14(0.2)
2011년	6,058	2,621(43.3)	466(7.7)	909(15.0)	226(3.7)	1,783(29.4)	53(0.9)
2012년	6,403	3,015(47.1)	461(7.2)	936(14.6)	278(4.3)	1,713(26.8)	방임에 포함
2013년	6,796	2,922(43.0)	753(11.1)	1,101(16.2)	242(3.6)	1,778(26.2)	방임에 포함
2014년	10,027	4,814(48.0)	1,453(14.5)	1,582(15.8)	308(3.1)	1,870(18.6)	방임에 포함

출처: 보건복지부 보도자료(2015. 11. 19.).

2010년부터 2014년까지 아동학대 범죄는 총 34,941건이 발생하였다. 총 아동학대 범죄 건수를 연도별로 살펴보면 2010년 5,657건, 2011년 6,058건, 2012년

6,403건, 2013년 6,796건, 2014년 10,027건으로 꾸준히 증가하는 추세이다. 2014년도를 기준으로 유형별 학대유형을 살펴보면 두 가지 이상의 중복 학대를 가한 경우가 4,814건으로 가장 많았고, 방임 1,870건, 정서 학대 1,582건, 신체 학대가 1,453건, 성 학대 308건이었다. 특히 신체 학대의 경우 2013년 753건에서 2014년 1,453건으로 두 배가량 크게 증가했다. 아동학대에 대한 심각성이 대두되고 아동학대 예방 방지교육이 지속적으로 시행되고 있음에도 불구하고 아동학대 발생 현황은 지속적으로 증가하는 추세이다.

2) 아동학대 행위자별 발생 현황

2014년 언론을 뜨겁게 달군 '울산계모사건', '칠곡계모사건' 등 각종 미디어 매체의 노출을 통해 계부·계모의 아동학대가 심각하게 드러나고 있지만 실제로는 친부모에 의한 학대가 전체의 80% 수준을 차지하고 있을 정도로 높다. 「아동학대 범죄의 처벌 등에 관한 특례법」이 시행되기 전에는 「아동복지법」 내에서 학대 행위자 상담·교육에 대한 강제 이수 조항이 없어 학대 행위자에 대한 조치의 한계가 있었지만, 「아동학대 범죄의 처벌 등에 관한 특례법」 시행(2014. 9. 29.) 이후 임시조치, 조건부 기소유예, 보호처분 등을 통해 학대 행위자의 상담 및 치료 또는 교육 명령을 강제화할 수 있게 되었다.

〈표 5-6〉 **아동학대 행위자별 발생 현황**

(단위: 건, (%))

구분	2010	2011	2012	2013	2014
총계	5,657(100.0)	6,058(100.0)	6,403(100.0)	6,796(100.0)	10,027(100.0)
부모	4,709(83.2)	5,039(83.1)	5,370(83.9)	5,454(80.3)	8,207(81.8)
친인척	337(6.0)	349(5.8)	435(6.8)	351(5.2)	559(5.6)
대리 양육자	419(7.4)	482(8.0)	397(6.2)	786(11.6)	990(9.9)
(어린이집 교직원)			110(1.7)	202(3.0)	295(2.9)
(유치원 교직원)			31(0.5)	53(0.8)	99(1.0)

(초·중·고교 교직원)			16(0.2)	28(0.4)	145(1.4)
(학원·교습소 종사자)			37(0.6)	11(0.2)	80(0.8)
(아동 복지시설 등 종사자)			119(1.8)	389(5.7)	206(2.1)
(부모의 동거인)			75(1.2)	86(1.3)	146(1.5)
(위탁 부모)			3(0.0)	13(0.2)	12(0.1)
(베이비시터)			6(0.1)	4(0.1)	7(0.1)
타인	115(2.0)	92(1.5)	108(1.7)	85(1.3)	124(1.2)
기타	70(1.2)	95(1.6)	70(1.1)	85(1.3)	129(1.3)
파악 안 됨	7(0.2)	1(0.0)	23(0.3)	35(0.5)	18(0.2)

출처: 보건복지부 보도자료(2015. 11. 19.).

아동학대의 가해자 중 789건(8.2%)은 어린이집이나 아동 복지시설 등 아동을 보육하고 교육해야 하는 기관의 종사자이며, 어린이집 교직원 295건(2.9%), 아동 복지시설 등 종사자 206건(2.1%), 초·중등 교직원 145건(1.4%)순으로 나타났다. 또한, 가해자의 81.8%(8,207건)는 부모였으며 대리 양육자에 의한 아동학대도 9.9%(990건)로 나타났다.

이들 시설 종사자들은 직무상 아동학대를 알게 되면 즉시 아동 보호 전문기관 또는 수사기관에 신고해야 하는 '아동학대 신고 의무자'이지만 가해자가 되는 경우도 적지 않았다.

3) 학대 행위자의 성별 및 연령

학대 행위자의 성별 및 연령을 살펴보면 남자가 64.1%로 여자 35.1%에 비해 거의 두 배가량 많았다. 연령별로는 40~49세가 37.9%로 가장 높게 나타났으며 다음으로 30~39세가 34.0%로 나타났다.

〈표 5-7〉 **학대 행위자의 성별 및 연령**

(단위: 건수(%))

성별 및 연령		건수
성별 연령(만)	남	3,334(64.1)
	여	1,825(35.1)
	미상	43(0.8)
	19세 이하	54(1.0)
	20~29세	369(7.1)
	30~39세	1,770(34.0)
	40~49세	1,970(37.9)
	50~59세	349(6.7)
	60~69세	118(2.3)
	70세 이상	67(1.3)
	파악 안 됨	505(9.7)
계		5,202(100.0)

출처: 보건복지부(2015). 2014 전국 아동학대 현황 보고서.

4. 어린이집 아동학대 실태

1) 최근 3년간 아동학대 발생장소

2014년 국정감사백서-어린이집 아동학대 관련 자료를 살펴보면 3년간 신고된 아동학대 17,593건 중 아동 가정 내 학대사건이 14,641건으로 가장 높았으며, 아동 복지시설 584건, 어린이집 436건 순으로 나타났다. 2014년 인천 어린이집에서 발생한 아동학대 사건을 계기로 어린이집 전체에 CCTV를 설치하는 등 어린이집 내에서 발생하는 아동학대를 근절하기 위한 노력이 지속적으로 시행되고 있다.

〈표 5-8〉 아동학대 발생장소

(단위: 건)

구분	계	2012	2013	2014 1~6
합계	17,593	6,403	6,796	4,394
아동가정 내	14,641	5,436	5,409	3,796
학대 행위자 가정 내	359	131	155	73
친인척의 집	157	71	53	33
이웃집	49	31	14	4
어린이집	436	135	232	69
유치원	79	15	36	28
학교	83	25	40	18
학원	97	36	13	48
병원	101	36	51	14
아동 복지시설	584	111	379	94
기타 복지시설	41	18	15	8
집 근처 또는 길가	252	93	83	76
숙박업소(찜질방, 여관 등)	101	41	37	23
종교시설	61	38	14	9
파악 안 됨	283	180	12	91
기타	269	6	253	10

출처: 국회의원 이명수(2014). 국정감사백서.

2) 보육교직원에 의한 아동학대 현황

2012년 아동 보호 전문기관의 전문적 판정에 기초하여 아동학대 사례로 판정된 사례 6,403건 중 시설(어린이집, 아동 복지시설, 기타 복지시설) 종사자에 의한 사례는 229건으로 전체의 3.6%에 해당되며, 시설 유형별로 나누어 살펴보면, 어린이집 110건(48.0%), 아동 복지시설 99건(43.2%), 기타 복지시설 20건으로 나타났다.

2013년은 6,796건 중 시설(어린이집, 아동 복지시설, 기타 복지시설) 종사자에 의한 사례는 584건으로 전체의 8.59%에 해당되며, 시설 유형별로 나누어 살펴보면, 어린이집 202건(34.58%), 아동 복지시설 362건(61.98%), 기타 복지시설 20건으로 나타났다.

2014년 6월까지 4,394건 중 시설(어린이집, 아동 복지시설, 기타 복지시설) 종사자에 의한 사례는 163건으로 전체의 3.7%에 해당되며, 시설 유형별로 나누어 살펴보면, 어린이집 56건(34.4%), 아동 복지시설 88건(53.9%), 기타 복지시설 19건이다.

3) 어린이집 발생 학대 유형별 현황

국회의원 이면수의 2014 국정감사백서–어린이집 아동학대 관련 자료 중 2012년 아동 보호 전문기관의 전문적 판정에 기초하여 어린이집 아동학대 사례로 판정된 76건 중 신체 학대·정서 학대(중복 학대)가 24건으로 전체의 31%에 해당된다.

2013년도에는 전년도에 비해 3배 이상 증가한 232건의 어린이집 아동학대가 발생하였다. 이 중 신체 학대·정신학대가 76건으로 전체의 31%에 해당하였고 신체 학대가 62건(27%), 정서 학대 56건(24%), 방임 32건(13%) 등으로 나타났다.

2014년 6월까지 76건 중 신체 학대·정서 학대 사례는 76건으로 전체의 32%에 해당되며, 신체 학대 16건(21%), 방임 16건(21%), 정서 학대 14건(18%) 등으로 나타났다.

〈표 5-9〉 아동학대 유형별 현황

(단위: 건)

연도	합계	신체 학대	정서 학대	방임	신체 학대·정서 학대	신체 학대·방임	정서 학대·방임	신체 학대·정서 학대·방임
2012년	76	16	14	16	24	0	4	2
2013년	232	62	56	32	76	2	4	0
2014년 6월	76	16	14	16	24	0	4	2

출처: 국회의원 이명수(2014). 국정감사백서.

(1) 어린이집 발생 학대 행위자 조치결과

2014 국정감사백서-어린이집 아동학대 관련 자료 중 2012년 어린이집 발생 학대 행위자 조치결과는 다음의 표와 같다.

〈표 5-10〉 **아동학대 행위자**

연도	합계	지속관찰	고소고발	행방불명	개입거부	기타 (자진퇴사·해고 등)
2012년	135	92	24	5	0	14
2013년	232	168	51	6	1	6
2014년 6월	76	41	27	2	0	6

출처: 국회의원 이명수(2014). 국정감사백서.

(2) 어린이집 아동학대 사례 및 조치내용

아동학대 사례 및 조치내용을 살펴보면 다음과 같다.

〈표 5-11〉 **아동학대 사례**

구분	내용	조치결과
신체 학대	• 아동의 팔에 잇자국이 선명하게 찍혀 있는 것을 확인 후 아동 부모가 원장에게 사실 확인 요청 – 아이에게 밥을 먹이는데 자꾸 뱉어내어 억지로 밥을 먹이자 아이가 원장의 머리카락을 잡아당겨서 아동의 팔을 깨물음	• 아동 보호 전문기관의 조사 결과 아동학대(신체 학대)로 판정 후 원장 고소·고발 및 보조금 반환 조치
신체 학대	• 아동(1세)의 입술이 부풀어 있는 상흔을 확인 후 아동 보호 전문기관에 신고 – 어린이집 원장과 보육교사 진술에 의하면 해당 아동이 평소 보육교사를 물곤 해서 원장이 아동의 행동을 저지하기 위해 손가락으로 툭툭 쳤다고 했으나 CCTV 확인을 요청하자 폭행 시인	• 해당 어린이집 보조금 반환 조치 – 시설장 및 대표자 변경 처분
신체·정서 학대	• 아동이 말을 듣지 않으면 장롱이나 화장실에 감금하거나 잦은 체벌로 공포심을 유발하는 원장에 대한 신고 접수 – 현장조사 결과 전·현직 교사들의 증언 결과 해당 사실 확인	• 어린이집 폐쇄

출처: 돌봄시설 아동학대 예방을 위한 학대 사례집, 중앙아동 보호 전문기관.

5. 아동학대 문제점과 과제

아동학대는 아동에게 다양한 신체적·정신적인 문제를 초래한다. 이러한 문제는 여러 가지 후유증으로 나타나고 있다. 구체적인 문제를 살펴보면 다음과 같다.

1) 아동학대의 문제점

(1) 신체적 학대의 후유증 및 증상

학대를 의심할 수 있는 가장 확실한 증거는 아동의 신체에서 발견되는 외상이다.

신체적 학대의 결과는 멍, 골절 등에 그치지 않고 정상적 생활을 유지할 수 없을 정도로 아동의 성격 형성과 사회적 기능에 치명적 영향을 주며, 때로는 사망에 이르게 한다. 신체적 학대를 받은 아동은 부모나 다른 성인의 신체적 접촉을 경계하거나 극단적 행동을 보이며, 의존적이고 무분별한 애착관계를 갖고자 한다. 부모나 보호자를 두려워하며, 집에 들어가는 것에 대한 두려움을 나타내고, 학교문제, 가출, 알코올과 마약에 빠지기 쉽다.

(2) 정서적 학대의 후유증 및 증상

아동의 심리적 상태에 부정적 영향을 주는 정서적 학대의 후유증은 신체적 학대로 인한 신체적 증상 및 후유증 이상으로 아동의 성장, 발달에 치명적 결과를 가져올 수 있다. 정서적 학대의 결과로 언어장애, 습관장애, 발육부진증후군, 신경증적 증상 또는 심리신경증적 반응을 보인다. 또한, 자기비하적 이야기를 하거나 과도하게 수동적이며 의존적인 성향을 보인다. 반면 사회적 고립과 반사회적 행동을 하게 됨으로써 품행장애를 보이는 경우도 있다.

(3) 성적 학대의 후유증 및 증상

아동에 대한 성추행, 성폭행, 성 착취, 가족 내 성 학대를 경험한 아동은 성에 관한 부적절한 행동을 나타내거나 급격한 성격변화와 행동변화를 보인다. 예를 들면, 과도하게 의존적이 되거나 퇴행적 행동을 보이기도 하며 환상세계 속에 빠지기도 한다. 금전이나 선물, 관심 등을 얻기 위한 수단으로 성을 이용하기도 하고, 죄책감, 불안, 우울증, 두려움 공포증 등을 경험한다. 또한, 문란한 성관계, 매매춘, 약물남용, 거식증과 같은 자기 파괴적 행동을 보이기도 한다.

2) 아동학대 예방을 위한 과제

(1) 아동 보호 전문기관의 인력확충

아동학대가 의심되는 경우에 대해서도 전문기관 등의 개입이 필요하다. 신고의무자뿐 아니라 아동학대를 의심할 수 있는 사례를 알게 된 사람의 경우에도 신고가 가능하도록 전문기관에서는 지속적인 홍보와 교육이 필요하다. 또한, 아동 보호 전문기관에 필요한 국제수준의 전문인력 확충을 위해 배치기준을 마련하고 이에 따라 전문 상담원을 확충해야 한다.

아동 보호시설, 어린이집 등 아동의 생활에 밀접한 영향을 주는 기관의 관계자들에게 대한 철저한 점검과 교육을 통해 아동학대에 대한 경각심을 고취시켜야 한다. 아동 보호시설 종사자의 아동학대에 대해서는 가중처벌을 실시하고, 아동 관련 범죄 전력자의 시설 취업·재취업을 전면 금지하고 자격을 취소하는 등의 조치가 필요하다.

(2) 아동학대에 대한 지속적 홍보와 교육

가정이외에 피해 아동을 오랫동안 관찰할 수 있는 곳이 학교와 유치원, 어린이집인 만큼 교사들의 개입을 적극 독려하는 것이 중요하다. 또한, 학교에서 아동들에게도 아동학대에 대한 교육을 실시, 피해 아동이 스스로 학대를 당하고 있음을 인지하게 하는 것도 중요하다. 학대를 인지하였으면 교사나 주변 어른들에게 학대 사실을 알릴 수 있도록 지도하여야 한다.

학대 행위자의 상당수가 양육태도 및 방법에 대한 지식 부족, 사회·경제적 스트레스, 부부 및 가족 갈등 등을 수반하고 있기 때문에 부모교육 및 상담과정 강화가 필요하다. 아동학대를 목격하거나 의심되는 상황에서도 신고 후 발생하는 다양한 문제 등으로 인해 학대상황을 신고하지 않는 경우가 있다. 이러한 문제를 해결하기 위해서는 신고자에 대한 철저한 비밀 보장이 선행되어야 할 것이다.

아동학대 관련 법률 제·개정에 대한 홍보 등을 강화하여 아동학대의 문제점에 대한 인식 개선 사업이 요구되며, 아동학대가 매우 심각한 사회문제이자 중대 범죄라는 점을 각인시킬 필요가 있다.

(3) 아동학대 관련 법규 개정 및 국가의 정책적 지원

아동학대가 매년 급증하고 있으며 심각한 사회문제로 대두되고 있다. 이에 따라 아동학대 관련 법규를 보다 체계적이고 합리적으로 개정할 필요가 있다. 피해 아동은 학대 대상으로부터 격리·보호되어 치료 받을 수 있는 시스템이 구축되어야 하며 학대 행위자가 치료와 상담에 참여할 수 있도록 프로그램을 수정·보완해야 한다.

기초노령 연금 지급은 원만하게 사회적 합의가 이루어져도 무상보육과 무상급식에 대해서는 끊임없이 논란이 제기되고 있는 것을 보면 알 수 있듯이 기성세대에 비해 상대적으로 소외되었던 아동복지에 대해 보다 많은 관심과 지원이 필요하다. 또한, 아동학대 예방을 위해 전문기관과 전문인력 양성에도 국가 차원의 정책 지원이 요구된다.

6. 아동학대 신고 의무와 교육

1) 아동학대 신고 의무자

「아동학대 범죄의 처벌 등에 관한 특례법」 제10조 제2항에 의해 직무를 수행하면서 아동학대 범죄를 알게 된 경우나 그 의심이 있는 경우에는 아동 보호 전문기관이나 수사기관에 신고해야 한다. 이상 증후를 발견하고도 신고하지 않을 경우에는 제63조에 의해 500만 원 이하의 과태료가 부과된다. 「아동복지법」에 의한 아동학대 신고 의무자는 다음과 같다.

(1) 교사직군

보육교직원, 유치원 교직원 및 강사, 초·중등 교직원, 전문상담교사, 학원, 교습소 종사자.

(2) 의료인 직군

구급대 대원, 응급 구조사, 의료인, 의료기사, 정신보건센터 종사자.

(3) 시설종사자 및 공무원 직군

가정위탁 지원센터 종사자, 아동 복지시설 종사자, 아동복지 전담 공무원, 사회복지 전담 공무원 등 사회 복지시설 종사자, 장애인 복지시설 종사자, 가정폭력 관련 상담소 및 가정폭력 피해자 보호시설 종사자, 건강가정 지원센터 종사자, 다문화가족 지원센터 종사자, 성매매 피해자 지원시설이나 성매매 피해 상담소 종사자, 성폭력 피해 상담소와 성폭력 피해자 보호시설 종사자, 청소년시설이나 단체의 종사자, 청소년보호센터 및 재활센터 종사자, 한부모가족 복지시설 종사자.

> "친모가 아동을 맡겨 둔 채 수개월간 연락이 끊겼으나 이 사실을 알면서도 담당 구청이나 아동 보호 전문기관에 신고하지 않고 피해 아동을 어린이집에서 계속 보육한 어린이집 원장"
>
> 부산시는 전국 최초로 과태료 120만 원을 부과함.

출처: 연합뉴스(2014. 1. 9.).

2) 아동학대 신고 의무자에 대한 교육

「아동복지법 시행령」 제26조에 따르면 정부는 아동학대 신고 의무자에게 신고 의무 교육을 실시할 수 있으며, 자격 취득 과정이나 보수교육과정에 아동학대 예방 및 신고 의무와 관련된 교육을 1시간 이상 포함시켜야 한다. 교육내용에는 아동학대 예방 및 신고 의무에 관한 법령, 아동학대 발견 시 신고 방법, 피해 아동 보호 절차 등이 포함된다.

「아동복지법 시행령」 개정(2015. 10. 06.) 이후에는 아동학대 신고 의무자 직장교육 의무 대상기관에 종합병원과 아동 복지시설이 추가되었으며, 「아동복지법」 제75조에 의해 아동학대 신고 의무자 직장교육 미실시 시 300만 원 이하의 과태료가 부가된다.

아동과 관련된 업무에 종사하지만 본인이 아동학대 신고 의무가 있는지 모르는 경우도 많으므로 정부와 관련기관의 홍보와 교육이 필요하다.

CHAPTER_06

아동권리 상실

1. 실종아동 보호
    1) 실종아동 관련 법
    2) 실종아동 예방수칙 및 대책
    3) 유괴 예방

2. 아동안전대책
    1) 아동안전
    2) 아동안전 현황
    3) 아동안전사고 사례

3. 아동권리 침해
    1) 가정에서의 사례
    2) 어린이집에서의 사례
    3) 학교에서의 권리상실

1. 실종아동 보호

아동이 실종되는 원인을 몇 가지로 나누어 볼 수 있다. 부모와 같이 어딘가를 가다가 부모를 놓쳐 길을 잃어버리는 경우, 단기실종으로 대부분 부모를 찾게 되지만, 하루를 넘겨 부모를 찾지 못하게 되면 이제부터 문제가 된다. 부모는 아동을 자체적으로 찾아보다가 경찰서에 신고하게 되는데 이때 대부분 긴장하여 아동의 신상정보를 제대로 전달해 주지 못할 뿐 아니라 아동의 현재 모습을 정확히 서술하거나 최근 사진을 제공하지 못해 아동을 찾는 일에 어려움을 겪기도 한다.

1) 실종아동 관련 법

실종아동의 발생을 예방하고 실종 시 빨리 발견하여 부모의 품으로 돌려보내기 위한 목적의 법률이 있다.

(1) 실종아동 등의 보호 및 지원에 관한 법률

「실종아동 등의 보호 및 지원에 관한 법률」은 법률 제12844호로 2014년 11월 19일 타법을 개정한 것이다. 원 법률은 2005년 5월 31일 제정된 법률 7560호로 약칭 「실종아동법」이다.

① 법의 목적

「실종아동 등의 보호 및 지원에 관한 법률」 제1조에는 "실종아동 등의 발생을 예방하고 조속한 발견과 복귀를 도모하며 복귀 후의 사회 적응을 지원함으로써 실종아동 등과 가정의 복지증진에 이바지함을 목적으로 한다."고 명시되어 있다. 즉, 아동실종을 예방하고, 빨리 발견하여 실종아동과 가정의 복지를 증진시키려는 것이 이법의 제정 목적인 것이다.

② 국가의 책무(실종아동 등의 보호 및 지원에 관한 법률 제3조)

보건복지부장관의 책무	경찰청장의 책무
보건복지부장관은 실종아동 등의 발생 예방, 조속한 발견·복귀와 복귀 후 사회 적응을 위하여 다음 각 호의 사항을 시행하여야 한다. 1. 실종아동 등을 위한 정책 수립 및 시행 2. 실종아동 등과 관련한 실태조사 및 연구 3. 실종아동 등의 발생 예방을 위한 연구·교육 및 홍보 4. 제8조에 따른 정보연계시스템 및 데이터베이스의 구축·운영 5. 실종아동 등의 가족 지원 6. 실종아동 등의 복귀 후 사회 적응을 위한 상담 및 치료서비스 제공 7. 그 밖에 실종아동 등의 보호 및 지원에 필요한 사항	경찰청장은 실종아동 등의 조속한 발견과 복귀를 위하여 다음 각 호의 사항을 시행하여야 한다. 1. 실종아동 등에 대한 신고체계의 구축 및 운영 2. 실종아동 등의 발견을 위한 수색 및 수사 3. 제11조에 따른 유전자검사대상물의 채취 4. 그 밖에 실종아동 등의 발견을 위하여 필요한 사항

③ 실종아동 신고 의무자 (실종아동 등의 보호 및 지원에 관한 법률 제6조)

1. 보호시설의 장 또는 그 종사자.
2. 「아동복지법」 제13조에 따른 아동복지 전담 공무원.
3. 「청소년 보호법」 제35조에 따른 청소년 보호·재활센터의 장 또는 그 종사자.
4. 「사회복지 사업법」 제14조에 따른 사회복지전담 공무원.
5. 「의료법」 제3조에 따른 의료기관의 장 또는 의료인.
6. 업무·고용 등의 관계로 사실상 아동 등을 보호·감독하는 사람.

(2) 실종아동 등의 발견 및 유전자검사 등에 관한 규칙

「실종아동 등의 발견 및 유전자검사 등에 관한 규칙」은 행정자치부령 제2호로 2014년 11월 19일 발표되었다. 이 규칙 제3조(사전 신고한 지문 등 정보의 범위 등)에는 아동 등의 보호자가 법 제7조의 2 제1항에 따라 등록을 신청하는 아동 등의 지문 및 얼굴 등에 관한 정보를 다음과 같이 정했다.

1. 아동 등의 지문 및 얼굴 사진 정보,
2. 아동 등의 성명, 성별, 주민등록번호, 주소, 연락처 등 인적사항,
3. 아동 등의 키, 체중, 체격, 얼굴형, 머리색, 흉터, 점 또는 문신, 병력(病歷) 등 신체특징,
4. 보호자의 성명, 주민등록번호, 주소, 연락처, 아동 등과의 관계 등 인적사항

이 규칙의 제9조에는 "유전자검사 동의서를 제출하는 법정대리인은 보호시설 설치 신고증, 후견인 지정서 등 검사대상자의 법정대리인임을 증명할 수 있는 서류를 함께 제출하여야 한다."고 명시되어 있다.

(3) 실종아동 발생 현황

'세계 실종아동의 날'이란 1979년 5월 25일 미국 뉴욕의 6살 아동(Etan Patz)이 유괴 후 살해된 날을 기억하기 위해 운영되고 있으며, 우리나라는 실종문제에 대한 관심유도와 실종·유괴 예방의 중요성을 알리기 위해 2007년부터 매년 행사를 실시하고 있다.

「실종아동 등의 보호 및 지원에 관한 법률」이 시행되기 전까지 경찰청 실종아동찾기센터에서는 9세 이상 아동은 가출로 보아 8세 이하의 아동만을 실종아동으로 관리하였으나, 어린이재단 어린이 찾아 주기 종합센터에서는 「아동복지법」 제3조에 근거하여 18세 미만까지 포함하여 실종아동 발생의 통계를 요구하였고, 법이 시행된 후에는 대상 연령을 14세 미만으로 통일하게 되었다.

〈표 6-1〉 **실종아동 연도별 발생 현황**

년도	계		14세 미만 아동		지적장애인		치매환자	
	접수	미발견	접 수	미발견	접 수	미발견	접 수	미발견
계	240,052	1,547	118,104	780	63,644	540	58,304	227
2006년	17,477	58	7,071	13	6,872	33	3,534	12
2007년	19,972	59	8,615	12	7,239	30	4,118	17
2008년	18,595	40	9,485	15	4,864	9	4,246	16
2009년	20,480	62	9,257	16	5,564	27	5,659	19
2010년	24,137	103	10,872	42	6,699	30	6,566	31
2011년	26,409	131	11,425	47	7,377	45	7,607	39
2012년	25,533	414	10,655	170	7,228	206	7,650	38
2013년	38,695	141	23,089	97	7,623	24	7,983	20
2014년	37,522	195	21,591	138	7,724	44	8,207	13
2015년 4월	11,232	344	6,044	230	2,454	92	2,734	22

출처: 경찰청(2013, 2015). 실종아동 등 가출인 접수처리현황.

2) 실종아동 예방수칙 및 대책

경찰청(2015)은 실종아동 예방수칙을 발표하여 전 국민이 실종아동을 방지하는 데 도움이 되도록 다음과 같이 홍보하고 있다.

(1) 실종아동 예방수칙

① 자녀를 집에 혼자 두지 마세요

잠시 외출한다고 아이를 혼자 두고 다니지 마세요. 특히 아이가 잠든 틈에 외출은 금물입니다. 아이가 집 바깥으로 엄마를 찾으러 나올 수 있습니다. 외출을 하게 될 때는 믿을 만한 친척이나 이웃에게 자녀를 돌봐 달라고 부탁합니다.

② 항상 자녀와 함께 다니세요

가까운 곳에 외출했을 때에도 잠시도 아이 혼자 두지 마세요. 가까운 백화점, 슈퍼나 시장, 쇼핑몰, 영화관, 공원, 공중화장실 등에서 특히 주의 하세요. 화장실을 혼자 가게 하거나 심부름을 시키거나 자동차 안에 혼자 두는 것도 위험합니다.

③ 실종아동 예방용품을 활용하세요

아이가 어리거나 장애로 말을 못하는 경우 실종아동 예방용품을 착용토록 하세요. 이름표 등을 착용하게 하고, 아이들의 이름과 연락처 등을 적을 때는 바깥으로 쉽게 드러나지 않는 옷 안쪽이나 신발 밑창 등에 새겨 주는 것이 좋습니다. 낯선 사람들이 쉽게 접근할 수 있고 유괴의 소지가 될 수 있기 때문입니다.

④ 자녀에 관한 정보들을 기억해 주세요

자녀의 키, 몸무게, 생년월일, 신체특징, 버릇 등 상세한 정보를 알아 두는 것은 실종아동 예방 및 실종아동 발생 시 유용하게 활용될 수 있습니다. 또한, 매일매일 자녀가 어떤 옷을 입었는지 기억해 두고, 아이의 인적 사항을 적어 둔 카드를 집에 비치해 둡니다.

'실종아동 예방을 위한 사전등록'을 신청하면 걱정을 덜 수 있으며, 사전등록된 경우 182 신고 시 기본정보 입력 및 확인절차를 거칠 필요가 없어 더욱 빨리 위치추적 등을 실시할 수 있다.

⑤ 자녀의 하루 일과와 친한 친구들을 알아 두세요

> 아이가 놀러 나갔다가 집으로 돌아오지 않는 경우, 재빨리 아이를 수소문해 볼 수 있으려면 아이의 하루 일과를 부모가 자세히 알고 있어야 합니다. 바깥에 있는 아이가 구체적으로 어디에서, 누구와 있는지를 알아야 합니다. 외출할 때는 누구와 가는지, 언제 돌아올 것인지, 어디로 가는지 등을 물어보고 시간 약속을 지키도록 가르칩니다.

⑥ 정기적으로 자녀사진을 찍어 두세요

> 실종아동이 발생했을 때 가장 중요한 정보는 바로 아이들의 사진입니다. 아이들은 특히 성장이 빠르므로 너무 오래된 사진은 실종아동 찾기에 도움을 줄 수 없습니다. 가능한 한 정기적으로 아이 사진을 찍어 보관하도록 합니다.

(2) 실종아동 예방대책

보건복지부의 위탁을 받은 '실종아동전문기관'에서는 실종 예방지침을 마련하고 아동 실종방지를 위해 아동, 부모, 일반인이 준수해야 할 사항을 정리하여 홈페이지에 게재하고 있다.

① 아동을 대상으로 한 예방교육

가. 1단계: 멈추기

> 아이가 일단 길을 잃거나 부모와 헤어지면 제자리에 서서 부모를 기다리게 합니다. 부모님 역시 자녀가 사라지면 왔던 길을 되짚어 갑니다. 아이가 당황하지 않고 자리에 잘 있어 준다면 아이를 쉽게 찾을 수 있을 것입니다.

나. 2단계: 생각하기

> 혼자 부모님을 기다리며 서 있기란 쉬운 일이 아니지만 자신의 이름과 연락처 등을 생각하고 기다리게 합니다.
>
> 평소 자신의 이름과 부모님 이름, 부모님 연락처, 주소 등을 잘 외우고 있는 아이라 할지라도 일이 발생되면 쉽게 기억하지 못할 수도 있습니다.
>
> 2단계는 자신이 신상명세를 기억하도록 노력하는 단계입니다. 열 번씩 외우며 기다리도록 교육하고 부모는 빠른 시간 내에 자녀를 찾아가야 합니다. 평소에 자녀와 함께 연습해서 익숙해져야 하는 부분입니다.

다. 3단계: 도와주세요.

부모님이 찾으러 갈 수 없을 때나 자녀가 길을 잃었을 경우 주위에 있는 아주머니(아이와 함께 있는)에게 도움을 요청하도록 교육합니다. 또한, 가까운 곳에 공중전화를125 mm 찾아 '긴급통화-112'를 눌러 경찰에게 도움을 요청하게 합니다.

공중전화는 위치추적이 가능하며 더불어 노점을 하는 어른보다는 신분이 확인될 수 있는 건물 안 가게에 들어가 도움을 구하도록 교육하는 것이 좋습니다.

② 부모를 대상으로 한 예방수칙

- 자녀와 함께 다니고, 자녀를 집에 혼자 있게 하지 않기.
- 이름, 나이, 주소, 연락처, 부모님 이름 등을 기억하도록 가르치기.
- 자녀의 정면사진을 최소 6개월 단위로 미리 찍어 두고 소지하고 다니기.
- 자녀의 신상정보는 겉에서 잘 보이지 않는 곳에 기입하거나 넣어 두기.
- 위급상황 시 대처방법을 알려 주고 몇 번씩 같이 연습해 보기.
- 꼭꼭이의 실종 예방 3단계 구호(멈추기, 생각하기, 도와주세요)를 암기시키기.
- 부모와 헤어졌을 때는 돌아다니지 않고 제자리에 멈춰 서 있게 가르치기.
- 길이 어긋나 못 만났을 경우 부모에게 전화(수신자 부담-부모님 연락)를 하거나 경찰(긴급통화-112)에 도움을 요청하도록 연습시키기.
- 외출 시 자녀의 착의사항을 기억하기.

③ 일반인 수칙

- 절대 아이를 다른 곳으로 데려가거나 자신의 집으로 데려가지 않기.
- 겁먹은 아이를 잘 달래어 진정시켜 주기.
- 그 자리에 서서 아이의 부모를 함께 기다리기.
- 아이의 이름과 연락처 등을 물어보기.
- 안내방송이나 주위에 도움 요청하기.
- 경찰청 182에 신고하고 인근 지구대에 데려다주기.
- 실종아동 발견 당시 상황을 정확히 설명하기.

(4) 실종신고요령

아이를 잃어버려 경찰서에 신고할 경우 다음사항을 알려 주어야 한다. 자칫 서둘다 보면 중요한 정보를 놓치기 쉬우니 아이에 대해서 가능한 한 자세하고 많은 정보를 주는 것이 아이를 찾는 데 중요하다.

① 아이의 이름.
② 아이의 나이(생년월일).
③ 잃어버린 일시와 장소.
④ 잃어버리게 된 자세한 경위.
⑤ 실종발생 당시 아이가 입고 있던 옷차림과 신발, 소품, 그리고 신체특징(얼굴모양, 머리모양, 흉터나 점 등의 여부, 안경착용 여부, 키와 몸무게 등).
⑥ 아이의 최근 사진(가능한 한 다른 모습이 담긴 최근 사진으로 여러 장 준비해 주세요!).
⑦ 부모 이름 및 언제라도 연락이 가능한 연락처, 주소.

3) 유괴 예방

낯선 어른은 유괴범이 될 수도 있지만, 자녀가 도움을 구하는 사람이기도 하다. 자녀가 도움이 필요할 때는 낯선 사람에게 얘기하는 법을, 특히 실종아동이 되었을 때 어떻게 도움을 구해야 하는지를 연습시켜야 한다. 그러나 강제로 데려가려고 할 경우에는 **"안 돼요! 싫어요!"**라고 크게 말하도록 연습시킨다.

(1) 유괴 예방교육

유괴범들의 접근 방식에 대해 상황을 직접 재연하여 역할 놀이를 통한 교육이 필요하다.

유괴범들은 험상궂게 생기거나 행동하기 보다는 오히려 친절하게 접근한다는 점을 강조해 주어야 하며, 낯선 사람이든, 아는 사람이든 부모의 허락 없이 따라가지 않도록 교육해야 한다.

강제로 데려가려 하면 분명하고 완강하게 저항하도록 평소에 훈련시켜야 하고, 그러나 소리치는 것이 생명에 위협이 될지도 모르는 상황인지를 분별하게 하는 것이 필요하다.

(2) 유괴를 당했을 경우 대처요령

격리된 공간에 유괴범과 단둘이 있을 때는 울음을 참고 고분고분해야 하며, 고개를 숙이고, 유괴범의 얼굴을 가급적 보지 말아야 하며, 음식을 주면 먹기 싫더라도 꼭 먹어야 한다. 그리고 묻는 말에 대답을 잘하고 대화에 적극적으로 참여하여야 한다.

(3) 실종 후 문제점

① 아동

아동은 누구나 건강하게 출생하여 안전하게 성장할 수 있도록 적절한 보호를 받을 권리가 있다. 그러나 아직도 우리 사회는 실종 문제 등으로 아동이 안전의 위협을 받고 있다. 아동에게 있어 단기간 또는 장기간 부모와 떨어져 홀로 된다는 경험은 극도의 불안감, 분노, 스트레스를 야기할 뿐만 아니라 평생토록 지워지지 않는 심리적 고통으로 남게 된다. 그리고 이런 혹독한 경험은 외상 후 스트레스 장애가 된다.

특히 어린 나이에 부모와 생이별을 함으로 받게 되는 정신적인 고통은 아동의 올바른 성격 형성에 지울 수 없는 상처가 되어 건전한 발달과 성장에 지장을 초래한다(정익중, 2006).

② 가족

실종아동의 가족은 아동에 대한 그리움과 염려, 근심, 걱정 등으로 정서적 불안감을 갖고 있으며 자신의 실수로 실종되었다고 생각하는 죄의식, 죄책감 등으로 정신적인 고통을 겪는다. 또한, 이러한 심리적인 갈등을 해소하기 위해 자학과 과도한 음주, 흡연으로 신체적인 문제까지 유발하게 된다(어린이 찾아 주기 종합센터, 2004).

또한, 실종아동을 찾는 데 신경을 쓰다 보니 생업에 지장을 초래하여 경제적인 어려움이 있고, 아동사진 전단지 제작비, 시설방문 교통비, 각종 제보현장 답사 확인비, 무속(점, 굿) 등의 비용, 심지어 실종가족 미상의 사기 피해 등 여러 가지 사유로 경제적인 문제를 갖게 된다.

실종아동을 찾는 것에만 급급하다 보니 다른 가족들에게 서로 신경을 쓰지 못하여 가정불화가 잦아져 가족관계가 악화되며, 생업에 지장을 초래하여 가정경제에 악영향을 주어 정상적인 가정생활이 어려워지기 쉽다. 또한, 실종에 대한 가족 간 책임을 전가하면서 가족 간 대립관계로 발전하여 별거, 가족해체 등의 문제로까지 악화되는 경우도 있다.

③ 사회

실종아동이 가정에 복귀되지 못할 경우 보호 양육에 따른 사회적 경비는 물론, 아동의 신체적, 정신적인 문제 유발에 따른 추가 경비 또한, 사회적인 손실이다. 이뿐만 아니라 실종가족의 심리적, 경제적 문제와 더불어 가족 간의 문제로 인해 가정이 해체되고 별거, 이혼 사례가 속출함에 따라 사회적 손실이 발생하며 그에 따른 사회적인 비용이 늘어날 수밖에 없다. 아동실종을 사회경제적 비용으로 추계한다면, 한 명의 장기실종 아동이 발생하였을 경우, 약 5억 7천만 원 정도의 엄청난 비용이 발생하는 것으로 나타났다(정익중 외, 2009).

2. 아동안전대책

통계청의 2014년 사회조사결과에 의하면 우리 사회의 분야별 안전 정도에 대한 인식은 모든 분야에서 '불안하다'는 응답이 '안전하다'보다 높게 나타났으며, 2년 전과 비교해도 불안하다고 느끼는 인식이 높았다(통계청 보도자료, 2014. 11. 27.).

현재 우리 사회의 안전 상태를 5년 전과 비교한 결과, 13세 이상 인구의 46.0%가 '더 위험해졌다'고 생각하고 있었으며, 전반적인 생활에 대한 본인의 주관적 만족도가 낮을수록 우리 사회는 더 위험해졌다고 인식했다. 이런 사회 환경에서 아동은 성인에 비해 판단력도 낮고, 대처기술도 부족하기 때문에 인재나 범죄에 더욱 취약하다고 보아야 할 것이다.

1) 아동안전

국민에게 안전하고 행복한 삶을 보장하는 것은 당연한 국가의 의무이자 책임이다. 그중에서도 아동안전 문제는 다른 어떤 분야보다 우선적인 국가의 개입이 필요하다. 아동은 미래 국가 경쟁력의 초석이고, 국가의 지속적인 발전을 결정짓는 기본이 되기 때문이다. 합계출산율이 세계 최하위 수준에 머무르고 있는 현실에서 아동을 안전하게 키워 내는 일은 더 이상 부모만의 책임이 아니라 사회와 국가가 함께 부담해야 할 책무이다.

(1) 아동안전지킴이

아동안전지킴이집으로 선정된 곳은 관할 경찰 지구대와 비상연락 체계를 구축하여 낯선 사람이나 동물로부터 위협을 받거나 사고 또는 길을 잃는 등 위급한 상황에 처한 어린이가 도움을 요청하면 어린이를 안정시키고 임시로 보호하며 112 신고 등으로 경찰과 연계하는 역할을 하게 된다(보건복지부 홈페이지).

① 아동안전지킴이집 임무

어린이가 아동안전지킴이집에 들어와 도움을 요청하면 곧바로 112 또는 관할 지구대로 연락한다. 또한, 낯선 사람이나 동물로부터 위협을 받는 어린이를 목격한 경우, 경찰에 정확한 현 위치와 상황을 신속히 알리고, 어린이를 개방된 곳에서 안정시키며 아이의 부모나 보호자에게 연락해야 한다. 길을 잃은 어린이를 발견한 경우, 경찰청 실종아동찾기(국번없이 182)에 신고하고, 어린이를 개방된 공간에서 잠시 보호해 준다. 어린이를 보호하는 동안에 어린이를 안심시키며, 침착하게 어린이 나름대로 세세한 점을 기억하도록 놓아 두며, 경찰관서에 연락할 때는 아동안전지킴이라는 것을 분명히 밝히고, 상황을 정확히 설명해야 한다.

② 아동안전지킴이집의 자격

아동 보호·제도 운영에 자발적 참여의지가 강한 업소여야 하며, 경찰 관련 협의회 등 평소 협력치안활동에 적극적인 업소로서, 사회봉사 및 아동 보호에 관심이 많은 업소에게 아동안전지킴이집 자격을 준다. 단, 풍속업소, 청소년 보호법(주류, 담배판매 등) 위반 업소, 풍속법규 등 위반, 성범죄 우려자 등은 배제된다.

(2) 우리아이 지킴이 키트

'우리 아이 지킴이 키트'는 미국의 'child ID kit(아동 신원확인 키트)'를 국내 실정에 맞춰 보완한 것으로, 실종으로부터 아이들의 안전과 행복을 지키는 부모의 사랑이 담긴 상자라는 의미를 담고 있다.

지문과 유전자를 채취·보관할 수 있는 도구 및 아이와 보호자의 신상정보를 기입할 수 있는 카드로 구성되어 있으며, 가정에서는 키트를 이용하여 보호자가 직접 아이의 지문과 유전자를 채취하여 보관하다가 실종 등 유사시 경찰에

임의로 제출함으로써, 경찰의 신속한 신원 확인과 발견이 가능하도록 개발된 것이다.

2) 아동안전 현황

정부에서는 2003년을 '어린이 안전원년'으로 선포하고 2003년 6월부터 「어린이 안전종합대책」을 수립·시행하였다. 향후 5년간 아동 10만 명당 사망자 수를 매년 10%씩 낮추어 1/2 수준까지 감축하는 것을 목표로 설정하고, OECD 회원국 최하위에서 중위권 수준으로 높이는 분야별 대책을 추진하였다(오정수·정익중, 2013).

아동보행 안전을 확보하고 교통사고 예방을 위해, 어린이보호구역을 개신하고, 스쿨존캠페인 전개와 보호구역 내 지도 및 단속활동을 강화하였다. 또한, 도로교통법을 개정(2006년 6월 시행)하여 특수학교, 어린이집 주변까지 어린이보호구역으로 확대하고, 6세 미만 어린이가 앞좌석에 승차할 때는 보호장구 착용을 의무화하였다.

또한, 주택난간 설치기준을 강화하여 추락사고를 예방하고, 어린이가 개봉하기 어렵게 설계된 '어린이 보호포장 의무화' 시행, 바퀴운동화, 레이저용품 등 18개 사고 다발용품에 대하여 안전검사 의무대상 및 세관장 확인대상으로 지정하는 등 위해 요인에 대한 근본적인 대책을 강구하고 있다(오정수·정익중, 2013).

아동 안전사고는 해마다 점차 줄어들고 있으며 전체 사고 중 교통사고가 차지하는 비율이 2009년 45.7%에서 2014년 32.2%로 감소하기는 하였으나 다른 사고에 비해서는 사고율이 높다.

〈표 6-2〉 아동 안전사고 사망자 유형별 인원수

(단위: 명)

년도	2009	2010	2011	2012	2013	2014
계(명)	440	386	322	326	287	215
교통사고(명)	201	194	137	131	121	80
익사(명)	62	44	50	53	41	36
추락(명)	39	41	37	37	37	31
화재(명)	10	15	15	14	15	5
중독(명)	5	3	1	1	2	2
기타(명)	123	89	82	91	71	61
아동 10만 명당 안전사고 사망자 수	5.4	4.9	4.2	4.3	3.9	2.9

출처: 통계청, 국가지표체계.

3) 아동안전사고 사례

(1) 국민 절반 "한국은 아동·청소년에게 안전지대 아냐"

21일 한국보건사회연구원은 '국민건강과 안전을 위한 아동안전전략 구축방안' 보고서를 통해 이와 같은 결과를 내놓았다. 연구진이 지난해 전국 성인 2005명을 대상으로 아동안전사고에 대한 위험성이 얼마나 되는지 설문조사한 결과, 응답자의 39.4%는 아동·청소년 안전사고로부터 우리 사회가 '안전하지 않은 편'이라고 대답했다. 7.4%는 '매우 안전하지 않다'고 대답했다. 이를 합치면, 우리 사회가 아동·청소년 안전사고에서 안전하지 않다고 생각하는 국민이 47.1%에 달하는 셈이다.

출처: 동아일보(2016. 2. 21.).

(2) "5년간 어린이집 사고로 48명 사망"……'충격'

경기 화성의 한 어린이집에서 5세 남아가 엉덩방아를 찧고 하반신이 마비되는 사고가 발생한 가운데 최근 5년간 어린이집 내 사고 발생 건수가 눈길을 끈다. 국회 보건복지 위원회 소속 장정은 새누리당 의원은 지난달 30일 "2011년부터 올해 6월까지 어린이집에서 1만 6921명의 어린이가 안전사고를 당했고 이 중 48명이 질식, 질병, 익사 등의 이유로 사망했다."고 했다.

스포츠서울(2015. 11. 3.).

(3) 늘어나는 아동 부상……제주도 '전국 최다'

제주지역에서 아동이 다치는 사건·사고 비율이 전국 평균보다 크게 높은 것으로 나타났다. 국민 절반가량은 우리 사회의 아동 안전사고로부터의 안전도를 낙제점으로 평가했다.

21일 한국보건사회연구원의 '국민 건강과 안전을 위한 아동 안전전략 구축방안' 보고서에 따르면 제주지역의 2014년 아동인구 10만 명당 '손상' 발생률은 1226명으로 전국 광역시·도 중 가장 높았다. 강원(919명), 전북(834명) 등이 뒤를 이었다.

출처: 경향신문(2016. 2. 21.).

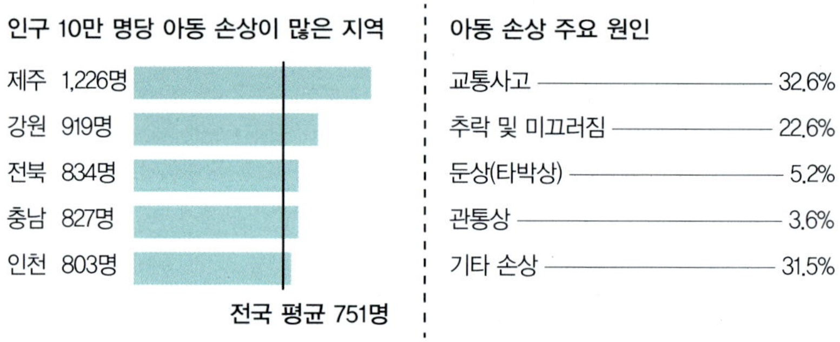

[그림 6-1] **아동손상**

출처: 한국보건사회연구원(2014).

(4) "놀이터 사고, 여름철·경기도·주택가에서 취학아동이 많이 당해"

어린이놀이터 안전 사고는 학교를 다니는 연령대의 어린이들이 미취학 아동보다 더 많이 당하는 것으로 나타났다. 또 여름철 주택단지에 설치된 놀이터에서 아이들의 귀가 직후에 부주의로 인해 주로 발생하는 것으로 집계됐다. 17일 국민안전처는 지난해 하반기 전국 어린이놀이시설 6만 6,311개에서 발생한 각종 안전 사고를 분석한 결과 이 기간 동안 총 156건이 발생해 160명이 골절 등 부상을 입었으며, 이 중 취학 어린이가 65%로 미취학 어린이(24.2%)보다 2.7배나 많은 것으로 확인됐다고 밝혔다.

출처: 아시아경제(2016. 2. 17.).

3. 아동권리 침해

1) 가정에서의 사례

(1) 부모이혼으로 인한 아동권리 침해

… 신 씨는 "전처가 아들이 2세 때 이혼하고 한 번도 찾아온 적이 없었다"며 "또 천안함 사건이 난 후 언론에 아들의 이름이 수없이 나왔는데 찾아오지도 않고 현재 따로 가정도 꾸렸는데 이제 와 친권을 주장하고 있다."고 말했다. 신 상사의 친모는 신 상사가 두 살 때인 1983년 집을 나간 뒤 이듬해 집에 와서 이혼에 합의했다. 신 씨는 이혼한 뒤 홀로 신 상사 남매를 기르며 살았다.

출처: 동아일보(2010. 7. 3.).

이 사건에서 1983년 당시 아동이었던 신선준 상사는 생모로부터 양육을 받지 못하고 생부의 양육을 받아 어머니로부터는 발달권, 생존권, 보호권을 상실한 사례이다. 생모는 이혼 후 2세인 아동을 돌보지 않아 아동권리가 심각하게 상실되었다.

(2) 친권이 오히려 아동권리 침해

2013년 8월 경북 칠곡군에서 어머니가 딸 ○양(당시 9세)을 때려 숨지게 한 사건 역시 학대 가해자인 부모가 친권을 남용해 숨진 ○양뿐만 아니라 그 언니인 □양(15)까지 더 큰 피해를 볼 뻔한 사건이었다. 어머니 임모씨(38)와 아버지 김모씨(40)는 경찰 수사과정에서 자신들의 학대 행위를 부인하며 언니인 □양에게 "내가 발로 차서 ○양이 죽었다."고 진술하도록 강요했다. 그러나 부모로부터 격리된 뒤 사실을 그대로 진술할 수 있게 되자 □양은 자신과 동생에게 가해진 부모의 학대를 털어놨다. 사건 발생일로부터 6개월가량이 지나서였다.

출처: 경향신문(2016. 8. 27.).

이 사건은 친권을 가진 부모가 학대자일 경우 아동은 어쩔 수 없이 학대로 인한 아동권리를 상실하면서 함께 살지 않으면 안 된다. 아동학대 예방센터로 격리되기 위해서는 학대자인 친권자 부모의 동의가 있어야 하기 때문이다.

(3) 아동학대 10명 중 8명 부모

> 아동학대 10명 중 8명은 가정 내에서 발생하는 것으로 나타났다.
> 보호자에 의한 학대는 가정 내에서 은밀하게 지속적으로 발생하고 있다. 지난 2013년 학대 신고된 아동 중 980건(14.4%)이 재학대로 신고됐다. 2014년에는 1027건(10.2%), 2015년에는 1240건(10.6%)이 재학대로 신고된 것으로 나타났다.
> 재학대 아동의 가해자 역시 부모, 친인척, 대리 양육자 등이 대부분이다. 지난해 재학대 아동 중 93%가 부모로부터 학대받은 것으로 나타났다. 친인척이나 대리 양육자가 가해자인 경우도 각각 43건, 27건으로 나타났다. 부모 가해자의 재학대는 2013년에는 79.7%였지만, 2014년 87.2%, 2015년 93%로 해마다 증가추세를 보이고 있다.

출처: 이데일리(2016. 9. 26.).

아동을 가장 잘 보호할 것 같은 가정에서 오히려 부모가 아동을 학대하여 아동권리를 훼손하는 것은 부모가 아동학대가 무엇인지 잘 모르기 때문이다. 부모가 되면 어떤 것이 아동학대이며 아동권리가 무엇인지 보건소, 산후조리원, 병원 등에서 교육을 시켜주어야 할 것이다.

2) 어린이집에서의 사례

(1) 김치 남긴 아동학대

> 식사 도중 김치를 남겼다는 이유로 네 살배기를 폭행한 혐의로 기소된 인천 송도 모 어린이집 보육교사가 징역형을 선고받았다.
> A씨는 지난 1월 8일 낮 12시 50분쯤 인천시 연수구 송도동에 있는 어린이집에서 원생 C양(4)이 반찬을 남기자 김치를 억지로 먹이고 뺨을 강하게 때려 넘어뜨린 혐의 등으로 구속 기소됐다.
> A씨의 학대 행위를 막지 못한 혐의(「아동복지법」상 관리감독 소홀)로 불구속 기소된 해당 어린이집 원장 B씨(33·여)에 대해서는 벌금 500만 원을 선고했다.

출처: 국민일보(2015. 6. 25.).

이 사건은 아동이 김치를 먹지 않는 이유를 알아보고 아동이 김치를 먹을 수 있도록 선도하여야 함에도 아동의 뺨을 때려 강압적으로 아동권리를 침해하였다.

(2) 울며 떼쓰는 아동권리침해

> 울며 떼를 쓴다는 이유로 만 2세 아동들을 수차례 때린 어린이집 교사에게 법원이 실형을 선고했다.
> 서울 송파구의 한 어린이집에서 교사로 일하던 신씨는 지난 3월부터 두 달여 간 총 217차례에 걸쳐 아이들을 학대한 혐의로 재판에 넘겨졌다. 신씨는 어린이집 거실에서 울면서 떼를 쓴다는 이유로 A(2)양의 머리를 식판으로 때렸다. 또 물을 엎지르거나 잠을 자지 않는다는 이유로 머리를 때리거나 얼굴에 분무기로 물을 뿌리는 등 아이들을 학대했다.

출처: 이데일리(2016. 9. 12.).

이 사건은 훈육이라는 명목으로 아동의 권리를 지속적으로 침해한 것이다. 보육교사의 잘못을 탓하기 이전에 모든 보육교사에게 '아동권리 교육'을 매년 실시할 필요가 있다.

(3) 밥을 먹지 않은 아동학대

> 어린이집 교사가 생후 18개월 된 원아 몸에 상처를 내 경찰이 수사에 나섰다. B양의 부모는 지난 19일 딸을 데리러 어린이집에 갔다가 B양 목에서 굵고 길게 파인 상처를 발견했다며 경찰에 수사를 의뢰했다.
> 경찰은 내부 폐쇄회로(CCTV)를 확인한 결과 A씨가 점심을 먹이면서 아이 팔을 붙들고 목 부위에 상처를 낸 정황을 포착했다. A씨는 경찰 조사에서 "아이가 밥을 먹지 않아 밥을 먹이려 잡아당기다 상처를 냈다."고 진술한 것으로 알려졌다.

출처: 뉴시스(2016. 9. 24.).

이 사건은 보육교사가 밥을 먹지 않는 아동을 잡아당기다 상처를 냈다고 했는데, 밥을 먹지 않으면 잡아당겨야 하는 것이 아니고, 밥을 먹지 않는 이유를 먼저 들어 본 후 아동을 설득하여 먹도록 하거나, 부모에게 연락하여 밥을 먹지 않는데 어떻게 하면 좋을지를 상의하는 것이 순서일 것이다. 아동을 사육하는 것도 아닌데 강압적으로 하는 것은 아동선택권을 무시한 행동이다.

3) 학교에서의 권리상실

(1) 아동의 이익 최우선 침해

> 지난해 서거한 고 김영삼 전 대통령의 영결식 당일 영하의 한파에도 외투를 입지 못한 채 노래를 불러 '아동학대' 논란이 일었던 어린이합창단 사건과 관련해 국가인권위원회가 '「대한민국헌법」과 「아동복지법」에 어긋나는 것'이라는 판단을 내렸다.
>
> 지난해 11월 26일 초등학교 3학년부터 중학교 2학년 학생 48명으로 이뤄진 구리시 어린이합창단원들은 서울 여의도 국회에서 열린 김영삼 전 대통령의 영결식 행사에 참석했다.
>
> 이날 서울에는 눈이 왔고 기상청이 발표한 기온은 영하 2.7℃였다. 그러나 합창단은 추모 노래 '청산에 살리라'를 부른 6분을 포함해 행사가 진행되는 1시간 30분 동안 얇은 재킷과 스커트로 구성된 단복만 입은 채 추위에 떨어야 했다.

출처: 경향신문(2016. 5. 4.).

아동이 초겨울 영하날씨에 노출된 것 자체가 문제이다. 전직 대통령의 추모에 꼭 아동들의 추모노래가 필요한 것인지 부터 생각해 볼 필요가 있다. 아동들은 김영삼 전 대통령과는 일면식도 없을 텐데 무슨 추모의 마음이 들어 노래를 합창해야 했는지 생각해 보아야 한다. 추모의 마음이 가득한 김영삼 전 대통령의 측근들이 추모의 노래를 부르는 것이 옳았다고 본다. 이 과정에서 아무런 연고도 추모의 마음도 없는 아동들의 아동권리를 무시하고 행사를 추진한 주최측과 학교 측 모두에게 잘못이 있다.

(2) 훈육을 빙자한 학대

> 훈육을 이유로 학생을 체벌한 고등학교 교사에게 징역형이 선고됐다.
>
> 상해 혐의로 기소된 모 고교 교사 A씨(34)에게 징역 6개월에 집행유예 1년을 선고했다. A씨는 50㎝ 가량의 나무막대기로 B군의 엉덩이 부위를 30여 차례 때렸다. 이 일로 B군은 엉덩이 등에 전치 3주의 상처를 입었고, 다른 학교로 전학을 갔다.
>
> 중학교 체육교사 겸 학생부장인 C씨는 2013년 7월부터 지난해까지 1년여간 D군과 E군에게 모두 60여 차례에 나무막대기 등으로 머리와 엉덩이를 때리고 엎드려뻗쳐, 오리걸음, 방과 후 운동장 뛰기, 청소 등을 시킨 혐의로 기소됐다.

출처: 국민일보(2015. 9. 1.).

에너지가 넘치는 중·고등학생을 가르친다는 것은 힘들고 어려운 일임에 틀림없다. 그러나 학생이 규율을 어겼다고 벌을 주고 때리는 것은 아동권리에 대하여 제대로 인식하지 못한 결과이다. 전부터 해오던 관행대로 한 것이라 생각되는데, 선생님들에게도 '아동권리 존중'을 위한 교육을 정기적으로 시행하여야 할 것이다.

(3) 교칙에 의한 아동권리 침해

> 유엔아동권리위원회는 지난 10월 6일 '대한민국 3·4차 정부보고서에 대한 아동의 권리에 관한 협약 최종 견해'란 공식 보고서에서 "(한국) 학교들이 여전히 학생들의 정치활동을 금지하고 있는 것에 대해 유감을 표한다."면서 "학교 안팎 모두에서 결사와 표현의 자유에 대한 권리를 모든 아동이 완전히 향유할 수 있도록 법률과 교과부의 지침, 학교 교칙을 수정하라."고 한국 정부에 촉구했다.
>
> 학생 체벌과 관련해서도 "(한국의) 가정, 학교와 대안적인 보호 상황에서 체벌이 지속적으로 만연돼 있는 것에 대한 이전의 우려를 반복한다."면서 "가정, 학교 그리고 모든 기관에서 체벌을 명시적으로 금지하도록 관련 법률과 규율을 개정하라는 국가인권위원회의 권고를 이행할 것."을 촉구했다.

출처: 오마이뉴스(2011. 12. 12.).

유엔아동권리위원회에서 한국의 아동권리가 침해되고 있으니 시정하라는 권고를 받는 것이다. 우리나라 사회 전반에서 아직 아동권리를 이해하지 못해 벌어지고 있는 실정이다. 공익광고를 통해서 지속적인 안내가 있어야 하겠다.

PART 2 아동복지

제7장 아동복지의 기초

제8장 아동복지의 실천원리

제9장 아동복지 상담 및 치료

제10장 아동보육

제11장 위기 아동과 지역사회보호

제12장 가정위탁 및 입양

CHAPTER_07

아동복지의 기초

1. 아동과 가정, 사회환경의 관계

1) 아동

2) 가정

3) 사회환경

2. 아동복지의 개념 및 서비스

1) 아동복지의 개념

2) 아동복지 서비스

3) 아동복지의 필요성

3. 아동복지의 이념, 목적, 역사

1) 아동복지의 이념

2) 아동복지의 목적

3) 아동복지의 역사

4. 각국의 아동복지 발달과정

1) 영국

2) 미국

3) 스웨덴

4) 일본

5) 한국

1. 아동과 가정, 사회환경의 관계

아동은 가정과 사회의 보호아래 성장하여 국가의 미래를 이끌어 나갈 중요한 인재이다.

속담에 "세 살 버릇 여든 간다."는 말이 있다. 그리고 "될 성싶은 아이는 떡잎부터 알아본다."고 한다. 이런 속담들은 아동을 어떻게 양육하느냐에 따라 그 아동의 일평생을 좌우한다는 말이라고 보아야 할 것이다. 우리의 선조들은 '아동복지'라는 말만 하지 않았을 뿐 아동을 잘 보살피고 적절한 시기에 필요한 교육을 하여 훌륭한 어른이 될 수 있도록 하였다.

1) 아동

아동의 개념은 법령에 의한 연령에 따르는 것이 일반적이다. 〈유엔아동권리협약〉에서 아동의 정의는 "해당 아동법규에 의하여 비리 성년에 달하지 아니하는 한, 18세 미만의 모든 사람."을 의미한다.

- 우리나라는 「아동복지법」, 「입양 특례법」, 「한부모가족 지원법」, 「실종 아동법」, 「아동의 빈곤 예방 및 지원 등에 관한 법률」 및 「아동·청소년의 성보호에 관한 법률」에서 아동의 개념을 '18세 미만의 자'로 규정하고 있다.
- 「영유아 보육법」에서는 영유아를 '(취학 전) 6세 미만의 자'로 규정하고 있으며, 「유아교육법」에서 유아를 '3세부터 초등학교 취학 전까지의 어린이'로 규정하고 있다.

아동과 관련된 용어로 '아동', '영유아', '유아', '소년', '연소자', '어린이', '청소년'이 혼재되어 유사개념으로 사용되고 있다.

이처럼 아동이란 개념과 용어를 법의 성격에 따라 통일되게 정의하지 않고 다소 다르게 규정하고 있어 아동복지정책을 통합적으로 실시하는 데 어려움이 따르고 있다. 이에 따라 아동의 권리와 의무에도 많은 차이가 있다.

2) 가정

아동이 최초로 접하게 되는 사회는 가정이며 최초의 교사는 부모이다. 아동이 한 사람의 사회구성원으로서 성장하는 과정에서 가정의 중요성은 아무리 강조해도 지나치지 않는다.

아동에 대한 이해는 인간 존재의 존엄성과 가정의 중요성에 대한 이해에서부터 출발한다. 남녀의 결혼과 가정을 통한 자녀의 출산은 신의 은총과 축복이며, 인류사회의 가장 근본이 되는 질서이다. 인간은 인류 최초의 사회제도라고 할 수 있는 가정을 이루어 자녀를 출산하고 양육함으로써, 이 땅에서 세대를 이어 지속해서 축복된 삶을 살아갈 수 있는 복을 누리게 되었다. 나아가 아동은 천부적 인권의 존엄성과 가정에서 누리는 미래세대의 계승자로서의 지위를 가진다. 이는 아동을 건전하게 양육함으로써 아동에게 이 땅에서 인간으로서 삶의 가치를 궁극적으로 실현하려는 목적의식을 갖게 한다.

이러한 이해는 아동복지를 실천하는 실천가에게 매우 중요한 준거가 될 수 있으며, 아동을 이해하고, 아동문제를 해석하고 아동복지 서비스를 제공하는 실천과정에서 창의적으로 적용되어야 한다.

3) 사회환경

아동 양육에 있어 부모를 포함한 가족의 기능과 역할은 아무리 강조해도 지나치지 않을 만큼 중요하다. 그러나 자녀의 보호, 양육, 사회화, 교육 등 아동을 위한 가족의 기능은 사회의 발전에 따라 점차 약화되었고 일부 기능이 어린이집이나 교육기관 등 다른 사회제도들에 의하여 수행되고 있다.

보호가 필요한 아동을 위한 아동 복지시설의 운영과 서비스가 국가와 사회의 비용으로 이루어지고 있을 뿐만 아니라 일반가정에서 아동의 보호와 양육, 교육을 위해서도 각종 사회적 지원과 사회복지 서비스의 제공이 이루어지고 있다.

2. 아동복지의 개념 및 서비스

1) 아동복지의 개념

아동복지는 아동개인의 입장에서는 한 인간으로서의 기본적인 생활에 대한 보장이며, 사회적인 입장에서는 국가발전을 위한 인력의 보호, 앞으로 발생할 수 있는 사회문제 발생을 미연에 예방하는 것이다. 아동을 위한 복지정책을 시행함으로써 아동에게 안전하고 건강한 미래를 열어 줄 수 있다.

어원적인 측면에서 복지를 뜻하는 'welfare'는 잘(well) 지내다, 잘 살아가다(fare)의 합성어이므로 편안히 잘 지내는 상태를 의미한다. 복지의 사전적 의미는 '사람들이 건강하고 편안하고 행복하게 살 수 있게 갖추어진 사회환경'이고, 복지 사업이란 국민의 생활상의 행복을 늘려 나가기 위해서 하는 모든 사업을 지칭한다. 따라서 '아동'과 '복지'의 합성어로서 아동복지를 이해해 보면, 아동이 편안하고 행복하게 잘 지내는 상태 혹은 그러한 삶이 가능하도록 구비된 환경으로 볼 수 있다.

- 「아동복지법」에서는 아동복지를 "아동이 행복한 삶을 누릴 수 있는 기본적인 여건을 조성하고 조화롭게 성장·발달할 수 있도록 하기 위한 경제적·사회적·정서적 지원"으로 규정하고 있다.
- 『유아교육사전』에는 "아동이 건강하게 출생하여 가족 및 사회의 일원으로서 신체적·정신적 및 사회적으로 건전하게 성장·발달할 수 있도록 지역사회나 사회복지 분야에 있는 공사단체 또는 기관들이 협력하여 아동의 권리

에 필요한 사업을 계획하고 실행에 옮기는 조직적인 활동을 말한다."라고 정의하고 있다(한국유아교육학회 편, 1997).

2) 아동복지 서비스

아동복지 서비스는 아동의 욕구가 무엇인지 파악하여 그 욕구를 충족시킬 수 있는 서비스를 제공하는 것이라고 할 수 있다. 아동과 아동을 포함한 가족의 욕구를 충족시키기 위한 아동복지 서비스는 대상과 장소, 기능에 따라 다양하게 분류할 수 있다. 대상을 기준으로 한 분류는 보호대상 아동을 위한 서비스와 일반 아동을 위한 복지 사업으로 분류될 수 있다. 서비스의 장소에 따른 분류는 아동이 가정 내에 머물면서 서비스를 제공받는 재가 서비스와 가정 외 서비스로 분류될 수 있다. 기능에 따른 분류는 지지적 서비스, 보완적 서비스, 대리적 서비스로 분류될 수 있다.

(1) 대상을 기준으로 한 분류

아동복지는 기본적으로 모든 아동을 대상으로 하며, 선별주의와 보편주의 원칙에 의거하여 보면 보호를 필요로 하는 보호대상 아동과 일반아동으로 구분할 수 있다. 1961년 「아동복리법」 제정 당시 보호대상 아동을 보호하는 소극적 아동복지 서비스로 시작하였으나, 1981년 개정된 「아동복지법」은 일반아동의 복지에 대한 관심을 갖기 시작하였다. 2000년에는 아동학대 예방에 관한 조항을 확대하여 전폭적 개정을 하기에 이르렀다. 이로써 한국의 아동복지제도는 보호대상 아동의 보호라는 소극적 목표에서 모든 아동의 건전한 발달과 성장을 지향하는 보다 적극적이고 포괄적인 목표로 나아가기 시작하였다.

① 보호대상 아동

법적으로 보호를 필요로 하는 아동은 보호자가 없거나 보호자로부터 이탈된 아동 또는 보호자가 아동을 학대하는 경우 등 그 보호자가 아동을 양육하기에 부적합하거나 양육할 능력이 없는 경우의 아동을 말한다(「아동복지법」, 제3조 제4호). 즉 외부로부터 특별한 도움을 필요로 하는 아동으로, 아동 자신이나 아동을 양육하는 보호자의 개인적 문제 혹은 가정환경에 문제가 있는 아동을 의미한다.

〈표 7-1〉 **보호대상 아동의 분류**

양육환경상의 문제 아동	• 빈곤가정 아동: 성장발달에 필요한 영향 결핍. • 결손가정 아동: 부모사망, 이혼, 장기 복역, 입원, 가장의 실직 등. • 부모부재 아동.
신체적·정신적·정서적으로 장애를 가진 아동	• 신체장애아동: 외부 신체기능장애, 내부기관의 장애. • 정신장애아동. • 정서장애아동: 지적장애아동, 정신장애아동, 발달장애아동.
사회적·법적 보호대상 아동	• 가출아동, 비행아동.
특별보호를 요하는 아동	• 부부 갈등, 폭력, 학대 및 유기된 아동, 미혼모의 아동.

출처: 장인협·오정수(2004).

② 일반아동

일반아동은 사회의 특별한 도움을 필요로 하지 않는 아동을 말한다. 즉 아동이 속한 가정에서 양육과 보호를 받으며 생활할 수 있는 아동을 의미한다(보건복지부, 2011).

일반아동복지 서비스는 아동이 특별한 문제나 장애가 있어서라기보다 아동의 행복과 건강한 발달을 촉진하기 위해 실시되는 서비스라고 할 수 있다. 일반아동을 위한 사업에는 부모교육 및 가족기능 강화 사업, 안전한 사회환경, 아동교육 및 보육 사업, 아동수당, 놀이시설 확충 등 다양한 사업이 포함된다.

안전한 사회환경 조성이란 유해한 매체 환경에 대한 사회적 감시체계 강화와 유해환경 개선, 아동(성)범죄 예방 및 보호, 아동 안전사고 예방·홍보를 하는 것을 말하며, 아동보육·교육, 문화활동 지원이란 보육, 육아 지원 사업, 취학 전 및 초·중등 무상교육, 방과 후 활동 지원, 아동·청소년 문화활동 지원 등 통칭하는 것이다.

(2) 장소를 기준으로 한 분류

서비스 제공 장소에 따른 분류는 아동복지 서비스를 직접적으로 제공받는 아동이 어느 장소에서 생활하고 있는지에 따라 분류하는 방법이다. 여기에는 아동이 원 가정에서 생활하면서 서비스를 제공받는 가정 내 서비스(재가 서비스)와 원 가정을 떠나 시설이나 다른 가정에서 생활하면서 서비스를 받는 가정 외 서비스가 있다(장인협·오정수, 2004).

① 가정 내 서비스(in-home service): 재가 서비스

가족의 구조적 결손은 없지만 심각한 스트레스나 역기능의 위험요소를 가지고 있을 때 제공하는 것으로 한부모가족이나 조손가족과 같이 구조적 결손을 경험하면서 가족기능의 원활한 수행이 어려울 경우에 제공된다. 재가 서비스는 원 가정의 기능 중 결핍된 부분을 지지하거나 보충해 줌으로써 원 가정의 해체를 막아 주는 기능을 수행하며, 아울러 해당 가정의 강점을 지원하여 특정 시점에서의 위기를 극복할 수 있는 자원의 역할을 수행할 수도 있다.

② 가정 외 서비스(out-of service)

아동이 자신의 원 가정을 떠나 일정 기간 동안 시설이나 위탁 가정 등에서 생활하면서 제공받는 양육 및 보호 서비스를 의미한다. 또한, 원 가정에서 생활하지만 특정시간 동안 가정 밖의 시설에서 양육과 보호를 받는 것 역시 가정 외 서비스에 해당된다. 예컨대 어머니가 직장에 있는 동안 어린이집에서 아동에 대한 보호, 양육 서비스를 제공하는 형태가 포함된다.

(3) 기능을 기준으로 한 분류

아동복지 서비스 기능에 따라 지지적 서비스(supportive service), 보완적 서비스(supplementary service), 대리적 서비스(substitute service)로 분류된다(Kadushin & Martin, 1988). 이는 아동이 속해 있는 원 가정에 대해 서비스를 수행하는 기능에 따라 분류한 것이다. 아동 양육의 일차적 책임은 부모와 가정에 있음을 전제로 하고 있다. 아동을 양육하는 데 부모가 역할을 할 수 있도록 국가와 아동복지 관련기관 및 전문가들이 지지하고, 이를 수행하지 못할 경우 부모의 역할을 보충, 대리할 수 있다.

지지적 서비스와 보충적 서비스를 제공하는 목적은 가족을 그대로 유지하고자 하는 것이며, 가족 중심적인 특성이 있다. 물론 지지적 서비스와 보충적 서비스가 아동복지 측면을 무시한다는 것은 아니다. 하지만 지지적 서비스와 보충 서비스에 비해서 대리적 서비스는 그 성격상 아동을 더 중심에 두고 있다.

그리고 아동복지기관의 입장에서 볼 경우, 제약이 얼마나 있는지에 따라서 아동복지 서비스의 형태가 달라질 수 있다. 이 경우에, 지지적 서비스일수록 제약이 더 적고, 대리적 서비스일수록 제약이 더 크다.

3) 아동복지의 필요성

아동복지의 필요성에 대한 인식은 국가·사회가 적극적인 아동복지정책을 펼치도록 하는 당위성을 제기하는 것이다. 아동을 존엄한 존재로 여기며 아동의 복지에 힘쓰고 아동의 복지를 증진시키는 데 기여할 수 있도록 한다. 아동복지에 대한 인식이 세계적으로 확산되어 감에도 불구하고, 여성의 사회 진출과 다양한 가족형태, 핵가족, 소규모가족의 정서적 고립에 따른 양육기능 약화와 유해한 사회환경의 증가로 아동의 행복과 건전한 성장·발달이 위협받는 상황 속에서 아동복지에 대한 사회적 개입의 필요성이 절실하게 되었다.

이러한 측면에서 현대사회에서 아동을 위한 복지가 필요한 이유는 다음과 같다.

(1) 아동의 기본적 생활의 보장

아동 개인의 입장에서 볼 때 기본적 생활보장이 필요하기 때문이다. 인간은 태어나서 성인이 되기까지 보호와 양육 등 긴 준비기간이 필요한 존재이다. 따라서 인간적인 성장과 성숙을 위하여 준비기간 동안 적절한 도움이 절대적으로 필요하다. 그러나 부모나 가족이 당면한 어려움으로 인하여 아동을 위한 보호와 양육 등 필요한 기능을 하지 못할 경우 부모나 가족을 도와 아동이 기본적 생활을 유지하여 건전하게 성장·발달할 수 있도록 사회가 보장해 주어야 한다.

(2) 미래인력 보호와 육성

사회적 관점에서 국가의 인력개발과 육성이 필요하다. 아동은 한 사회와 국가의 미래에 큰 영향을 미치는 존재이다. 아동을 보호하고 육성하는 것은 그 사회의 미래와 직결되기 때문에 아동의 보호와 육성이 필요하다. 1965년 빈곤가정의 아동을 문화실조(cultural deprivation)의 상태로부터 보호하기 위해 헤드스타트(head start) 프로그램을 실시한 미국이나 영국의 슈어스타트(sure start)처럼 아동이 국가와 세계 장래에 큰 영향을 미치는 존재임을 확신하고 이를 보호·육성하고자 하는 노력의 예라 하겠다.

(3) 사회문제 발생 예방

사회문제 발생을 사전에 예방하는 측면에서 아동들이 가지고 있는 발달적 욕구를 충족시켜줌으로써 사회문제를 미연에 예방하거나 해결하기 위한 다양한 활동이 필요한 것이다. 빈곤가정이나 결손가정의 경우 아동의 기본적 욕구와 발달적 욕구가 적절하게 충족되지 못하여 아동이 성인이 되었을 때 일으킬 수 있는 문제 발생을 미연에 방지하기 위해서도 아동복지는 필요하다.

3. 아동복지의 이념, 목적, 역사

1) 아동복지의 이념

아동복지 이념은 아동과 아동문제를 바라보는 관점이다. 우리나라는 「대한민국헌법」을 기반으로 「아동복지법」에서 아동복지의 이념을 명확히 하고 있다.

• 「대한민국헌법」 제10조

모든 국민은 인간으로서의 존엄과 가치를 가지며, 행복을 추구할 권리를 가진다. 국가는 개인이 가지는 불가침의 기본적 인권을 확인하고 이를 보장할 의무를 가진다.

• 「아동복지법」 제1조

아동이 건강하게 출생하여 행복하고 안전하게 자랄 수 있도록 아동의 복지를 보장하는 것을 목적으로 한다.

(1) 자유방임주의(laissez-faire)

자유방임주의는 국가 역할의 최소화를 핵심으로 한다. 따라서 국가는 아동의 우선적 책임을 부모에게 두어 자녀양육의 책임자로서 부모의 권리를 중시하며 아동의 문제가 부모의 심리적 결함이나 경제적 어려움 등의 원인으로 발생한다.

(2) 가족중심주의(pro-family/defence of the birth family)

가족중심주의는 가족이 중요하다고 보고, 가족의 보호 및 유지에 초점을 둔다. 따라서 아동 최선의 이익은 친부모에게서 양육 받는 것이며, 국가가 아동에게 대리 보호를 제공하기보다는 가족에게 지지적 서비스를 제공할 것을 강조하는 입장을 취하고, 국가의 역할은 가족의 유지를 위한 다양한 서비스를 제공한다.

(3) 국가부권주의(state paternalism)

국가부권주의는 아동복지란 아동의 최적욕구를 충족시키는 것을 의미하며 부모의 복지보다 아동의 복지를 중시하여 아동의 양육과 보호에 대한 아동의 권리를 강조한다. 따라서 부모가 아동 보호에 부적절한 기능을 할 경우, 국가가 가족과 아동에게 언제든지 개입하여 아동을 보다 나은 양육환경으로 옮길 수 있다는 입장을 취하며, 국가의 역할을 아동의 복지를 증진하고 위험을 최소화하는 것으로 둔다.

(4) 아동권리주의(children's right and child liberation)

아동권리주의에서는 아동의 생존할 권리, 보호받을 권리, 발달할 권리, 참여할 권리의 네 가지 기본 권리를 강조하며, 아동을 성인과 같은 자율성을 지닌 독립된 존재로 보고 아동의 자기 결정권과 참여권의 극대화를 핵심으로 한다. 이때 국가의 역할은 아동권리를 존중하고 아동이 성인으로부터 자유를 얻을 수 있도록 보장하는 것이다.

〈표 7-2〉 **아동복지 이념 비교**

구분	자유방임주의	가족중심주의	국가부권주의	아동권리주의
아동에 대한 시각	의존적 존재	의존적 존재	성인과 다른 존재	성인과 같은 존재, 자율권과 선택권 소유
아동문제의 원인	부모의 심리적 결함	가족	빈곤, 자원의 결여, 사회환경 원인	부당한 처우, 인권침해
가족	핵가족 선호	혈연관계, 친족 및 확대가족 고려	친부모와 무관, 양부모 등 대안가족 강조	아동의 선택에 따른 대안가족, 지역사회 혹은 집단가정
아동복지	부모-자녀 간 심리적 안정	친부모에 의한 양육, 가족지지 중시, 가족자체가 복지의 대상	아동 이익의 최우선	시민권 개념 아동자유의 극대화
아동 보호의 책임	부모(1차)	부모(1차), 국가(2차)	부모(1차), 국가(2차)	국가개입에 회의적
국가의 개입 정도	최소한 개입(불간섭주의)	아동의 최저욕구 충족	광범위한 개입(간섭주의), 아동의 최적욕구 충족	최소한 개입, 아동권리 증진에 역점
개입방식	미시적 실천, 심리치료, 원조기능 강조	예방적·지지적 서비스 강조	대리적 서비스(입양, 위탁보호 등)	권리증진, 권리부여
권리의 개념	부모권리 중시	친권 강조	아동권리 강조	아동 자기결정권 강조

출처: 김윤재 외(2015).

2) 아동복지의 목적

아동복지가 추구하는 목적은 다양하다. 일반적인 수준에서 아동복지의 목적을 제시하는 예는 다음과 같은 것이 있다(Barker, 2003; Cohen, 2000).

미국 전국사회사업가협회의 경우, 아동복지 프로그램과 정책이 추구하는 목적은 아동이 긍정적으로 발달하는 데 놓여 있는 걸림돌을 없애 주는 것이라고 보고 있다.

코헨(Cohen)에 따르면, 이상적으로 볼 경우에 아동복지는 아동과 가족이 다음과 같이 생활하는 방향으로 나가도록 도와주려고 한다. ① 모든 기본적인 인간적 욕구를 충족하면서 생활한다. 여기서 기본적인 인간적 욕구는 음식, 안전, 의류, 주거를 가리킨다. ② 안정되고, 건강이 좋고, 교육 기회와 직업 기회가 공평하고, 교육 결과와 직업 결과가 공평한 상태에서 생활한다.

우리나라의 아동복지는 다음과 같은 목적을 추구하고 있다(전재일 외, 2002).

① 모든 아동의 안녕을 보호하고 촉진한다.
② 유기, 학대 및 착취의 문제를 사전에 예방하고 가족을 지원한다.
③ 욕구가 발생되면 가족의 능력을 사정하고 가족안정성을 촉진한다.
④ 가정 외부의 보호가 필요한 아동을 위해 완전한 서비스를 준비한다.
⑤ 부적절한 주택, 빈곤, 약물중독, 의료보호를 받지 못하는 아동과 가족에게 부정적인 영향을 미치는 사회적 환경에 대한 책임을 가진다.
⑥ 가능한 한 언제라도 가족기능 강화를 지원한다.
⑦ 아동의 복지를 위해 필요할 때는 언제든지 개입한다.

3) 아동복지의 역사

아동에 대하여 관심과 주의를 기울이게 된 것은 최근이라 부를 수 있는 20세기 전후부터라고 할 수 있다. 더구나 현대적 의미로 보는 아동의 권리 지향적, 보편주의적 실천을 요구하는 아동복지 역사는 아주 최근의 아동관에 의해서 가능해진 것이다.

(1) 고대사회

고대사회는 아동의 개인가치와 존엄성은 무시되었고 노동력이나 종족보존에 대한 기여 여부에 의해 생존이 판단되는 시대였다. 원하지 않는 아기의 출생은 사회에 부담이 되며, 그 부담을 면하기 위하여 낙태, 유아살해, 유기, 기아 등의 방법이 아동문제 해결의 대안으로 고려되었다.

아동을 부모나 부족의 소유물로 보았고, 아동의 생명을 경시하여 제물로 바치거나 자녀의 생사권이 부에게 있음이 법으로 명시되어 있었다(로마의 12동판법).

로마시대의 고문관 세네카(Seneca)는 "훌륭한 아기와 아무짝에도 쓸모없는 아기는 구별해야 한다."고 하면서 인구조절을 위해 영아살해와 기아가 중요한 수단임을 강조하였다. 아리스토텔레스(B.C. 384~322)는 인구조절을 위한 것일 경우 기아보다 낙태를 더 나은 방법으로 보았다. "가난한 아버지는 자식의 출생과 동시에 팔 권리를 가진다."는 조항을 명시함으로써 아동매매가 합법화되었다(534년 유스티니아 법전). 스파르타의 리쿠르구스 법전에는 장애인과 허약자를 산중에 유기할 것을 규정하였다(Wilds, 1956).

(2) 중세사회

기독교와 인본주의 사상이 발전하면서 인명존중을 가치 있게 여기게 되었고, 기아, 낙태, 아동매매, 영아살해 등이 죄악시되었으며, 콘스탄틴 법전에 "아동을 살해할 수 없다."는 조항이 포함되면서 아동의 생명이 존중되기 시작했다. 따라서 사회적 부담이 되는 아동에 대한 다른 대안이 고려되지 않을 수 없었고, 이에 따라 구호, 아동노역장, 도제제도와 같은 제도가 고안되어 실시되었으며, 교회를 중심으로 한 종교단체에서 아동을 보호하게 되었다. 특히 도제제도는 빈곤아동의 의식주 등 생활상의 어려움을 해결하는 데 그치지 않고, 직업적 능력을 길러 사회적으로 자립할 수 있는 기반을 조성하였다. 그러나 아동의 인권을 무시하고 아동의 노동력을 착취하는 등의 문제점도 적지 않게 발생하였다.

종교단체나 가톨릭교회가 중심이 되어 생명을 빼앗는 행위를 죄악으로 여기고 이를 금지하려는 노력이 시작되었으며, 가난하거나 의지할 곳이 없는 아동들을 보호하기 위해 교회시설을 활용하기 시작하였다(장인협·오정수, 2004).

기독교적 입장에서는 아동을 성악설 관점에서 인식하여 매우 엄격하게 대했으나, 편견 때문에 소홀한 취급을 당한 장애아동에 대해서는 종교적 차원에서의 보호가 이루어졌다.

(3) 근대사회

산업혁명(industrial revolution)으로 인해 수많은 농민들이 농토를 잃어버리고 도시에서 떠돌아다니는 노동자로 전락하게 되었다. 그리고 봉건제도의 몰락으로 인해 일자리를 구하기 위해 정처 없이 방황하는 수많은 노동자의 발생과 수도원의 해체로 인해 교회로부터 구제를 받지 못하는 다수의 빈곤자에 대한 사회문제가 대두되었다.

영국은 1601년 「엘리자베스 구빈법(The Elizaberthan Poor Law)」을 제정하게 되었다. 이 법은 1598년에 제정되었던 법률을 수정한 것으로 이후 300년 이상 영국과 미국에서 구빈 사업의 기본법이 되었다.

이 법률은 수혜자를 노동 가능한 빈민(able-bodied poor), 노동 불가능한 빈민(impotent poor), 보호대상 아동(dependent children)으로 구분하여 성인뿐만 아니라 보호가 필요한 아동에 대한 국가적 수준의 책임을 규정하였다는 측면에서 아동복지제도의 시발점이라고 할 수 있다.

또한, 「구빈법」은 부양대상 아동을 양육할 의사가 있는 사람에게 무료 또는 유료로 위탁시킬 수 있는 조치를 마련하였으며, 일할 수 있는 아동을 도제(apprentice children)로 보내 주인으로부터 기술 연마하는 법을 배우거나 가사를 돕게 하였다. 이러한 위탁보호는 시설수용 아동을 감소시킬 뿐 아니라 가정적 분위기에서 비교적 안정되게 생활할 수 있도록 해 주었다. 그러나 자본가들은 임금이 싼 아동을 고용하여 노동력을 착취하는 등 아동의 생존권과 복지권을 박탈하는 폐단도 없지 않았다.

한편 산업혁명으로 대량 발생한 취업모에 대한 대책이 필요함에 따라 민간 주도의 탁아시설이 설립되었다. 1961년 영국의 오웬(Owen)이 공장 내에 세운 '성격 형성 학교(The institution for formation of character)'를 설립하였다. 아동의 성격 형성에 있어서 아동을 둘러싼 생활환경이 매우 중요하다고 주장하며 가정과 사회환경의 개선을 위하여 노력하였고 아동 보호를 위한 입법운동에 앞장섰으며 아동복지 발전에 많은 노력을 기울였다. 이것이 효시가 되어 보호와 교육을 담당하는 많은 유아학교가 설립되었다. 더불어 그동안 운명론적이고 의료적인 관점으로만 여겨졌던 장애에 대한 인식이 바뀌면서 장애아동을 위한 시각장애학교, 청각장애학교 등이 설립되었다.

(4) 현대사회

19세기 후반부터 아동에 관한 본격적인 연구가 시작되어 20세기는 '아동의 세기'로 불리게 되었다. 프로이드(Freud), 에릭슨(Erikson), 피아제(Piaget), 콜버그(Kohlberg) 등 심리학자들은 아동발달의 연구를 통해 아동기의 중요성을 강조하였다. 아동은 성인과 달리 고유한 발달 단계를 거쳐 성장·발달하는 존재라는 새로운 이해가 확립되면서 아동은 성인의 종속물이나 어른의 축소판이 아닌 독립된 인격을 지닌 존재라는 인식이 확산되었다. 이 시기에 아동을 고유한 인격체로 받아들이고, 이들을 위한 다양한 사회적 제도가 마련되었다.

20세기에 들어서면서 아동복지의 대상을 특수한 아동만이 아닌 일반아동으로 확대하고 아동복지에 대한 국가의 책임이 강조되기 시작함으로써 보편주의적 아동복지제도가 도입되었다. 1909년 미국의 제1회 '백악관 회의'는 아동복지에 대한 정부의 책임을 처음으로 공식화함으로써 국가개입의 효시가 되었다.

현대사회의 아동복지는 새로운 인식과 아동복지의 전문화를 촉구하는 방향으로 변화되었다. 전문적인 아동복지사가 아동복지 서비스를 실천하게 되었으며 아동복지 서비스 형태 또한 다양하게 변화하며 아동 개인의 욕구를 충족시켜주는 데 심혈을 기울이게 되었다. 즉, 모든 아동을 복지적 차원에서 대우하게 되었다.

4. 각국의 아동복지 발달과정

1) 영국

영국에서 산업화 이전에 아동은 성인과 다른 존재로 인식되지 못하였고, 열악한 처지에 있었다. 아동은 영주들에게 있어 오직 노동력과 군사력으로 인식되었고, 대부분의 아동은 성인의 소유물과 같이 취급되었다.

1601년 「엘리자베스 구빈법」의 제정으로 아동 보호의 원칙이 세워졌다. 노동가능 빈민은 작업장으로, 노동 불가능 빈민은 구빈원으로 보내고, 보호대상 아동은 특수시설이나 수도원 등으로 보내졌다. 「구빈법」의 표면적 의미는 아동 보호였으나, 그 이면에는 아동의 노동력을 확보하고자 하는 의미도 있었다.

산업혁명으로 가정에서의 자녀양육 기능이 약화되었으며 방임과 학대아동이 증가하게 되어 사회적 문제로 대두되자 이를 개선하기 위해 1780년 유아학교가 설립되었고 이는 영국 공교육의 기틀이 되었다. 또한, 아동이 열악한 노동조건 속에서 혹사당하는 경우가 많았고 교육의 기회까지 박탈당하는 경우가 많아 사회적 문제로 제기되자 아동의 노동을 제한하기 위해 1802년 「공장법(Factory Act of 1802)」이 제정되었다.

1870년 세계 최초로 5세부터 초등의무교육이 실시되었고, 유아유기와 유아매매문제를 규제하기 위해 1872년 「유아생명보호법」이 제정되었으며, 1889년에는 「아동학대방지법」이 제정되었다. 이러한 법률의 제정은 무엇보다도 먼저 영국에서 아동의 인권과 권리향상을 위한 움직임이 있었음을 보여 주는 것이다.

2차 대전 이후 영국 아동정책은 1946년 커티스위원회(The Curtis Committee)의 보고서에서 출발했는데 정상적 가정생활을 박탈당한 아동들을 보호하기 위한 목적으로 집단양육시설에서 성장하는 아동을 친부모에게로 회복시키는 것, 시설보호가 아동발달에 역기능을 미칠 수 있음을 지적하며 수용시설보다는 탈시설을 강조하고, 입양에 대해 강조하는 내용 등을 포함하고 있다.

1960년대 말에 아동학대가 새로운 문제로 부각되었다. 언론과 전문가의 관심은 의붓아버지에 의하여 살해된 아동 Maria Colwell의 죽음에 관한 청문회 보고서와 함께 폭발적으로 나타났다. 청문회 보고서는 아동 보호 시스템과 혈연적 관계를 중시하는 아동 보호 사회복지사들의 출생가족 유지 원칙에 대하여 비판하였다. 이에 따라 1970년대 후반에 '국가개입주의'가 다시 도입되었으며, 아동을 가족으로부터 보호하는 조치와 대체보호를 강조하였다.

1997년에 가난하고 소외되어 있는 아동을 위한 복지정책으로 모든 아동은 공정한 출발을, 부모는 일할 수 있는 의지를, 지역공동체는 안정을 제공하는 것을 목표로 하는 가족단위 서비스 정책인 '슈어스타트(sure start)'가 시작되었다. 또한, 국가의 교육적 혜택은 1998년부터 만 4세 아동의 무상교육을 실시하였고, 이후 2004년에는 만 3세까지 확대되었으며 빈민지역의 경우에는 만 2세까지 무상교육을 제공하고 있다. 그리고 2003년부터 자녀를 양육하는 가정의 조세부담 경감을 위해 '아동 조세 공제제도(child tax credit)'가 실시되고 있다.

2) 미국

미국의 국가 기틀은 영국 청교도의 집단이주자들로부터 갖추어지기 시작하였으므로 영국의 사회복지제도의 영향을 많은 부분 수용하였다. 따라서 청교도의 윤리가 지배적이었기 때문에 노동을 미덕으로 여기고 나태를 죄로 여겼는데 이는 빈곤의 책임이 개인의 책임이라는 생각을 뒷받침하였고 「구빈법」은 벌의 성격을 가진다고 보았다.

1727년 뉴올리언스의 우슬린(Ursuline)수도원의 고아원은 최초로 설립된 아동시설이라 할 수 있다. 그 후 19세기 후반에 이르러서 빈곤아동을 보호하는 데 있어서 시설보다 가정이 적절하다는 논의가 제기되면서 위탁 가정운동이 전개되었다.

1853년 뉴욕아동구호협회가 창설되어 빈곤가정 아동에 대한 가정위탁 사업을 최초로 실시했다. 주로 뉴욕의 노숙아동과 보호대상 아동을 고아열차(orphan train)를 이용하여 중서부 지역의 농가로 위탁하는 활동을 전개하였다. 1895년에 「아동노동법」이 제정되었는데, 이 법에서는 14세 이하의 아동에 대한 근로를 금지하고, 야간작업을 금지하고, 노동시간을 제한하였으며, 학교에 출석하도록 하는 것 등을 명시하였다.

모성연금제도는 「모자 연금법」 및 기타 「사회보호법」에 영향을 미쳤고 1935년 사회보장법의 AFDC(자녀를 둔 가정에 대한 지원)에도 반영되었다. AFDC는 아동이 있는 빈곤여성가구주를 지원하도록 하는 공공부조정책의 주축이 되었다. 이후 1996년 요보호가정 일시부조(Temporary Assistance for Needy Families, TANF)로 아동이 원 가정 혹은 친인척 가정에서 보호받도록 하는 것과 아동 양육을 지원받으려면 부모가 반드시 근로요건을 충족시켜야 한다는 점을 두어 모의 취업을 의무화하는 모성보호제도로 변화하게 되었다.

1990년에 저소득층 가족의 재정 지원을 위한 「가족 지원법」이, 1993년에는 안전하고 안정된 가족을 지원하기 위한 「가족유지 및 지원 서비스법」이 제정되었다. 개별 가족 구성원보다는 가족전체를 대상으로 하는 서비스의 범위를 넓혀왔다. 아동의 권리보호는 아동학대 및 방임으로부터 보호하고, 가족의 관계망 속에서 보호하는 방향으로 변화하고 있다. 미국은 사회복지에서 사적 분야가 주요 기능을 하며 공적 분야에서는 재원, 정책 감독만을 담당함으로써 다른 나라와 구별된다.

3) 스웨덴

근대적 의미의 아동복지는 1924년 「아동복지법」의 제정으로부터 시작되었다.

이로써 아동이 독립된 법규에 의하여 보호되기 시작하였다. 「아동복지법」에 의해 아동복지위원회가 설립되어 아동복지기관의 업무를 감독하였다.

스웨덴에서는 여성노동력의 효율성을 높이기 위해 다양한 제도와 서비스를 다른 나라에 비해 일찍부터 실시하였다. 1937년 시작된 산모를 위한 '출산휴가제도'와 생후 6개월부터 학교 입학 전 6세까지 부모가 일하는 동안 아동을 맡길 수 있는 어린이집, 재학 중인 아동이 방과 후에 시간을 보낼 수 있는 여가선용의 집, 자신의 집에서 아동을 돌봐주는 가정어린이집, 아플 경우에 간호해 주는 아동간호사제도 등이 있는데, 모든 경비는 지방자치단체에서 지원하고 있다.

16세 이하의 모든 아동에게 아동수당과 아동연금을 지급하고, 건강보험을 통해 각종 치료를 지원하며, 19세까지의 모든 건강검진과 치과검진이 무료로 실시되고, 임신기간에 무상건강검진을 하고 있으며, '정상화 원리'에 의해 19세 이하의 장애아동은 가정 내에서 보호하고 장애아동 보호수당을 지급한다. 또한 가정탁아 서비스, 방과 후 보호 서비스 제공을 의무화하고 있다. 그리고 아동학대와 방임에 대해서는 예방적 접근을 취하여 거주지역의 유아학교를 통해 부모들을 대상으로 다양한 예방교육을 실시하고 있다(윤매자 외, 2014).

4) 일본

명치시대(1871년)에 기아양육미급여방(棄兒養育米給與方)을 정책으로 하여 자녀를 세 명 이상 출산한 빈곤가정의 어머니에게 쌀을 지급하도록 한 것이 국가 주도에 의한 아동복지 실시의 시초였다. 이후 전국적 규모의 빈민구제정책이 필요해짐에 따라 1874년 공적 구빈법인 '휼구규칙(恤救規則)'이 제정되었다.

1945년 2차 세계대전 패전으로 어머니들이 취업을 하게 되면서 보육수요가 급증하여 민간에 의한 보육 사업이 시작되었다. 1949년부터 보육소 운영비에 대한 정부 보조가 시행되었으며, 보육 사업은 오늘날 일본 아동복지의 근간을 이루게 되었다.

1950년대 중반 일본이 고도 성장기에 접어들면서 민간차원에서의 학동보육 운동이 시작되었고, 1963년 이후 지방자치단체의 학동보육 예산이 확대되기 시작하였다. 또한, 경제성장과 함께 아동문제와 관련된 다양한 법이 제정되었는데, 1964년 「특별아동부양수당의 지급에 관한 법」, 「모자보건법」(1965)이 제정되었다. 1971년 「아동수당법」(1971)이 제정되었으며, 1991년 개정에서는 첫째 자녀부터로 확대되었다. 2007년 「아동수당법」 개정법부터는 3세 미만의 아동에게는 출생순위에 무관하게 1만 엔을 아동수당으로 지급하였다.

5) 한국

(1) 삼국시대

『삼국사기』에 신라 제3대 유리왕(서기 28년) 때에 환과고독노병(鰥寡孤獨老病) 즉, 홀아비, 홀어미, 고아, 아들 없는 이, 늙은이, 병든 이를 요보호대상자로 정해 무료 급식과 양육을 하는 구제의 대상으로 삼았다. 이것이 역사상 국가의 고아양육 사업의 시초가 되었다. 백제 온조왕 33년(서기 15년), 고구려 태조왕 56년(서기 198년)에 아동을 포함하여 재해를 당한 사람들에게 관곡을 배급하였는데 고아나 기아를 중심으로 제한적으로 실시하였다고 기록되어 있다. 이때 국고를 열어 기근이나 굶주림 대상에게 무료급식 및 부양을 한 것은 왕의 어진 정치를 베푸는 한 방편으로 구제 사업이 이루어진 것이다.

(2) 고려시대

불교가 융성하던 시대로 자비사상에 입각하여 고아 및 기아와 빈곤아동 등을 사찰에서 수용, 양육하여 승려 또는 사역승(使役僧)으로 양성하는 일이 성행하였다. 또한, 엄격한 신분제로 민가에서도 고아를 양자녀 또는 노비로 삼았다. 그러나 민가나 사찰에서 수양을 빙자하여 고아에 대해 인신매매, 유괴, 약탈 등을 일삼는 폐단도 없지 않았다.

고려 제6대 성종 13년(서기 994년)에는 10세 이하의 고아를 관에서 수용하되, 10세가 지나면 원하는 곳에서 거주하게 하였다. 이것이 우리나라 최초의 시설 구제이다.

(3) 조선시대

제18대 현종 2년(1661)에 보호대상 아동에 대해 관부의 허가제에 의한 민가 수양이 실시되고 옷값도 관아에서 내어 주었다. 19대 숙종 22년(1696)에 수양임시사목(收養臨時事目)이 제정되어 흉년에 일시보호를 실시하였다. 제22대 정조 7년(1783)에 일련의 제도를 집대성한 자휼전칙(字恤典則)을 제정하여 유기 및 부랑걸식 아동을 보호하는 법을 공포하였다.

수양임시사목이나 자휼전칙은 유기 또는 부랑걸식하는 아동의 생명을 보호하기 위하여 국가에서 수용·보호하거나, 민가에서 수양하여 양자 또는 노비로 삼는 것을 허가하는 것을 근본 취지로 삼고 있었다.

(4) 근대사회

근대사회의 아동복지는 조선조 말엽부터 일제시대를 거쳐 해방 이전까지의 아동복지를 말한다.

근대적 의미의 아동 보호는 조선시대 말에 서구로부터 도입되었다. 우리나라 근대적 육아 사업의 효시로는 1855년 프랑스 신부 메스트르(Maistre)에 의한 고아구제 사업을 들 수 있으며 1894년 프랑스 장 블랑(Jean Blanc) 신부가 한양에 양로원과 고아원을 처음으로 개설하였다.

1906년 명동 천주교 내 최초의 고아원인 '경성고아원'을 이필화가 설립하여 근대적인 영유아복지 사업이 시작되었다. 이후 1910년 조선총독부가 이를 인수하여 '제생원'으로 개칭하여 빈곤아동과 맹아들의 자활을 도왔다. 1921년 태화사회관이 미국감리교 선교사들에 의하여 설립되었는데, 태화진료소를 중심으로 아동건강진단, 가정방문을 통한 위생교육, 육아법 보급, 빈곤아동을 위한 탁아 사업, 우유급식 사업, 무료목욕 사업이 실시되었다.

천도교 소년회를 중심으로 발족한 '조선소년운동협회'에서는 '어린이'라는 순 한글말을 만들어 보급하고, 어린이날을 5월 1일로 선포하였으며, 우리나라 최초의 아동권리선언이라고 할 수 있는 〈아동권리공약 3장〉을 발표하였다.

(5) 현대사회

현대의 아동복지 사업은 광복 이후부터 현재까지의 기간이다. 전통사회나 근대에 비해 아동의 복지권이 보장되고, 아동복지에 대한 국가·사회의 책임이 보다 확고해짐으로써 비교적 체계적으로 아동복지가 실천되었다.

CHAPTER_08

아동복지의 실천원리

1. 아동복지와 사회복지실천

1) 개별 아동복지 실천

2) 집단 아동복지 실천

3) 지역 아동복지 실천

2. 아동복지의 기본요소

1) 아동복지의 요소

2) 가정환경

3) 교육·보육환경

4) 건강·안전환경

5) 사회환경

3. 아동복지의 실천원칙

1) 차별금지의 원칙

2) 아동이익 최우선의 원칙

3) 아동 의사존중의 원칙

4) 생존·보호·발달권 보장의 원칙

5) 전문성의 원칙

6) 예방성과 치료성의 원칙

1. 아동복지와 사회복지실천

아동복지에서 '실천'이란 무엇이며, 그 구체적 방법에는 어떤 것이 있는지에 대해서는 학문적으로 합의된 바가 없다. 일부 학자들은 사회복지의 실천기술을 아동에게 적용하여 '아동을 위한 사회복지 실천기술'로 일부는 전통적인 사회복지 3대 실천방법을 적용하여 개별아동복지, 집단아동복지, 지역아동복지로 구분한다(한성심 외, 2014).

일반적으로 아동복지의 실천방법을 정의할 경우에는 광의의 실천방법과 협의의 실천방법으로 구분한다. 광의의 실천방법은 아동복지정책, 아동복지행정, 아동복지 관련 법과 같은 제도적 접근(거시적 접근, 간접 실천)과, 아동과 아동복지 전문가와의 전문적 원조관계에서 형성되는 실천기술을 의미하는 전문적 접근(혹은 기술적접근, 직접 실천, 미시적 접근) 모두를 포함하는 방법을 말한다.

1) 개별 아동복지 실천

오늘날 현대사회의 핵가족이 갖는 아동문제를 보면 과거의 아동보다 정서적으로 많은 결함을 지니고 성장하는 가운데 많은 행동문제나 사회부적응문제를 보이고 있다. 특히 불우한 환경에서 자라나는 아동, 빈곤가정의 아동, 신체적으로나 지적으로 장애를 지닌 아동, 또는 사회적으로 잘 적응하지 못하거나 법적인 보호조치를 받아야 하는 아동들의 문제가 많이 제기되고 있다.

(1) 아동상담

아동상담 및 치료의 방법이 필요한 경우는 가정생활의 문제, 부모능력 부족으로 인한 문제, 아동의 신체적·정신적·행동적 문제가 있는 경우, 지역사회 해체와 가족 및 아동의 욕구불만 문제(이소희·유미숙, 1997; 표갑수, 2000), 기타의 경우 등으로 구분할 수 있다.

① 가정생활에서의 문제

가정생활의 변화에서 오는 문제를 말한다. 부모의 직장 이동으로 인한 긴장·적응문제, 저교육하의 조기결혼과 출산으로 인한 낮은 생활 수준, 부모의 사망, 가족 구성원의 질병으로 인한 부담이나 부부갈등, 원하지 않는 임신이나 장애아동 출산, 어머니의 취업이나 조부모·친척과의 동거로 인해 발생하는 문제들이 있을 수 있다.

② 부모의 능력 부족으로 인한 문제

부모의 역할 부족에서 오는 위기를 말한다. 부모의 빈곤으로 인한 어려움(건강, 주거, 질병, 소외 및 우울, 좌절 등), 한부모가족에서의 어려움(자녀양육과 가정경제 책임의 이중부담, 아동의 성 정체감 형성의 문제 등), 부모의 질병이나 장애로 인한 어려움, 가족 성원 간의 부조화로 인한 가족일체감의 저해와 그에 따른 아동정서상의 문제(부부간, 고부간의 갈등 등), 부모의 비도덕적 행위로 인한 어려움(도벽, 거짓말, 약물남용, 도박, 폭력 등), 부모역할에 대한 준비의 부족으로 인한 어려움(바람직한 육아 방법의 결여, 가사능력 부족, 아동건강 보호능력 부족, 부모가 될 준비가 안 된 상태에서의 자녀 출산) 등이 있다.

③ 아동의 정신적·신체적·행동적 문제

아동이 우울, 폭력, 무력감, 무단결석, 가출, 거짓말, 불안, 야뇨, 신체장애, 기타 정서 및 정신장애 등 정신적·신체적·행동적 문제(장애)를 갖고 있는 경우도 있다.

(2) 아동상담 치료

아동상담 및 치료는 대부분 아동과 상담 및 치료자와의 직접적인 대면을 통해 이루어진다. 그러나 상담 및 치료라고 해서 항상 만남을 전제로 하는 것은 아니다. 많은 상담 및 치료 관련기관에서 전화상담을 실시한 지 오래이며, 최근 들어 아동 및 청소년의 인터넷 이용률이 높은 점을 이용하여 인터넷상의 사이버 상담도 좋은 반응을 얻고 있다.

아동상담 및 치료는 성인상담과 달리 다양한 매체를 이용한 상담 및 치료의 기법이 개발·적용되고 있다. 대표적인 방법이 놀이치료이다. 대화만을 통한 상담 및 치료는 성인과 달리 아동에게 적용하기에는 많은 문제점이 있는데, 아동은 자신의 감정과 생각을 정확하고 구체적으로 표현할 수 있는 능력이 부족할 뿐 아니라, 상담 및 치료 과정 자체에 대한 심리적 부담은 상담의 효과를 반감시킨다.

2) 집단 아동복지 실천

집단아동복지 실천은 저하된 사회적 기능을 회복할 필요를 지닌 이동이나 현재의 사회적 기능을 적극적으로 강화하고자 하는 아동을 대상으로 한다. 개별 아동복지 실천과는 달리 아동집단의 역동성과 응집력의 활용에 따라 프로그램의 효과가 좌우되므로 아동복지전문가는 집단 내에서 아동의 개인적인 특성을 파악하고, 집단의 상호작용을 최대한 활용하는 실천기술을 필요로 한다(한미현 외, 2011).

아동 및 부모의 집단을 대상으로 하는 모든 활동 및 프로그램을 집단활동이라 부르는데, 개별 아동을 대상으로 하는 상담 및 치료의 한계를 보완하고 집단경험을 바탕으로 아동의 문제를 해결하는 또 하나의 전문적 아동복지 실천방법이다.

(1) 집단활동의 기본원칙

집단지도에서 가장 많이 인용되는 코노프카(Konopka)가 제시한 집단지도 실천의 기본원칙을 살펴보면 다음과 같다(남세진·조흥식, 1997).

- 각 아동의 독특한 차이점을 인정하여 그에 따라 행동한다(집단 내에서 각

성원의 개별화).

- 어떤 집단에 대해서든지 그 집단이 가지는 특성을 인식하여 그에 따라 행동한다(집단의 특성을 인식하는 개별화).
- 각 아동 성원이 장점과 단점을 동시에 가진 존재임을 인정한다.
- 전문가와 아동 성원 간의 의도적인 원조관계를 수립한다.
- 아동 성원 간의 협조적, 협력적인 관계를 수립하도록 한다.
- 집단과정에서 적절한 수정을 가한다.
- 각 아동 성원이 자기 능력에 따라 참여하도록 격려하고 능력을 향상시킬 수 있도록 원조한다.
- 아동 성원으로 하여금 문제 해결 과정에 스스로 참여하도록 한다.
- 아동 성원이 문제를 해결해 나감에 따라 점차적으로 만족스러운 갈등 해소 방법을 경험하게 한다.
- 대인관계와 성취를 통하여 새롭고 다양한 경험을 하는 기회를 제공한다.
- 각 아동 개인이나 전체적 상황에 대한 진단적 사전평가에 기초한 현명한 제한성을 활용한다.
- 각 아동 성원, 집단의 목적, 적절한 사회목적을 위해 진단평가에 기초하여 의도적으로 또는 상이하게 프로그램을 활용한다.
- 아동 개인과 집단과정에 대한 계속적인 평가를 한다.
- 전문가의 원만하고 인간적이며 잘 훈련된 자아를 활용한다.

(2) 집단활동 실천의 주요기술

필립스(Philips)는 집단행동을 효율적이게 하는 네 가지 기술을 다음과 같이 제시하였다.

첫째, 기관의 기능을 활용하는 기술이다. 기관의 목적과 한계를 아동 개인과 집단에게 알려야 하며, 기관을 충분히 이용하도록 하며, 기관의 기능을 분명히 파악하고, 아동 개인과 집단의 목적 달성을 위해 사용할 수 있는 능력이 있어야 한다.

둘째, 감정을 소통하는 기술이다. 이는 감정을 표현하고 의사소통하는 것은 중요하기 때문에 전문가는 즉흥적이고 외향적인 면과, 계획적이고 통제적이며 내향적인 면 양자 모두를 지녀야 한다.

셋째, 현실을 활용하는 기술이다. 현재는 성장을 촉진하는 관계를 형성해 가는 바퀴이며, 모든 사람은 현재의 현실 속에서 성장할 수 있는 역량을 가지고 있으므로 전문가는 이를 토대로 자신의 목표를 실현할 수 있는 신념을 갖도록 한다.

넷째, 집단관계를 격려하고 이용하는 기술이다. 전문가를 위시한 모든 집단관계를 격려하고 의도적으로 활용해서 아동 개인의 목표 및 집단의 목표를 성취하도록 한다.

(3) 집단활동의 개념

집단활동은 적게는 4~5명에서 많게는 수십 명에 이르는 아동 또는 부모집단을 대상으로 다양한 프로그램을 통해 도움을 제공하는 방법이다. 다시 말해서 한 사람의 아동복지 전문가가 동시에 여러 명의 아동 또는 부모를 대상으로 교육, 지도, 성장, 훈련, 상담, 치료하는 모든 활동을 의미한다. 아동을 대상으로 하는 집단실천의 목적은 교육 및 지도, 성장 및 훈련, 상담 및 치료의 목적으로 구분해 볼 수 있다.

(4) 집단활동의 유형

집단활동과 관련된 내용을 보면, 대상이 되는 집단의 유형에 관해 다양하게 분류하고 있다. 남세진·조홍식(1997)은 집단을 치료집단과 과업집단으로 구분하고, 치료집단을 다시 교육, 성장, 치료, 사회화집단으로 과업집단을 위원회,

행정집단, 협의체, 팀, 치료회의, 사회행동집단으로 구분하고 있다. 아동을 대상으로 하는 집단활동 역시 다양한 집단의 유형을 가질 수 있다. 이 분류 기준에 따른 세 가지 집단의 활동을 살펴보면 다음과 같다.

① 교육 및 지도 중심의 집단활동

정보 제공과 학습을 통한 지식의 증가를 목적으로 강연, 토론, 직접경험의 방법으로 일반아동과 부모를 대상으로 성교육집단, 부모교육집단, 위탁 부모집단, 미혼부모·이혼부모 집단, 장애아동 부모교육집단, 약물남용, 폭력 등 예방교육집단 등 집단활동을 한다.

② 성장 및 훈련 중심의 집단활동

집단 성원의 잠재력 개발 및 대인관계 경험과 성장, 자아 인식 통찰의 증진을 목적으로 소집단, 대화, 훈련, 상호작용, 역할놀이를 통해 일반아동(부모)을 대상으로 참 만남집단, 잠재력 개발집단, T집단(감수성훈련집단), 과잉행동 아동 대상의 활동 집단(적응 향상), 가치 명료화집단 등 집단활동을 한다.

③ 상담 및 치료 중심의 집단활동

집단 성원의 행동 및 성격의 변화, 문제 해결, 대안행동의 탐색 및 실천, 이상행동의 수정, 교정, 재활을 목적으로 집단상담 및 치료를 통해 적응문제, 이상행동 등의 문제를 지닌 아동을 대상으로 정신치료집단, 학대자 집단 및 학대아동집단, 약물중독자집단, 금연집단활동을 한다.

3) 지역 아동복지 실천

아동복지의 기술적 실천방법으로 지역사회를 단위로 하는 종합적 의미의 아동복지 실천과 아동의 권리 보호, 아동 이익의 대변, 아동문제의 사회문제화, 아동 관련정책의 비판 및 대안 제시 등 사회운동과 시민운동의 성격을 띤 아동복지운동의 방법이 있다(한성심 외, 2014).

지방자치 시대가 도래하면서, 중앙정부의 복지정책과 그 기능의 일부 또는 전체가 지방자치단체로 이관됨에 따라 지역사회를 단위로 하는 새로운 개념의 복지가 시작되었다. 중앙정부 중심의 정책과 전달 체계는 그 수혜자인 국민 개개인에게 구체적이고 신속하게 혜택을 주기에는 많은 한계가 있으므로 이러한 현상은 필연적인 것이다.

(1) 실천의 개념

지역사회 중심의 아동복지 실천이란 지역사회가 지닌 아동 관련 문제 및 욕구 등을 예방하고 해결하기 위해 지역사회 지역아동복지 관련 전문가와 지역 주민에 의해 이루어지는 지역아동복지정책 및 서비스를 포함한 노력의 총체라고 할 수 있다.

첫째, 지역사회 중심의 아동복지 실천은 특정 지역사회 내의 아동 관련 욕구와 문제를 다룬다. 즉, 지역사회 특성에 따라 지역 주민이 갖게 되는 욕구와 문제가 다양하며 이에 따라 아동복지 서비스에 관한 욕구도 다를 수 있다.

둘째, 지역사회 중심의 아동복지 실천 현장에서 다루는 대상은 아동은 물론 부모, 가족, 전체 지역사회로서 아동에게 직접적으로 주어지는 서비스는 물론 부모와 가족 및 지역사회를 통한 간접적인 지원과 서비스가 이루어질 수 있다.

셋째, 지역사회 중심의 아동복지 실천은 전문가와 지역 주민들의 적극적인 관심과 참여에 의해 이루어지는데, 여기서 전문가란 지역사회 단위의 정책결정자, 집행자는 물론 지역아동복지 관련기관에 종사하는 전문가 모두를 의미한다.

(2) 실천의 유형

지역사회 중심의 아동복지가 실천되는 분야는 다음 네 가지의 기준에 의해 분류할 수 있다.

① 지역사회 아동복지를 위한 지방자치단체, 지역사회 중심의 지역아동복지

② 각종 위원회, 협의회를 통한 지역아동복지

③ 모금(재정 지원)을 통한 지역아동복지

④ 기관을 통한 지역아동복지

(3) 지역사회 중심의 아동복지 실천 과정

지역사회 중심의 아동복지 실천과정은 크게 4단계로 나누어 볼 수 있다. 사실의 파악, 사업계획의 수립, 사업의 실시, 사업종료 및 평가로 나누어 볼 수 있는데 자세한 내용은 다음과 같다.

① 1단계: 사실의 파악

- 지역사회 아동 및 가족의 실태조사.
- 지역사회 아동 및 가족 관련 욕구와 문제 파악.
- 관련 자원의 확보.

② 2단계: 사업계획의 수립

- 지역사회아동복지의 장단기 목표 수립.
- 목표의 실현 방법, 우선순위 결정.
- 목표 달성을 위한 조직, 기구, 재정, 구체적 사업의 계획.
- 지역사회와의 연계를 통한 계획의 조정 및 최종 결정.

③ 3단계: 사업의 실시

- 사업의 홍보 및 자원의 동원.
- 사업의 실시.

④ 4단계: 사업의 종료 및 평가

- 사업의 종료 및 평가.
- 문제점 검토 및 수정.

2. 아동복지의 기본요소

1) 아동복지의 요소

아동복지를 실천하기 위하여 아동의 욕구를 올바르게 이해하는 것은 중요하다. 아동기에는 태아기, 영아기, 유아기, 아동기에 이르는 동안 각 발달 단계별로 독특한 욕구를 지니며 발달과업을 수행해 나가고 있다. 아동의 안전과 복지증진을 위한 아동의 욕구를 사정하는 기준으로 발달 단계의 욕구(developmental needs), 부모의 양육능력(parenting capacity), 가족 및 환경요소(family & environmental factor)에 대한 고려가 필요하다(Department of Health, 2000; 오정수·정익중, 2013 재인용).

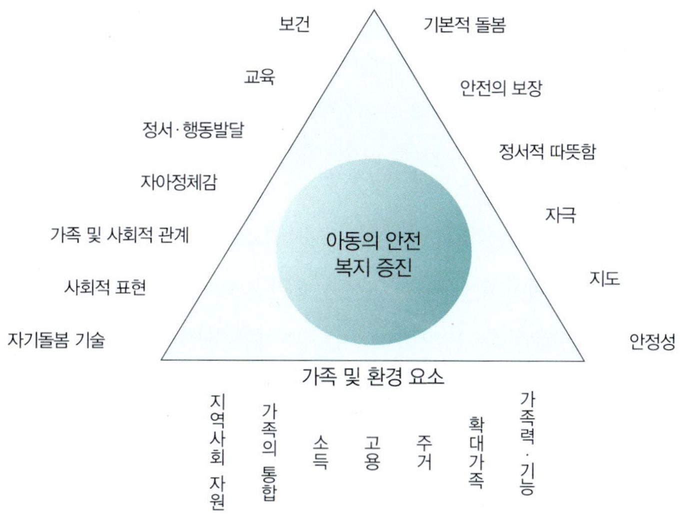

[그림 8-1] **아동욕구의 사정**

출처: 오정수·정익중(2013). 아동복지론, 2판, 재인용.

아동복지는 아동의 다양한 욕구를 이해하고 충족시킬 수 있도록 지원하는 것이다. 아동복지가 실현되기 위해서는 아동의 건전한 성장과 발달에 필요한 욕구가 충족되어 아동의 잠재능력을 최대한 발휘할 수 있는 기본 요소가 갖추어져 있어야 한다.

〈대한민국 어린이 헌장〉에는 따뜻한 가정, 고른 영양 섭취, 질병의 예방과 치료, 맑고 깨끗한 환경, 개인의 능력과 소질에 따른 교육, 문화계승, 즐겁고 유익한 놀이와 오락 제공, 민주시민으로 양성, 해로운 사회환경과 위험으로부터의 보호, 학대나 유기로부터 보호, 장애아동의 교육과 치료, 빗나간 어린이의 선도, 세계인으로의 성장 등이 포함되어 있다.

그리고 아동권리선언(1959)에서는 아동의 권리를 유해한 것으로부터 보호받을 권리, 기본적인 삶을 누리는 데 필요한 권리, 교육받고 여가를 즐길 권리, 문화생활을 하고 정보를 얻을 권리, 생각과 양심과 종교의 자유를 누릴 수 있는 권리, 의견을 말하고 존중받을 권리를 선언하였다.

오정수·정익중(2008)은 아동복지의 기본 요소는 수동적 권리와 능동적 권리를 동시에 가지며, 제공·보호·참여라는 '3P개념'으로 아동의 욕구충족에 필요한 자원의 제공, 유해한 환경과 착취 및 학대로부터의 보호, 자신의 삶에 능동적 참여의 개념을 담았다.

또한, 윤매자 외(2014)는 건강한 가정과 부모, 경제적 안정, 교육을 받을 수 있는 권리, 건강과 안전, 놀이와 여가활동, 아동의 노동보호, 특수한 욕구를 가진 아동의 보호를 기본적으로 추구해야 할 조건으로 제시하였다.

아동복지의 목표를 달성하기 위하여 아동복지를 실천할 때 고려해야 할 기본 요소는 가정환경, 교육·보육환경, 건강·안전환경, 사회환경을 들 수 있다. 이것은 아동에게 계속적으로 영향을 미치는 요인으로 때로는 아동을 이해하는 변인으로, 아동문제의 원인 및 해결책으로 고려된다.

2) 가정환경

가정은 아동에게 매우 의미 있는 환경이다. 가정은 아동이 처음 접하는 환경으로 아동의 성장과 발달에 결정적 영향을 끼친다. 아동의 생리적·심리적 욕구를 충족시키고 각종 위험으로부터 보호받을 뿐만 아니라 스스로 자립할 때까지 사회구성원으로서 필요한 지지와 지원을 받는 곳이 바로 가정이다. 특히 부모는 아동의 복지에 있어서 일차적인 책임을 지고 있으며 아동에게 직접적인 영향을 미치고 있다. 그중에서 어머니와 관계를 갖는 3세까지의 시기는 결정적 시기(critical period)로 부모의 양육방식이 아동의 성격발달과 인성발달에 지대한 영향을 미친다. 다시 말해서 부모와의 상호작용, 가족 간의 인간관계를 통해서 자신의 역할을 인식하고 그에 따른 행동양식이 만들어진다.

급격하게 변화하는 사회현상에 따라 가정도 사회에 적응하며 많이 변화하고 있다. 아동이 속한 가정도 사회와 상호작용하며 가족관의 변화와 더불어 가족관계의 변화, 가족주기의 변화, 구조적·기능적 변화 등 다양한 측면에서의 변화를 하고 있으며 이는 아동에게 직·간접적인 영향을 미치게 된다. 그럼에도 불구하고 아동은 완전하고 조화로운 인격발달을 위하여 안정된 가정환경에서 행복하게 자라나야 한다(「아동복지법」 제2조).

오늘날의 가족관은 전체주의적인 가족관에서 부부 중심, 자녀 중심으로 변화되었다고 할 수 있다. 자녀양육에 관한 가치관 또한 변화하여 부모가 무조건적으로 희생하며 자녀의 보다 나은 삶과 지위향상을 위하여 헌신하던 이전세대에 비하여 부부 또는 자기지향적인 가치가 지배적이 되어가고 있다. 게다가 핵가족화가 진행되면서 세대에 걸친 일가친척의 관계가 축소되는 것과 함께 형제자매관계에서도 개인화 경향을 보이고 있다. 그런데 우리나라는 부모의 이혼, 별거, 가출이 늘어가고 있지만 가족 내 이기주의가 팽배하여 자녀에 대한 책임은 부모로부터 국가와 사회의 보호와 책임으로 전가되고 있는 추세이다. 이런 위기상황에서 부모로부터 적절한 양육을 받지 못하는 아동, 방임과 학대에 노출되는 사례가 증가하면서 아동복지의 개입수준이 가족복지, 지역사회복지 차원을 넘어 국가 차원의 사회복지적 개입과 제도적 시책 마련을 요구하게 된다.

이미 기존의 가족발달 단계는 산업화에 따른 여성의 사회진출과 평균수명의 증가로 인하여 새로운 전환점을 맞이하고 있다. 교육기간의 연장, 여성의 늦은 초혼, 자녀 수 감소, 맞벌이 증가로 전형적인 가족의 발달주기는 변화하고 있다. 또한, 일부에 그쳤던 이혼·재혼가족, 다문화가족, 단독가구가 증가하면서 가족의 발달 단계에 따른 발달과업을 제시하는 데 어려움이 있다. 이제 미혼모, 미혼부와 그의 자녀에 대한 문제도 경우에 따라서는 부모와 자녀를 모두 아동복지 차원에서 지지하고 지원해야 하는 현실에 이르게 되었다. 사회현상의 변화에 따른 가족의 다양한 형태를 수용하여 적절하게 지원할 수 있는 사회복지적 개입과 대책이 마련되어야 한다.

국가와 사회는 위와 같은 변화를 인식하여 포괄적인 아동복지차원에서 정책을 개발하고 프로그램을 적용해야 한다. 다양한 아동·가족복지 서비스를 통하여 건강한 가정의 육성과 자녀에 대한 부모의 책임을 인식할 수 있는 부모교육, 가족상담 및 치료 등의 실천이 필요하다. 또한, 가족의 기능을 질적으로 향상시키기 위하여 공적 서비스차원에서 지지·지원·대리적 역할을 강화해 나가야 할 것이다.

3) 교육·보육환경

교육·보육은 아동의 잠재능력을 개발하고 성장과 발달을 돕는 다양한 지식과 경험을 제공하며, 건강하게 성장하도록 이끌어 준다. 따라서 「대한민국헌법」 제31조에는 "모든 국민은 능력에 따라 균등하게 교육을 받을 권리를 가진다."라고 명시되어 있고, 「교육기본법」 제3조에 "모든 국민은 평생에 걸쳐 학습하고, 능력과 적성에 따라 교육 받을 권리를 가진다."고 학습권을 보장하고 있다. 그리고 〈어린이 헌장〉을 통하여 "어린이는 좋은 교육시설에서 개인의 능력과 소질에 따라 교육을 받아야 한다."라고 공포하였다. 〈유엔아동권리협약〉에서는 2014년 한국을 포함한 전 세계 195개 나라가 아동의 잠재능력을 최대한 발휘하는 데 필요한 권리인 교육받을 권리를 마땅히 누려야 할 발달의 권리(right to development)로 채택하였다.

우리나라의 교육은 홍익인간의 이념에 가치를 두고 민주국가의 발전과 인류 공영의 이상을 실현하는 데 이바지함을 목적으로 하고 있다. 아동의 발달 단계에 적합한 교육·보육의 기회가 적절하게 주어지지 않을 경우 단순히 아동의 욕구를 충족시키지 못한다는 차원을 넘어서 미래인력을 제대로 양성하지 못한 국가와 사회는 자질을 갖추고 능력 있는 인재양성의 기회를 놓치게 된다. 우리나라는 높은 교육열에 비해 아직 교육환경은 낮은 수준에 머물러 있고 유아기부터 사교육시장에 내몰리고 있는 실정이다.

이제 국가와 사회는 모든 아동들이 좋은 교육시설 즉, 물리적·인적환경이 잘 갖춰진 교육·보육환경에서 아동의 잠재능력과 적성에 따라 교육을 받으며 성장과 발달이 이루질 수 있도록 적정한 공교육·공보육시스템을 구축하고 지원을 아끼지 말아야 한다.

4) 건강·안전환경

〈유엔아동권리협약〉 제24조에서 "국가는 아동이 최상의 건강수준을 유지할 권리와 질병치료 및 건강회복을 위한 시설 이용 권리를 권고하고 있다. 이와 관련해 보건의료 서비스 이용에 관한 아동의 권리가 침해되지 않도록 노력해야 한다."고 명시하면서 이 권리의 완전한 이행을 추구하며, 특히 다음과 같은 적절한 조치를 취하도록 하였다.

- 영아와 아동사망률을 낮추기 위한 조치.
- 기초건강관리 증진에 중점을 두면서 모든 아동이 필요한 의료 지원과 건강관리를 받을 수 있도록 보장하는 조치.
- 기초건강관리 체계 안에서 환경오염의 위험과 피해를 충분히 고려하면서, 쉽게 이용할 수 있는 기술 적용과 충분한 영양식 및 안전한 식수 보급을 통해 질병과 영양실조를 퇴치하기 위한 조치.
- 산모에게 적절한 산전산후 건강관리를 보장하는 조치.

- 부모와 아동을 비롯한 모든 사회구성원이 아동의 건강과 영양, 모유수유의 장점, 위생 및 환경정화, 사고 예방에 관한 기초지식 관련 정보를 제공받고 교육받을 수 있도록 지원하는 조치.
- 예방 중심의 건강관리, 부모교육, 가족계획 교육과 서비스를 발전시키는 조치.

또한, '국가는 아동의 건강에 유해한 전통관습을 폐지하기 위해 모든 효과적이고 적절한 조치를 취해야 한다.'고 하였다. 국가는 아동이 최상의 건강과 안전 수준을 유지하도록 노력하며 이를 위한 조치로 아동뿐만 아니라 산모의 산전·산후조치, 부모와 모든 사회구성원이 협력하여 예방 중심의 교육과 서비스를 발전시키는 조치를 취할 것을 권유하고 있다.

「아동복지법」 제4조에서 '국가와 지방자치단체는 아동의 안전·건강 및 복지 증진을 위하여 아동과 그 보호자 및 가정을 지원하기 위한 정책을 수립·시행하여야 한다.'고 하였고, 제5조에서 "아동의 보호자는 아동을 가정에서 그의 성장시기에 맞추어 건강하고 안전하게 양육하여야 한다." 그리고 "모든 국민은 아동의 권익과 안전을 존중하여야 하며, 아동을 건강하게 양육하여야 한다."고 하였다.

「영유아 보육법」 제3조에서 "보육은 영유아가 안전하고 쾌적한 환경에서 건강하게 성장할 수 있도록 하여야 한다."고 명시하고 있다. 또한 제4조와 제5조에서 "국가와 지방자치단체는 아동의 안전·건강 및 복지 증진을 위한 정책을 수립·시행하고 모든 국민은 아동의 권익과 안전을 존중해야 하며, 아동을 건강하게 양육하는 한편 가정에서는 아동의 성장시기에 맞추어 건강하고 안전하게 양육하여야 한다."고 하여 아동을 둘러싼 거시체계에서부터 중간체계, 미시체계에서 각각 아동의 건강·안전을 위한 역할을 강조하고 있다.

아동이 건강하게 출생하여 안전하고 행복하게 성장하도록 지원하는 것은 예방차원에서도 최소의 기회비용으로 최대의 효과를 얻을 수 있다는 점에서 태아기부터 출생, 영유아기, 아동기를 거치는 복지정책의 단계별 실천 대책이 마련되어야 한다.

「모자보건법」은 제1조에서 "모성 및 영유아의 생명과 건강을 보호하고 건전한 자녀의 출산과 양육을 도모함으로써 국민보건 향상에 이바지함을 목적으로 한다."고 말하고 있다. 또한, 제3조에서 국가와 지방자치단체는 모성과 영유아의 건강을 유지·증진하기 위한 조치를 하며 모성은 자신의 건강과 영유아의 건강을 유지·증진하는 데에 적극적으로 노력하여야 한다는 점을 명시하고 있다. 영유아의 안전과 건강은 모성과 밀접한 관계를 갖고 있으므로 모성과 영유아에게 전문적인 보건의료 서비스 정보를 제공하는 것 이상의 체계적인 관리가 필요하다. 인간생명의 출발인 임신시기부터 모성의 임신·출산·양육을 위한 프로그램을 지속적으로 지원하여 신체적·정신적·사회적인 건강·안전환경을 만들어 아동보건 향상을 위한 노력을 기울여야 한다.

5) 사회환경

인간은 사회적 환경 속에 존재하는 유기체로 아동 또한 아동을 둘러싼 외부 환경과의 상호작용을 통해 영향을 주고받는다. 아동복지의 초점은 아동과 아동을 둘러싼 가족과 다양한 환경과의 상호작용에 있다. 아동은 아동이 속해 있는 국가·사회·문화·시대의 영향을 받으며 성장·발달한다.

오늘의 아동관은 보편적 복지 차원에서 모든 아동이 복지의 대상이 되고 있다. 아동의 발달 단계별 복지 지원의 차별화가 이루어져야 한다는 인식이 정책의 결정자나 국민들의 정서에 어느 정도 반영되고 있다. 즉, 일정 기간 동안 국가와 사회가 관심을 갖고 보살피며 보호해야 한다고 인식하고 있다.

그러나 산업화, 현대화, 도시화는 각종 공해를 유발하고 주거형태의 변화는 아토피, 희귀질환, 난치병의 증가로 이어지며 아동의 건강을 위협하고 있다. 심지어는 아동을 위한 놀이터에서 모래가 사라지면서 공해의 산실로 탈바꿈하는 현실에 있다. 대중매체는 상업주의를 우선시하며 아동에게 유해한 시청각 환경을 제공하는 것뿐만 아니라 과도한 폭력과 경제적 과시로 인한 상대적 빈곤감을 느끼게 하는 것으로 인하여 탈선을 조장하기도 한다.

아동은 영아기에 주 양육자와 애착관계를 형성하고, 유아기·아동기를 거치는 동안 또래를 형성하며 집단놀이를 하면서 사회성을 발달시켜 나간다. 맞벌이의 보편화로 아동은 가정보다는 유아교육기관에서 지내는 시간이 증가하면서 충분한 애착관계의 형성과 형제애의 발달에는 어려움이 생기는 등 인간관계의 기초를 마련하는 데 어려움을 나타낼 수 있다. 또래관계에서 소외되는 것만이 문제가 아니라 남을 배려하지 못하고 심지어는 공격성을 나타내며 배척하는 것도 주의 깊게 관찰해야 할 부분이다. 학교폭력의 최초발생 연령이 점차 유아로까지 낮아지고 있다는 것은 인성발달의 근원지인 가정교육을 사회가 책임지면서 그 역할을 충분히 해내지 못하는 데서 오는 결과라 하겠다. 따라서 유아교육기관의 교육·보육과정에 아동의 인성발달과 사회적 능력을 배양시킬 수 있는 프로그램의 체계적인 적용이 절실하게 필요하다.

컴퓨터, 스마트폰, 각종 오락기기와 인터넷 등은 우리의 생활에 없어서는 안 되는 필수품이 되고 있다. 그러나 그 사용연령이 점점 낮아지면서 심지어는 영유아의 스마트폰 중독을 염려하는 지경에까지 이르게 되었고 인터넷 중독과 게임중독이라는 중독사회로 몸살을 앓고 있다. 인터넷의 발달은 각종 교육 프로그램을 각 가정에서 수강하고, 직장의 일부업무도 재택형태로 변화하고 있다는 긍정적 측면도 있다. 그런데 사람과 사람의 대면관계보다 인터넷 상의 만남이 증가하면서 사회적 관계에 어려움을 호소하는 경우가 많아지고 있다. 인터넷게임을 통하여 동식물을 키우고 사람을 죽이고 리셋하면 살아나는 가상의 세계와 현실을 구분하지 못하는 경우가 발생하여 불상사가 발생하기도 한다.

올바른 인터넷문화를 만들기 위해서는 아동에게 무조건 금지시키는 것이 아니라 부모교육과 더불어 인터넷 유해사이트를 만드는 사람들이 자발적인 각성의 기회를 만들 수 있는 사회적 분위기를 조성할 필요가 있다. 유해한 사회환경의 덫에 걸린 아동이 많아질수록 우리사회의 미래는 기대하기 어려운 사회가 된다는 점에서 각종 유해환경을 정화하는 것이 아동복지의 실현을 위한 과제라고 하겠다.

3. 아동복지의 실천원칙

〈유엔아동권리협약〉의 일반원칙으로는 차별금지의 원칙, 아동이익 최우선의 원칙, 아동 의사존중의 원칙, 생존·보호·발달권 보장의 원칙을 두고 있다. 장인협·오정수(2004)는 권리와 책임의 원칙, 보편성과 선별의 원칙, 개발성의 원칙, 포괄성의 원칙, 전문성의 원칙을 제시하였으며, 김성경 외(2013)는 예방성과 치료성의 원칙을 추가적으로 고려하였다.

1) 차별금지의 원칙

〈유엔아동권리협약〉 제2조를 통하여 아동권리는 인종, 피부색, 성별, 언어, 종교, 정치적 의견, 민족적·인종적·사회적 출신, 재산, 장애 여부, 태생, 신분 등을 초월하여 모든 아동에게 해당된다는 것을 명시하였다. 모든 아동은 부모나 후견인이 어떤 피부색을 가졌든, 어떤 인종이든, 어떤 종교를 믿든, 어떤 언어를 사용하든, 부자든 가난하든, 장애가 있든 없든 모두 차별 없이 권리를 존중하고 모든 아동의 권리를 보장해야 한다. 국가는 아동이 부모나 후견인 또는 다른 가족의 신분과 행동, 의견이나 신념을 이유로 차별이나 처벌을 받지 않도록 모든 적절한 조치를 취해야 한다.

아동은 개별적인 하나의 유기체로 존중받아야 하며, 글로벌 사회에서 점차 다양성과 개성을 존중하는 아동복지의 실천이 중요하다.

2) 아동이익 최우선의 원칙

〈유엔아동권리협약〉 제3조를 통하여 공공·민간 사회복지기관, 법원, 행정당국, 입법기관 등은 아동에 관한 모든 활동을 함에 있어서 아동에게 최상의 이익이 무엇인지 가장 먼저 고려해야 한다.

국가는 아동의 부모, 후견인 및 기타 아동에 대해 법적 책임이 있는 자의 권리와 의무를 고려해 아동복지에 필요한 보호와 배려를 보장하고, 이를 위해 입법적, 행정적으로 모든 적절한 조치를 취해야 한다. 또한, 아동 보호의 책임을 지는 기관과 시설이 관계당국이 설정한 기준, 특히 안전과 위생분야, 직원의 수와 자질, 관리와 감독의 기준을 지키도록 보장해야 한다고 명시하였다.

아동은 스스로 자신의 문제를 해결할 수 없는 약자이므로 우선적으로 아동의 입장에서 배려하고 보호해야 한다. 영유아의 경우 더욱더 자신의 욕구조차 알아차리지 못하는 의존상태의 삶을 사는 시기이다. 따라서 아동의 발달에 적합한 환경을 제공하도록 하며, 이를 위하여 유아교육기관이나 사회 복지시설 등은 엄격한 기준에 의해 아동이 안정되고 건강하게 성장할 수 있는 최선의 환경을 제공할 수 있는 아동복지정책과 실천정신이 필요하다.

3) 아동 의사존중의 원칙

〈유엔아동권리협약〉 제12, 13, 14조를 통하여 아동은 말이나 글, 예술형태 또는 아동이 선택하는 다양한 매체를 통해 국경과 관계없이 자유롭게 표현할 권리를 가진다. 따라서 국가는 자신의 의견을 형성할 능력을 갖춘 아동에게는 본인에게 영향을 미치는 모든 문제에 대해 자유롭게 의견을 표현할 권리를 보장하고, 아동의 나이와 성숙도에 따라 그 의견에 적절한 비중을 부여해야 한다. 또한, 사상·양심·종교의 자유에 대한 아동의 권리를 존중하여 종교와 신념을 표현하는 자유를 법률에 의해 규정되어야 한다고 명시하고 있다.

책임감 있는 민주시민으로 성장하기 위하여 아동은 자신의 능력에 맞게 적절한 사회활동에 참여할 기회를 갖고, 자신의 생활에 영향을 미치는 문제에 대하여 자유롭게 의견을 표현할 수 있어야 하며 그 의견은 존중받아야 한다. 가정의 양육방식이나, 유아교육기관의 커리큘럼에서 자신의 의견을 다양한 방법으로 자유롭게 표현하는 기회를 가질 필요가 있다. 자연스럽게 자신의 의견을 표현하고 또 다른 아동의 의견을 존중하는 경험은 매우 소중하다.

4) 생존·보호·발달권 보장의 원칙

〈유엔아동권리협약〉 제6, 16, 17, 23, 32, 33, 34조를 통하여 모든 아동이 생명에 관한 고유의 권리를 가지고 있음을 인정하며 아동의 생존과 발달을 최대한 보장해야 한다고 명시하고 있다. 아동은 사생활과, 가족, 가정, 통신에 대해 자의적이거나 불법적인 간섭을 받지 않으며 또한, 명예나 명성에 대해 불법적인 공격을 받지 않도록 보호를 받아야 한다. 그리고 아동이 자신의 사회적·정신적·도덕적 복지와 신체적·정신적 건강의 향상에 도움이 되는 국내외 정보와 자료에 접근할 수 있도록 보장해야 한다. 특히 신체적·정신적 장애아동의 권리를 인정하며 활용 가능한 재원의 범위 내에서 지원을 보장해야 한다. 경제적인 착취를 비롯해 위험하거나, 교육을 방해하거나, 건강이나 신체적·지적·정신적, 도덕적·사회적 발전에 유해한 모든 노동으로부터 보호받아야 한다. 마약과 향정신성 물질의 불법적 사용으로부터 아동을 보호하고, 모든 형태의 성 착취와 성 학대로부터 아동을 보호해야 한다.

아동은 특별히 생존과 발달을 위해 다양한 보호와 지원을 받아야 한다. 사회환경이 개인적이고 이기적인 물질 만능주의로 인하여 자칫 사회적 약자인 아동은 생명의 위험에 노출되고 경제적 도구로 전락할 위험성을 내포하고 있다. 나약한 태아기부터 생명의 위협을 느낄 수도 있고, 안정되고 건강한 모성을 기대하기 어려울 수도 있다. 이 사회의 미래인 아동의 신체적·지적·정신적, 도덕적·사회적 발달을 위하여 국가와 사회는 아동의 생존과 발달을 위협하는 모든 요소들로부터 보호받을 수 있도록 체계적이고 실천 가능한 제도를 정비하여 아동이 행복한 생활을 영위할 수 있도록 아동복지의 터전을 마련해야 하겠다.

5) 전문성의 원칙

아동기는 다른 발달시기와 확연하게 구별되는데 신체와 운동신경의 성장·발달, 사회성과 정서발달, 도덕성의 발달, 인성발달, 언어와 인지능력이 급격히 성장·발달하며 하루가 다르게 변화한다. 아동의 건전한 성장과 발달을 위해서는 아동발달 단계의 특성을 이해하고 욕구를 적절하게 해결할 수 있는 전문 기구와 전문인력이 필요하다. 오늘날 아동이 경험하는 문제는 점점 더 복잡하고 난해해지고 있다. 전문가에 의한 전문기술 없이는 아동의 문제를 제대로 이해하기 어려우며 창의적으로 문제를 해결하기도 어렵다. 아동을 둘러싸고 있는 다양한 문제들이 매우 복잡하게 얽혀 있는 만큼 아동의 건전한 성장·발달을 지원하기 위해서는 아동 및 인간발달에 관하여 충분히 이해하고 실천할 역량 있는 아동복지 전문인력이 요구된다. 그래야 아동복지의 기획단계에서부터 평가까지 전문적으로 관리하여 평가에 따른 조정이 이루어지도록 하며 아동복지의 효과성과 효율성을 높여 나갈 수 있다. 아동복지실천을 위하여 전문인력을 양성하고 배치함으로써 아동복지의 질적 제고는 물론 다양한 전문분야와의 연계도 가능하다.

6) 예방성과 치료성의 원칙

아동복지를 실천하는 데 있어서 무엇보다 예방이 중요하며, 문제가 발생되었을 때는 확인된 문제 상황에 가장 적절한 대처가 이루어질 수 있는 다양한 치료적 접근을 해야 한다. 아동복지 전문가는 아동기의 발달과업이 완수될 수 있도록 노력하는 가운데, 아동 개인의 특별한 욕구가 발생하는 것을 적절하게 해결하여 다른 문제로 발전되지 않도록 사전에 노력하는 것이 필요하다. 그리고 문제 발생 시에 빠르게 아동의 문제를 해결할 수 있는 사회복지 실천기술을 적용하거나 심리상담·심리치료 기술을 적용하여 완화 및 해소가 되도록 해야 한다.

CHAPTER_09

아동복지 상담 및 치료

1. 아동복지상담
- 1) 아동복지상담
- 2) 아동복지상담의 목적
- 3) 아동복지상담의 필요성
- 4) 아동복지상담의 특징

2. 아동치료
- 1) 놀이치료(play psychotherapy)
- 2) 모래놀이치료(sandplay therapy)
- 3) 미술치료(art therapy)
- 4) 음악치료(music therapy)
- 5) 독서치료(bibliotherapy)

3. 통합적 사례관리
- 1) 사례관리 목표
- 2) 사례관리의 주요 기능
- 3) 사례관리의 과정

현대사회의 아동을 위한 사회복지실천은 아동복지 차원에서 아동이 갖는 문제에 초점을 두고 아동개인이나 아동을 포함한 가족을 한 단위로 하여, 아동의 적응과 변화 또는 아동과 환경의 상호작용 문제에 개별적으로 개입, 조정함으로써 아동의 욕구와 문제를 해결하는 과정이다.

아동복지를 실천할 때 아동발달상의 문제를 보는 바람직한 관점(오정수·정익중, 2013)에 따라 아동은 행동언어의 특성을 갖고 있기 때문에-아동의 문제에서 아동이 전하려고 하는 메시지는 무엇인가, 아동은 발달과정에 있기 때문에-아동의 자아성장을 위한 욕구문제는 무엇인가, 아동은 의존적인 특성을 갖고 있기 때문에-아동을 둘러싼 환경문제를 반영하고 있는가를 살펴보고 가장 적절한 기술을 적용하는 것이 필요하다.

1. 아동복지상담

1) 아동복지상담

최근의 도시화, 현대화의 물결을 타고 핵가족, 소가족형태가 일반화되면서 가족기능과 역할에 지대한 영향을 미치게 되었다. 현대사회의 잦은 지리적 이동, 부모의 이혼으로 인한 가정파괴, 아동학대와 방임, 보다 빨리, 보다 많이 성취해야 한다고 재촉하는 부모의 과도하고 성급한 성취 압력 등이 아동들을 위기로 몰아넣는다. 빠르게 변화하는 갈등과 격동의 현대 사회에서 아동들은 알게 모르게 성적, 신체적, 정서적, 교육적으로 상처와 학대를 받으며, 자신들이 누릴 행복의 권리를 박탈당하면서 알려지지 않은 희생자가 되고 있다. 변화하는 사회에 적응하지 못하고 정신적 심리적으로 방황하고 갈등하며 상처받고 병들어 가는 아동의 수가 급증하면서 아동상담에 관한 사회적 요구와 관심이 커지고 있다(김춘경, 2007).

부모의 자녀양육 방법과 아동을 위한 교육기관에도 커다란 변화를 요청하면서 아동의 성장·발달에 있어서 새로운 접근방법을 요구하게 되었다. 그중 하나가 아동복지 차원의 전문적인 상담이다. 아동복지상담은 생태체계적 관점에서 아동과 가족, 아동이 소속된 아동교육기관 즉 학교나 유치원 및 어린이집 등의 환경과 밀접한 관계를 갖는다. 학교폭력이 점차 저연령화되고, 아동의 이상발달 문제가 점차 다양하게 나타나면서 아동복지상담의 필요성은 더욱 절실해지고 있다.

아동복지 차원에서 상담의 중요성은 아동상담의 개념, 아동상담의 목적 및 필요성, 특징, 대상, 주된 문제, 과정, 기술, 아동상담자의 역할 및 자질 등이다.

(1) 아동복지상담의 개념

아동복지상담은 '아동의 성장·발달에 지장을 주는 장애를 극복하도록 아동과 가족을 도와주고, 아동의 적응 및 문제 해결 능력을 향상시켜 최적의 발달 상태가 되도록 도와주는 전문적인 과정'이라 할 수 있다(하승민 외, 2008).

아동복지상담은 일반적인 아동상담과 달리 아동뿐 아니라 아동이 처한 환경에 초점을 맞추고 아동과 환경 사이의 상호작용에 특별한 관심을 갖는다(이유섭 외, 2012). 아동복지상담에서는 더 나은 사회체계와 삶을 이룰 수 있는 공동체를 구축하여 아동에게 사회적 지지와 도움의 네트워크를 제공해 주어야 한다는 전문적 아동복지 마인드가 사명감임을 강조한다. 따라서 가치와 윤리에 있어서도 아동의 존엄성에 기반을 둔 권리와 보호를 우선적으로 고려하며 아동의 자기결정권을 존중한다.

아동복지차원에서 아동상담이란 전문적인 교육과 훈련을 받은 아동전문상담사가 전문적 관계에 기초해서 아동이 직면한 문제와 갈등을 해결하고 건강하게 성장·발달하도록 아동 및 가족과의 상담을 통해서 자신의 문제에 스스로 대처해 나가며, 잠재능력을 최대한 개발할 수 있게 도와주는 과정이라고 하겠다. 여기서는 아동개개인의 특성과 상황에 따라 발생하는 문제를 도와주는 선별적 복지 차원의 해결뿐 아니라 아동의 발달과정에서 간과했던 심리·정서적 성장을 촉진하는 것은 물론이거니와 발달적 욕구를 충족시키도록 지원해 준다는 측면에서 모든 아동을 대상으로 이루어지는 보편적 복지활동이다.

2) 아동복지상담의 목적

아동상담의 기본적인 목적은 아동에게 영향을 주어 행동을 변화시킴으로써 아동이 좀 더 행복하고 안정된 생활을 하는 가운데 건강하게 성장·발달하도록 도와주는 것이다. 아동복지상담의 목적은 아동이 지니고 있는 전반적인 성격의 변화를 일으키는 여러 환경을 재정비하는 데 두고 아동으로 하여금 문제를 발생시키지 않도록 문제를 유발한 환경을 새롭게 조성하여 아동이 하나의 인격체로 그들 나름대로 행복한 삶이 되도록 하는 데 있다.

아동은 부모나 교사에게 크게 의존하기 때문에 아동상담의 목표는 아동, 상담자, 부모 혹은 중요한 주변 인물과 함께 정하는 것이 좋다. 또한, 아동이 지닌 문제를 해결하고, 문제 발생을 예방하거나 치료하기 위해서 아동뿐 아니라 가족이나 주변 사람 등 인적 환경, 물리적 환경에도 세심한 주의를 기울이며 의도적으로 환경을 조성하는 것도 좋다.

3) 아동복지상담의 필요성

현대인은 생활이 더 편리해지고 쾌적해졌음에도 불구하고 급변하는 미래에 대한 불확실성, 가치관의 혼돈, 극대화되는 문화 차이, 이혼과 가정상실, 한층 복잡해지고 심각해진 교육, 소외감과 실존적 공허 등의 문제로 심한 가슴앓이를 하고 있다. 또한, 부모의 양육 태도와 양육 기술은 아동의 건전하고 행복한 성장과 발달에 큰 영향을 미친다는 점에서 그 중요성이 강조되고 있지만 아동을 둘러싸고 있는 가족구조의 변화로 인한 가정환경 변화와 도시화로 인한 경쟁적이고 개인적인 사회환경은 일부 아동이 가정으로부터 심리·정서적, 인지·언어, 신체·감각운동, 사회성의 발달 및 건강 증진 등에 대한 지원과 지지를 받기 어려운 상황에 놓이게 하고 있다.

아동의 전인적 발달 목표와 발달 단계에 맞는 교육환경을 제공해야 하는데 오히려 교육의 문제점으로 인해 아동의 전인적 발달과 성장을 저해하는 요소가 되고 있다. 더구나 생의 초기인 영유아기와 아동기는 신체적·정서적·사회적 변화가 매우 빠른 시기로 변화에 민감하게 반응하고 또 빠르게 흡수하며 성장·발달한다. Bennett(1933)이 "가장 빨리 증가하는 범죄 인구는 아동들이다."라고 지적한 대로 아동문제의 빈도가 증가하고 그 심각성이 위험수위를 넘어서고 있어 이제 아동 문제는 아동 자신과 가족뿐만 아니라 사회적으로도 큰 문제가 되고 있다. 그러므로 발달과정에서 나타나는 이상발달 증상을 조기에 발견하고 아동이 올바른 방법으로 해결해 나가도록 해야 하지만 현대사회에서는 비정상적이며 원인을 알 수 없는 이상행동이 증가하고 있다. 따라서 아동의 잠재력 향상과 긍정적 자아개념 형성에 관한 문제, 건강증진 문제, 현명한 의사결정과 문제 해결 그리고 환경으로부터 발생되는 다양한 문제를 해결하는 방법이 달라져야 한다는 요구와 함께 조기에 적절한 상담을 통해 치료해야 한다는 필요성이 강해지고 있다. 여기서 새롭게 필요성이 증가되는 것이 바로 아동복지상담이라고 하겠다.

4) 아동복지상담의 특징

아동상담의 특성에 관하여 김유숙(2008)은 다음과 같이 제시하였다.

첫째, 아동은 끊임없는 성장 과정의 연속 선상에 있다.

둘째, 아동의 내면세계는 유동적이며, 또래나 부모 같은 환경적인 부분에 영향을 많이 받는다.

셋째, 놀이의 치료적 역할인데, 대부분의 아동은 자신의 감정세계를 적극적인 놀이형태로 표현하면서 부분적으로 언어로 표현한다. 아동의 놀이는 내면세계의 반영이다.

넷째, 아동이 보이는 문제의 배후에는 부모와의 관계가 관련된 경우가 많다.

다섯째, 생태학적 환경의 중요성으로 아동은 그들을 둘러싼 생태학적 환경에 많은 영향을 받는데 특히 학교현장은 아동생활에 큰 비중을 차지한다.

여섯째, 아동은 상담자를 중립적인 관찰자로 인식하기보다 친구 아니면 적이라는 양분된 태도로 대하기 때문에 상담관계를 맺기가 쉽지 않다. 따라서 정서적으로 미숙한 아동을 다루는 상담자는 이들의 정서적 경험에 대한 나름대로의 견해를 갖는 것이 바람직하다.

한편, 콤튼과 갤러웨이(Compton & Galaway, 1989)는 사회복지상담의 특성을 다음과 같이 제시하였다.

첫째, 맥락이나 세팅을 가지고 있다. 즉, 아동에게 서비스를 제공하는 특정한 기관이 있으며 상담내용은 특정한 상황에 한정되어 있다.

둘째, 목적과 방향이 있다. 우연히 만나 정보를 교환하는 것이 아니라 구체적인 목표를 달성하기 위해 수행되는 과정이다.

셋째, 계약에 의해 이루어진다. 상담은 아동과 아동복지상담사가 목적달성을 위한 일련의 과정을 상호 합의한 상태에서 진행된다.

넷째, 특정한 역할관계가 규정된다. 아동복지상담사와 아동 각각에게 정해진 역할이 있고, 그 역할에 따라 상호작용을 한다.

2. 아동치료

아동치료의 대표적인 종류에는 놀이치료, 모래놀이치료, 미술치료, 음악치료, 독서치료 등이 있다.

1) 놀이치료(play psychotherapy)

아동상담에서 가장 일반적으로 사용되는 방법이 놀이치료이다.

놀이치료란 놀이를 통해 아동이 가지고 있는 심리적 문제나 발달상의 문제를 극복하도록 도와주는 심리치료의 한 방법이다. 아동은 발달과정에 있고, 내면적 욕구나 정서를 언어로 표현하는 데 어려움이 있기 때문에 아동의 의사소통방식인 놀이를 통해서 치료하는 방법이다. 놀이치료실에서 여러 가지 장난감을 창의적으로 가지고 노는 동안에 아이는 자기 안에 축적되었던 부정적인 감정 등을 서서히 풀고 발산하는 좋은 기회를 갖게 된다.

놀이치료의 궁극적인 목적은 놀이가 자기표현 매체가 되어 자신의 감정을 적절히 표현하고 다룰 수 있는 방법을 배움으로써 아동이 사회·정서적 어려움을 해결하고 긍정적인 자아를 지닐 수 있도록 잘 발달하고 적응할 수 있도록 돕는 것이다.

놀이는 자기표현의 자연스런 수단이고, 유익한 학습의 기능이 되며, 감정을 정화시켜 주는 치료적 기능이 있다. 놀이는 아동을 위한 심리치료의 수단이기도 하지만 경험을 재현하여 발달 정도, 성격특성, 심리적 어려움 등을 이해할 수 있는 진단과 평가 기능도 갖는다. 놀이를 하면서 사회성과 대인관계 능력을 기르는데 시행착오에 의해 아이가 세상에 적응하는 것을 배우게 하는 기능이 있다.

놀이치료는 일반적으로 만 12세 이하의 아동을 대상으로 한다. 특히 발달이 늦은 아이, 자폐성향이 있는 아이, 의사소통이 어려운 아이 등 발달장애가 있는 아동이나 주의가 산만한 아동, 우울하거나 불안이 있는 아동, 또래관계에 문제가 있는 아동, 공격성, 거짓말, 도벽 등의 행동문제를 보이는 아동, 유아교육기관이나 학교생활에 적응이 안 되는 아동, 틱증상이 나타나는 아동, 야뇨증과 유분증 증상이 나타나는 아동 등 정서장애가 있는 아동이 대상이 된다.

[그림 9-1] **놀이치료 모습**

출처: 초록마을 어린이집.

2) 모래놀이치료(sandplay therapy)

모래놀이치료는 모래, 모래상자, 소품을 이용한 놀이치료 기법으로 개인의 감각, 특히 촉각을 통해 내면의 상처와 문제 행동을 치유하는 심리치료이다(노치현·황영희, 1998). 인간은 적절한 조건이 주어질 때 스스로를 치유하려는 힘이 있다는 가정에서 출발하였다.

모래놀이치료는 1929년 로웬펠드(Lowenfeld)에 의해 창시되었으며, 어린이의 내적 세계의 표현을 가능케 한다는 뜻에서 '세계기법(The world technique)'으로 불리었다. 분석심리의 창시자인 융(Jung)의 개성화 과정의 이론을 기반으로 하여 스위스의 칼프(Kalff)가 발전시켜 현재 심리치료의 한 기법으로 널리 이용되고 있다.

이 기법은 아동에서 성인까지 두루 적용되는 비언어적이고 비합리적인 치료기법으로, 모래놀이치료의 본질은 아동 자신이 모래놀이 과정에 자기실현을 표현하고 그것에 의해 저절로 치유되게 하는 데 있다.

[그림 9-2] **모래놀이치료 모습**

출처: 초록마을 어린이집.

3) 미술치료(art therapy)

미술치료는 심신의 어려움을 겪고 있는 사람들에게 미술활동을 적용하여 그들의 태도와 행동에 영향을 주어 병을 치유하고 완화하는 것을 목적으로 한다. 개인의 마음을 미술이라는 예술의 한 장르를 통해서 드러내게 함으로써 그들의 마음을 알고 동시에 상담과정을 거쳐 치유해 나가는 것이다. 이는 아동의 무의식의 세계를 그림 속의 이미지를 분석해 치료하는 기법이다.

미술치료 프로그램은 사고를 체계화하는 인지적 목적 이상으로 감정을 표현하고 대처하기 위한 기회를 제공한다. 마가렛 나움버그(Margaret Naumburg)는 아동의 그림을 정신분석학적 입장에서 접근하여 그 치료적인 면을 강조했다. '아이들은 그림으로 말한다.'라는 말이 있다. 아동 자신은 무엇을 그리는지 모른 채 아동 마음대로 그린다고 해도 아동의 감정은 드러난다. 그것은 언어 표현이 성숙지 못한 아동에게는 미술이 내면 감정을 표현해 내는 데 훨씬 쉽기 때문이다. 아동이 그린 그림이나 만든 미술작품은 아동 자신의 경험뿐만 아니라 독특한 내면세계를 표현하는 특성을 지니고 있기 때문에 아동의 그림 혹은 작품을 분석해 봄으로써 아동의 내면을 보다 정확히 이해할 수 있는 심리적 진단자료로서의 가치가 있다. 따라서 아동이 보이는 저항을 보다 완화시키면서 아동과 의사소통할 수 있고 내면에 쌓인 욕구불만이나 부적절한 감정을 표출시키며 그들의 부적응 행동을 개선시킬 수 있는 방법이 요구되며 이에 필요한 치료법으로서 미술치료법을 활용할 수 있다.

[그림 9-3] 미술치료 모습

출처: 초록마을 어린이집.

4) 음악치료(music therapy)

음악치료는 음악활동을 체계적으로 사용하여 아동의 신체적, 심리적 기능을 향상시키고 보다 나은 행동의 변화를 가져오게 하는 심리치료의 한 방법이다. 음악을 통해 개인의 삶의 질을 추구하고 보다 긍정적으로 변화를 가져오게 하는 음악의 전문분야이다.

예술의 속성을 가지는 음악이 치료와 복합되어서 음악치료는 유아에서 노인까지, 장애인과 비장애인 등 매우 다양한 대상을 위해, 또 그들의 제각기 다른 치료적 목적을 위해 다양한 음악과 음악활동이 다양한 방법으로 적용된다.

음악치료는 부적응행동의 치료에 효과가 있다. 즉, 지적장애아동의 공격성, 반사회적 행동, 반항, 위축, 일반아동의 과잉행동, 주의력결핍행동, 충동성, 반사회적 행동의 감소에 효과가 있으며, 음악기능을 담당하는 뇌의 우반구가 언어기능을 회복시키므로 실어증에도 효과가 있다고 한다.

[그림 9-4] **음악치료 모습**

출처: 초록마을 어린이집.

5) 독서치료(bibliotherapy)

독서치료는 책과 아동의 상호작용을 통한 다양한 방법으로 정신적 질병의 치료와 건전한 인격 형성 및 가치관 확립을 목적으로 하는 활동이다. 즉 발달적·예방적 독서치료는 독서를 통해 건전한 자아상과 가치관을 정립할 수 있도록 하는 방법이고, 임상적·치료적 독서 치료는 정서적 문제 혹은 신경증적 질환의 치료를 돕는 보조 요법이다(반금현, 2001).

구매어(Gumaer,1984)는 아동이 문학작품을 읽음으로써 가지게 되는 긍정적 가치를 다음과 같이 일곱 가지로 설명하였다(강문희 외, 2014).

첫째, 문학작품을 읽거나 들음으로써 아동은 즐거움을 느끼게 된다.
둘째, 아동의 언어발달이 촉진된다.
셋째, 아동의 창의력을 길러주는 데 도움이 된다.
넷째, 문학작품은 아동이 자신이 직면한 문제들을 더 잘 이해할 수 있도록 도와준다.

다섯째, 책을 통해 아동은 다른 사람에 대한 관심을 가지게 되고, 특히 다양한 문화적 배경을 가진 사람들에 대한 정보를 얻을 수 있다.

여섯째, 독서를 통한 문학활동은 아동이 틀에 박힌 일상생활에서 잠시 벗어날 수 있는 기회를 준다.

일곱째, 도덕적 기준과 태도를 발견하고 개발할 수 있도록 도와준다.

독서치료의 대상은 어린 아동에서부터 성인, 노인에 이르기까지 전 연령에 걸쳐 이루어질 수 있다. 아동은 언어 능력이 충분히 발달하지 않아 자신의 마음을 설명하기 힘들다. 그러나 책을 읽으면 책의 내용에 공감하거나 반감을 가지며 자신의 감정을 표출하고 해결책을 생각해볼 기회를 갖게 된다.

[그림 9-5] **독서치료 모습**

출처: 초록마을 어린이집.

3. 통합적 사례관리

1) 사례관리 목표

통합적 사례관리는 복합적 욕구를 가진 복지 대상자에게 포괄적, 체계적, 지속적으로 지역사회 보호 서비스를 제공하기 위한 사회복지실천 모델이라 할 수 있다(보건복지부, 2013).

아동의 사례관리는 위기 아동과 그 가족의 욕구에 맞추어 포괄적인 서비스를 계획하고, 지역 내 공식적·비공식적 자원을 동원, 연계 및 조정을 통해 적합한 서비스를 제공하고 이를 점검하거나 평가하는 실천방법이다(도미향 외, 2014).

아동의 사례관리를 통한 개입목적에 대하여 Woodside와 McClam(2006)은 서비스의 통합, 보호의 연속성, 평등한 서비스의 제공, 보호의 질, 아동의 역량강화, 평가 등을 제시하고 있다(한국사례관리학회, 2012). 즉 복잡하고 다양한 욕구를 가진 아동을 위해 욕구를 충족시킬 수 있는 적합한 환경을 마련하기 위하여 자원을 개발하고 연결하여 효율적, 지속적인 서비스를 제공함으로써, 아동이 환경 속에서 사회적 기능과 자립을 원활히 수행할 수 있도록 하는 것이다. 이때 아동의 욕구에 적합한 서비스가 적시에 적절한 방식으로 제공되어야 하며, 중복과 누락을 방지하도록 하여야 한다.

무어(Moore, 1990)는 사례관리의 목표를 다음과 같이 네 가지로 제시하였다.

첫째, 외부환경에 적응할 수 있는 아동의 잠재력을 최대화한다.

둘째, 아동과 가족이 여러 서비스와 지원체계에 접근하여 이를 활용할 수 있는 방법을 습득하게 한다.

셋째, 가족, 이웃 등 비공식적 자원체계가 아동을 보호할 수 있는 능력을 최대화시킨다.

넷째, 아동과 가족의 욕구를 충족시키는 데 있어 공식적체계의 도움을 최대화하는 역할을 수행한다.

저소득 빈곤아동에 대한 통합 서비스 정책으로서 외국에서는 미국의 헤드스타트(head start), 영국의 슈어스타트(sure start), 캐나다의 페어스타트(fair start), 뉴질랜드의 패밀리스타트(family start), 호주의 베스트스타트(best start)가 시행되고 있다. 이와 같은 외국에서의 저소득아동에 대한 통합 서비스의 움직임에 힘입어 2004년 위스타트(we start)운동으로 민간에서 시작되었던 사업을 2007년 정부에서 희망스타트 사업으로 실시했으며, 2008년부터 드림스타트로 변경하여 취약계층아동(0~만 12세)에 대한 통합 서비스 지원을 시행하고 있다(박금식 외, 2014).

드림스타트 사업은 국정핵심과제로서 빈곤아동의 다양한 욕구에 대응하기 위한 것으로 지원 내용은 아동의 양육환경 및 발달 상태 사정 결과에 따라 사례관리를 통해 건강·기초학습·사회성 함양·부모교육·가족지지 등 맞춤형 통합 서비스를 제공한다. 서비스 내용은 건강검진 및 건강관리, 기초학습 지원, 사회정서 증진 서비스, 부모 양육 지원 등 아동발달 영역별 맞춤형 통합 서비스이다.

〈표 9-1〉 **드림스타트의 사업내용**

서비스 영역	서비스 내용
신체·건강 서비스	• 건강검진 및 예방(신체 및 건강검진, 예방접종, 치과검진 및 관련 교육, 건강교육, 클리닉, 응급처치 및 영양 관련 교육 등)
인지·언어 서비스	• 기초학습(기초학력검사, 기초학력배양, 독서지도, 경제교육 등) • 학습 지원(교구재활용학습, 공부방, 도서관운영, 보충학습, 예체능, 학습지 지원 등)
정서·행동 서비스	• 사회정서(사회성발달, 정서발달, 아동권리 교육, 아동학대 예방, 성폭력 예방, 다문화 관련 교육, 소방 및 안전교육, 진로지도 등) • 심리행동(심리상담 및 치료, 인터넷중독 상담 및 치료) • 보호(돌봄기관 연계, 야간 보호 및 교육 등) • 문화체험(체험학습, 영화 및 공연관람, 캠프 등)
부모 및 가족, 임산부 서비스	• 부모교육(상담 및 교육, 자녀발달, 양육, 자조모임 등) • 부모 지원(취업 지원, 자활상담, 가계경제상담 등) • 양육 지원(다문화가족 지원, 취미, 여가, 안전 및 건강 지원 등) • 산전산후관리 등

출처: 보건복지부 홈페이지.

2) 사례관리의 주요 기능

사례관리의 기능은 아동을 대상으로 하는 직접 서비스 기능과 아동의 욕구와 문제를 해결하기 위한 자원과 환경을 대상으로 하는 간접 서비스 기능, 아동과 가족 등 서비스 이용자를 위한 모든 개입활동을 관리하고 조정하는 종합 서비스 기능 세 가지로 나눌 수 있다.

(1) 직접 서비스 기능

임상실천가로서 개별상담과 치료, 집단 상담과 치료, 가족 상담과 치료를 위한 상담, 교육과 훈련을 위한 교육자, 문제 해결자로서의 기능을 한다.

(2) 간접 서비스 기능

각 시설 간의 연결 및 조정이 가장 두드러지는 조정자, 중개자의 역할, 기타 자원 연결을 위한 연계자로서의 역할, 정보 제공, 사회망 형성 보조를 위한 사정가 역할, 자조집단 형성 지지, 사회교육 및 아동 옹호를 위한 옹호자 역할, 그리고 계획자 역할을 필요로 한다.

(3) 종합 서비스 기능

임상적 측면이 강조되는 직접 서비스 기능과 옹호와 같은 간접 서비스 기능을 고루 충족시키는 기능을 수행한다. 지속적이고 복합적인 서비스 욕구를 가지고 있는 아동을 대상으로 하여 아동 중심으로 서비스를 조정하고 통합하는 것이다. 아동과 가족 등 서비스 이용자 모두를 위한 모든 개입을 관리하고 조정하는 역할로 팀을 구성하여 운영한다.

사례관리자와 아동의 협력관계 수립을 위한 방안은 다음과 같다(한국사례관리학회, 2012).

- 밝은 목소리, 따스한 눈빛, 간단한 스킨십으로 인사를 나눠라.
- 아동이 좋아하는 것, 잘하는 것, 관심사, 꿈에 대해서 이야기하라.
- 아동이 가지고 있는 강점을 발견하고 칭찬하라.

- 아동들이 사용하는 언어를 이따금씩 사용하라.
- 아동과 소통할 수 있는 매체(그림, 인형 등)를 개발하라.
- 간단한 선물 주기를 실시하라.
- 아동이 즐기는 놀이에 대해 이야기를 나누고 함께 공유하라.
- 협력관계를 개발하기 위해서는 시간이 필요하다는 것을 인식하라.

3) 사례관리의 과정

아동을 위한 사례관리의 과정은 사례 발굴, 욕구사정 및 등록, 서비스 목표 및 계획수립, 서비스 실행, 성과평가 및 종결단계로 체계적이고 지속적으로 이루어진다.

(1) 사례발굴

사례발굴은 의뢰, 사례조정자의 아웃리치(out-reach)를 통해 도움이 필요한 사례들을 찾아서 발굴한다. 그리고 사례관리자는 아동을 기관에 접수시켜 사례관리 대상으로 적합한지 스크리닝(screening)하는 과정이다. 아동의 가족사항, 신상정보, 심리적·신체적·환경적·경제적 영역 등 다양한 영역의 정보를 수집하며, 이는 서비스의 내용과 한계에 관한 정보가 된다.

가족 초기사정기록지, 아동 초기사정기록지를 활용하여 접수(intake)된 아동들의 문제나 욕구를 가정방문이나 서비스 제공자의 면접을 통해 대략적으로 파악한다. 사례관리 서비스가 필요하다면 부모나 기타 보호자에게 사례관리 서비스의 내용을 알기 쉽게 전달하고 아동이 이런 서비스를 받기를 원하는지 여부를 승낙 받는다. 서비스 수급을 거절한 경우, 일단은 참여자의 의견을 존중하고 서비스 제공을 보류해야 하며 이후라도 동의할 의사가 있다면 연락할 수 있도록 기본 작업을 해 두고 관심을 갖고 있어야 한다.

(2) 사정단계

사정(assessment)이란 전반적인 자료를 수집하고 종합적으로 분석하는 과정이다. 수집된 자료를 분석할 때는 아동과 가족에 대해 사정한다.

아동에 대한 사정으로는 발달 및 인성 관련 내용, 학습 관련 내용, 학교 및 사회 적응 관련 내용, 진로 관련 내용, 아동 관련 서비스 욕구, 이용 가능한 비공식 자원 등을 사정한다. 가족에 대한 사정은 가족원의 상황, 주 양육자의 양육방법, 가족원 관련 서비스 욕구, 가용할 수 있는 비공식 자원 등을 사정한다.

사정방법으로는 가계도, 생태도, 성격유형 검사, 지능검사, 진단검사 등 각종 검사를 활용하는데 욕구사정 결과에 포함되는 영역과 내용은 〈표 9-2〉에서 제시한 것과 같이 아동수준의 욕구로 생존권, 보호권, 발달권, 참여권에 관한 내용이며, 가족수준의 욕구로는 양육능력, 가족능력, 경제상황 등에 포함되는 내용이다.

〈표 9-2〉 **아동권리 기반 주요 욕구사정 영역과 내용**

사정 영역		사정 내용
아동수준의 욕구	생존권	• 의생활, 식생활, 주거 상황, 의료와 위생
	보호권	• 가족 내 폭력이나 학대방임으로부터 안전 • 안전 보호체계
	발달권	• 인지·언어발달, 정서발달, 신체발달, 학습발달 • 사회성발달, 문화적발달, 영성
	참여권	• 커뮤니티 참여, 권리옹호
가족수준의 욕구	양육능력	• 양육방식, 양육환경
	가족능력	• 정서적 수준, 의사소통 방식, 가족관계
	경제상황	• 고용과 직업, 소득수준

출처: 한국사례관리학회(2012).

(3) 서비스 목표 및 계획수립

사례관리의 사정에 기초하여 목적을 달성하기 위해 아동에 대한 목표를 설정하고 방법을 결정하며, 참여시킬 대상을 선정한다. 일반적으로 목표는 장기목표와 단기목표로 나누어 설정한다. 목표를 공식화하고, 목표의 우선순위를 설정하며, 목표를 성취할 방법을 선택한 후에 제공될 서비스의 내용, 전달주체, 서비스 제공자, 양과 횟수, 시간 및 기간 등을 조정한다.

사정단계에서의 자료를 바탕으로 아동(혹은 보호자)과 사례관리자가 함께 사정에 기초하여 종합적인 목표를 수립한다. 사정 기록지, 사례관리계획을 가지고 대상자의 문제와 욕구를 해결하기 위한 개입방법을 다각적으로 모색한다. 자원을 찾아서 서비스의 특성과 이용 가능한 자원의 위치 등을 목록으로 만든다. 사례관리자는 적절한 의뢰를 위해 지역사회와 인접 지역의 주요 서비스 기관에 대한 이해가 필수적이므로 각 기관에 대한 구체적 사항을 지역사회자원 목록에 정리하여 보관한다. 사례관리 계획을 할 때는 목표에 따른 평가표도 준비한다.

(4) 서비스 실행

실행(implementation)은 사정을 바탕으로 계획에 따라 수행하는 것을 의미한다. 서비스를 전달하며 필요한 경우 지역사회 서비스를 연계하거나 조정한다. 실천목표를 달성하기 위하여 상담 및 치료를 포함하는 치료계획과 실질적인 도움을 위해 실천하는 단계이다. 자원 조직화와 연계, 조정은 사례관리에서 적절한 서비스를 적소에 배치하는 과정이며 지역사회 자원을 분류하고 조직화함으로써 효과적으로 아동을 도울 수 있는 것이다.

아동을 위한 서비스로는 정서적 지지와 교육을 실행한다. 교육의 종류는 일상생활기술 교육, 자기표현기술 교육, 주의산만 과잉행동 아동을 위한 교육 등이 있다. 그리고 가족을 위한 서비스로 경제적 지원, 가족관계 회복, 아동학대, 가정폭력 관련 서비스 연계, 특정한 문제 가족 구성원을 위한 서비스 연계, 직업훈련, 취업 지원, 자원봉사자 발굴 및 연계 등의 서비스를 제공한다. 이 과정에서 항상 점검(monitoring)과 재사정을 반복한다. 아동에게 제공되는 계획된 서비스와 자원이 적절하게 잘 실행되고 있는지 확인하고 감독하며 실행된 서비스에 대하여 고위험사례의 경우 2주에 한 번 정도, 저위험 사례의 경우 2개월에

한 번 정도씩 주기적인 점검을 통해 대상자에게 제공되는 서비스의 적절성 여부, 서비스가 계획대로 수행되고 있는지 여부 등을 확인해야 한다.

(5) 성과 평가 및 종결

사례관리의 경우 대부분의 사례가 장기적으로 지속된다. 일반적으로 사례의 목표가 달성되었거나 아동에게 더 이상의 서비스를 제공할 수 없게 되었을 때 중단한다. 평가는 사례관리의 과정과 활동이 이득이 되는 바람직한 결과를 산출하는가를 살펴보는 것이라고 하겠다. 아동에게 적용된 서비스의 효과와 효율성을 평가하여 서비스를 지속할 것인지 종결할 것인지에 대하여 결정한다. 서비스의 종결은 아동에게 새로운 독립의 기회를 제공하는 것이다. 종결이 이루어졌다고 하여 완전히 끝난 것이 아니다. 지속적인 사후관리를 통해 아동과 의사소통하고 관계를 유지해 나가야 한다. 아동과 함께 사후관리에 대해 구체적으로 계획하고, 시간활용을 확인하고, 아동의 변화를 평가하는 단계가 진행된다. 이사 등으로 인해 서비스를 종결해야 하는 경우, 아직 취약한 상태에 있는 아동이라면 다른 지역사회 기관에 의뢰하여 서비스가 지속될 수 있도록 한다.

CHAPTER_10

아동보육

1. 영유아 보육정책

1) 보육의 목적
2) 보육의 개념
3) 2016년 보육정책
4) 보육교사 자격기준 강화
5) 어린이집의 설치 운영 등

2. 방과 후 아동 보호

1) 방과 후 아동 보호시설
2) 방과 후 보육 직무교육
3) 방과 후 지원 서비스

3. 아동보육

1) 보육과정
2) 보육과정의 구성
3) 표준보육과정(0-2세)

1. 영유아 보육정책

1) 보육의 목적

보육의 목적은 「영유아 보육법」에 잘 나타나 있다. 제1조 목적에서 "영유아의 심신을 보호하고 건전하게 교육하여 건강한 사회 구성원으로 육성함과 아울러 보호자의 경제적·사회적 활동이 원활하게 이루어지도록 함으로써 영유아 및 가정의 복지 증진에 이바지함을 목적으로 한다."고 말하고 있다.

제2조에서는 보육의 대상을 6세 미만의 취학 전 아동으로 보았고, '보육'이란 영유아를 건강하고 안전하게 보호·양육하고 영유아의 발달 특성에 맞는 교육을 제공하는 어린이집 및 가정양육 지원에 관한 사회복지 서비스라고 말하고 있으며 '어린이집'이란 보호자의 위탁을 받아 영유아를 보육하는 기관이라고 정의하였다.

2) 보육의 개념

보육이란 6세 미만의 취학 전 아동이 어린이집을 이용하는 것을 말하며, 어린이집의 종류에는 국가 또는 지방자치단체가 설치·운영하는 국공립어린이집, 「사회복지 사업법」에 의한 사회복지법인이 설치·운영하는 사회복지법인어린이집, 사업주가 사업장의 근로자를 위하여 설치·운영하는 직장어린이집, 개인이 가정 또는 그에 준하는 곳에 설치·운영하는 가정어린이집, 보호자들이 조합을 결성하여 설치·운영하는 부모협동어린이집, 위 기관에 해당하지 아니하는 민간어린이집 등이 있다. 보육교사란 어린이집에서 영유아를 보육하고 어린이집 원장이 불가피한 사유로 직무를 수행할 수 없을 때 그 직무를 대행하는 자를 말한다(「영유아 보육법」 제2조, 제10조).

3) 2016년 보육정책

2016년도 보육정책은 맞춤형 보육, 보육 지원 내실화, 믿고 맡길 수 있는 어린이집 확대, 보육교사 자격 및 처우개선 등을 중심으로 추진되며, 주요 내용은 다음과 같다(보건복지부 보도자료, 2015. 12. 30.).

(1) 맞춤형 보육

아이와 부모가 보육수요에 맞게 보육 서비스를 이용할 수 있도록 2016년 7월부터 맞춤형 보육 제도를 시행한다. 2016년 1월부터 사업안내 지침 개정, 행복e음 및 보육통합 시스템 개편, 공공기관 간 자격정보 연계 등을 추진하여, 5월부터 부모들이 보육료 신청을 할 수 있도록 하고, 6월까지 이용자격을 확정·안내한 뒤 7월부터 본격 시행한다.

① 종일반

장시간 어린이집 이용이 필요한 아이와 부모를 위한 서비스이다. 부모 특성은 맞벌이, 구직, 학교 재학 중, 임신, 장애 등이며, 가구 특성은 다자녀 가구, 조손 또는 한부모가족, 저소득층 가구를 대상으로 지원은 07:30~19:30까지 12시간이다.

② 맞춤반

종일반 외 어린이집 이용이 적정시간 필요한 아이와 부모를 위한 서비스로 09:00~15:00까지 총 7시간을 지원해 준다.

③ 시간제 보육반

가정양육 중 일시적으로 짧은 시간 시설 이용이 필요한 가구를 위한 서비스로 월 40~80시간을 제공한다.

④ 시간연장 보육

2~3교대제 근무, 야간근무, 응급실 방문 등 긴급 상황으로 가구여건상 불가피하게 야간보육이 필요한 경우 이용할 수 있는 서비스로 19:30~24:00(야간보육), 7:30~익일 7:30(24시간 보육) 서비스를 이용할 수 있다.

(2) 보육 지원 내실화

맞춤형 보육과 병행하여 보육료를 표준보육비용 수준으로 인상(2015년 대비 6%)하며, 아울러 더 많은 돌봄과 지원이 필요한 장애아동의 특성을 고려하여 장애아동보육료는 8%를 인상하고 부모의 가정 양육 지원을 위하여 2017년 3월부터 전국 육아종합지원센터 등을 통해 다양한 부모교육 프로그램이 지원된다. 부모교육 프로그램은 문제 행동에 대한 양육기술, 부모의 역할 등 육아스킬 교육 등이 포함되며 부모-자녀가 함께 참여할 수 있는 프로그램을 중심으로 구성된다.

4) 보육교사 자격기준 강화

보건복지부는 보육교사 자격 기준을 강화하여 2015년 1월 아동학대사건 이후 제기된 '온라인 강좌를 통한 보육교사 자격취득' 문제를 해소하고 보육교사의 인성과 자질을 향상시킴으로써 어린이집 내 보육의 질을 개선하기로 했다(보건복지부 보도자료, 2016. 1. 12.).

(1) 대면교육 강화

보육교사 자격취득 17개 교과목 중 9개 과목을 대면교과목으로 지정하고, 대면교과목에 대하여는 8시간 출석 수업 및 1회 이상의 출석시험을 의무화한다. 지정된 대면교과목은 보육교사(인성)론, 아동권리와 복지, 놀이지도, 언어지도, 아동음악, 아동동작, 아동미술, 아동수학지도 또는 아동과학지도, 아동안전관리, 아동생활지도, 아동관찰 및 행동연구, 보육실습이다.

(2) 현장실습기간 확대

보육교사의 보육현장 적응력을 높이기 위해 실습기간을 현행 4주 160시간에서 6주 240시간으로 확대하고, 평가인증을 유지하는 우수 어린이집에서 실습을 받도록 하였다.

(3) 적용시기

보육교사가 배출되는 양성기관 및 자격등급에 따라 적용 시기는 다르게 운영된다. 보육교사 2급 중 대학의 경우 2017년 1월 1일 이후 입학자부터, 학점 인정기관의 경우 2018년 1월 1일 이후 학위취득자부터 적용된다. 보육교사 3급에 대하여는 2016년 8월 1일 이후 적용된다.

5) 어린이집의 설치 운영 등

보건복지부는 2015년 1월 이후 연이어 발생한 아동학대 사건으로 부모들의 불안감이 컸으나, 법 개정을 통해 어린이집에 안심하고 아이를 맡길 수 있는 제도적 기반이 조성되었으며, 보육환경 개선과 「영유아 보육법 시행령」 등 하위법령 개정을 추진하였다(보건복지부 보도자료, 2015. 4. 30.).

(1) CCTV 설치 의무화

앞으로 어린이집을 설치하려는 사람은 CCTV를 설치해야만 인가를 받을 수 있게 된다. 현재 운영 중인 어린이집은 「영유아 보육법」 개정안이 시행되면 3개월 이내에 CCTV를 설치해야 하며, 조속한 설치를 위해 CCTV 설치비를 지원하고, 「개인정보 보호법」에 따라 네트워크 카메라를 설치할 수 있는 근거도 마련되었다.

(2) 아동학대 행위자에 대한 어린이집 설치·운영 및 근무 제한 강화

아동학대 관련 범죄로 금고 이상의 형을 선고 받거나 집행유예를 받은 사람은 20년간(현행 10년) 어린이집을 설치·운영하거나 근무할 수 없게 된다. 또한, 아동학대 의심사례가 발생한 경우 지자체와 아동 보호 전문기관 등 관련기관은 지체 없이 어린이집에 대한 조사를 실시하고 처분 여부를 결정하도록 하였으며, 아동학대 행위를 한 원장 및 보육교사는 2년까지(현행 1년) 자격정지 처분을 할 수 있게 하였다.

아울러 아동학대 행위로 영유아에게 중대한 피해를 입힌 원장 및 보육교사에 대해서는 지자체 홈페이지와 어린이집 정보공개 포털 등에 위반사실 공표를 의무화하였다.

(3) 보육교사의 처우개선

2016년 보육정책 개정안에는 보육교사의 처우개선 조항도 포함되었다. 먼저, 보육교사의 과중한 업무 부담을 완화하기 위하여 보조교사를 두도록 하는 규정을 신설하고, 휴가 또는 보수교육 등으로 보육교사의 업무에 공백이 생기는 경우 이를 대체할 수 있는 대체교사 배치를 법률로 상향하여 규정하였다.

보육교직원의 양성 및 근로여건 개선을 위한 국가와 지방자치단체의 책무를 명문화하고, 보육교직원의 스트레스 경감 등을 위해 육아종합 지원센터에 상담 전문요원을 두도록 하였다. 또한, 공익신고를 한 보육교사에게 불이익 조치를 할 수 없도록 하고, 이를 위반한 원장에게는 자격정지를 할 수 있도록 하였다.

(4) 원장, 보육교사의 자격관리 및 교육 강화

보육교직원에 대한 교육 내실화를 위해 어린이집 원장 또는 보육교사의 보수교육은 집합교육을 원칙으로 하고, 아동학대 예방, 인성함양 등의 교육을 포함하도록 하였다.

2. 방과 후 아동 보호

방과 후 아동지도 사업은 방과 후 아동보육, 공부방, 방과 후 교실, 에듀케어(edu-care) 등의 용어와 함께 혼용되어 사용되고 있다. 방과 후 아동보육은 복지적 측면에서 보호 차원을 강조하는 것으로, 우리나라 「영유아 보육법」에는 '6세 미만의 취학 전 영유아'가 주요 대상이나 필요한 경우 '만 12세'까지 연장하여 보육할 수 있도록 포함하고 있다(제27조). 방과 후 아동지도는 교육적 측면을 강조하는 것으로 보여 방과 후 아동지도의 용어가 더 많이 사용되고 있다(한성심 외, 2014).

'방과 후' 란 학교를 파한 후의 시간을 의미한다. 그러나 학교를 파하고 난 후뿐 아니라 휴일과 방학 중에도 아동 보호가 필요한 실정이다. 학교에서 보호할 수 없는 시간 동안 아동의 안전과 교육에 대한 책임이 부모에게 있으나 부모가 경제활동을 하는 경우 책임을 다할 수 없기 때문에 결국 방과 후 아동지도는 학교와 부모가 모두 아동을 보호할 수 없는 시간 동안 운영되는 아동 보호 프로그램이라 할 수 있다. 그러나 탈학교 아동들은 학교가 운영되는 시간에도 보호를 필요로 하기 때문에 종일반으로 운영되어야 하는 광의의 방과 후 아동지도도 생각해 볼 필요가 있다.

1) 방과 후 아동 보호시설

우리나라 방과 후 아동 보호는 학령기 아동의 보육에 대한 관심이 생겨난 이후 어린이집, 사회복지관, 지역아동센터, 방과 후 학교, 방과 후 아카데미 등을 중심으로 운영되고 있다(한성심 외, 2014).

(1) 어린이집

어린이집에서의 방과 후 교실은 1996년 「영유아 보육법」에 의거하여, 입소 대상을 필요한 경우 만 12세까지로 연장하면서 가능해졌다. 어린이집의 방과 후 교실은 기존의 영유아 어린이집에 방과 후 교실을 마련해서 운영하는 경우도 있고 방과 후 교실만을 전담으로 설치하여 운영하기도 한다. 어린이집의 방과 후 교실은 유아기 때 이용했던 곳이므로 학령기 아동이 새롭게 적응해야 하는 어려움 없이 지낼 수 있는 아동 중심적 교육철학으로 아동 주도적 활동을 할 수 있는 곳이다. 그러나 초등학교 아동의 발달에 적합한 서비스를 제공하기 위한 환경 및 전문교사가 부족하고 학령기 아동에 의한 시설물 파손이나 유아에 대한 위압감 등이 우려되며, 초등학교 아동은 소외감과 퇴보를 느낄 수도 있다. 부모와 아동 모두 어린이집은 초등학교 이전에 다니는 시설로 인식한다는 점에서 이용에 제한이 있다.

(2) 사회복지관

사회복지관에서의 방과 후 아동지도는 지역사회를 위한 사업의 일환으로 중요한 의미를 지닌다. 보건복지부는 최소 비용으로 방과 후 아동보육시설의 전국적인 확대를 유도하기 위해 복지관 시설 등 각종 공공시설에 방과 후 시설을 부설하도록 유도하는 방침을 세워 이를 위해 융자 지원 및 제도개선 방안으로 추진해 왔다.

현재 사회복지관은 학령기 아동에 대한 보호 및 교육 서비스를 가장 광범위하게 제공하고 있다. 사회복지관 방과 후 아동지도의 주된 목적은 방과 후 보호 대상 아동의 안전한 보호를 위한 환경 제공과 관리 및 지도, 원만한 성격 형성과 정서적 안정을 도모하는 것으로, 지역사회의 욕구에 의해 자기보호 아동이나 기초생활수급가정의 아동을 주 대상으로 하고 있다(서영숙 외, 2014).

(3) 지역아동센터

「아동복지법」 제52조 아동 복지시설의 종류에 명시된 지역아동센터란 "지역사회 아동의 보호·교육, 건전한 놀이와 오락의 제공, 보호자와 지역사회의 연계 등 아동의 건전육성을 위하여 종합적인 아동복지 서비스를 제공하는 시설"로 규정하고 있다.

아동복지의 대상이 아동과 그 가족임을 고려해 보면, 지역아동센터의 서비스 내용은 아동과 그 아동이 속한 가정이 건강하게 유지되기 위해 필요한 서비스를 제공하는 것을 의미한다. 지역아동센터는 저소득층 가정의 아동이 건강하고 행복하게 자라날 수 있도록 민·관이 협조체제를 구축하여 지역 실정과 아동의 가정환경과 욕구에 맞는 급식을 효율적으로 제공하고 있다.

지역아동센터는 소규모 아동 복지시설로 자원이 풍부하지 못한 문제의 극복을 위해 지역사회와의 연계가 중요하다. 지역사회와의 연계는 자원의 확대라는 의미뿐 아니라 아동의 자아존중감 향상에 영향을 주기 때문에 더욱 중요하다(한성심 외, 2014).

(4) 방과 후 학교

초등학교의 방과 후 학교는 방과 후 특기, 적성교육 활동과 방과 후 에듀케어 교실로 구분한다. 방과 후 특기·적성교육은 컴퓨터, 영어, 과학, 미술 등의 특기 활동을 원하는 아동에게 저렴한 비용으로 방과 후의 일부 시간, 즉 정해진 요일 1~2시간을 학교에서 지내도록 하는 것으로 학령기 아동의 방과 후 보호라기에는 미흡한 부분이 많다.

방과 후 에듀케어교실은 학교 정규수업이 끝난 시간부터 오후 7시 30분 정도까지 숙제지도와 더불어 다양한 활동이 제공되어 방과 후 보호가 필요한 아동에게 교육과 보호를 제공하고 있다. 이 유형의 장점은 학교의 공간 활용, 각종 교육시설과 기자재 및 넓은 운동장 활용, 다른 기관으로 이동할 때 제기되는 위험 요인이 적다는 안전성이 있으며, 단점으로는 학교 입장에서의 비용과 운영

관리상의 부담을 느낄 수 있다는 점, 아동이 온종일 학교에 있게 되어 지루함과 스트레스 요인이 된다는 점이다(서영숙 외 2014).

(5) 청소년 방과 후 아카데미

국가의 정책 사업 과제로 여성가족부에서는 공적 서비스를 담당하는 청소년 수련시설(청소년수련관, 청소년문화의집)을 기반으로 청소년의 방과 후 활동 및 생활관리를 종합적으로 지원하는 프로그램이다. 청소년의 욕구를 충족하여 삶의 질을 향상시키고, 가정이나 학교에서 체험하지 못했던 다양한 프로그램을 지원하고자 2005년 9월부터 46개소를 시범운영하여, 2006년 전국적으로 확대, 2011년 현재 171개소 청소년시설에서 방과 후 아카데미가 운영되고 있다.

2) 방과 후 보육 직무교육

방과 후 교사의 보수교육 중 특별직무 교육 내용은 다음과 같다.

영역	방과 후 보육 직무교육	시간
보육기초	· 현대사회 변화와 방과 후 보육 · 방과 후 보육의 이해 · 성·가정폭력방지 교육(아동학대 내용 포함)	4시간
발달 및 지도	· 아동발달 · 아동 일생생활 지도 · 문제 행동 수정과 지도	6시간
영유아 교육	· 학습 및 과제 지도 · 놀이 및 사회성 지도 · 아동 언어교육 · 아동 독서교육 · 아동 예체능교육 · 프로그램 및 교재교구 개발 · 표준보육 과정	8시간

건강·영양 및 안전	· 초등학생 보건·안전관리(필수) · 초등학생 영양관리 및 식생활 지도	6시간
가족 및 지역사회 협력 등	· 부모교육, 상담, 협력 · 지역사회와의 협력 · 평가인증	4시간
보육 사업 운영	· 방과 후 보육교사의 역할과 자세(필수) · 어린이집 운영과 관리 · 정보화 교육	8시간
기타	· 인간관계 및 리더십 훈련 · 방과 후 보육 세미나 및 사례 발표	4시간
계	23과목	40시간

출처: 보건복지부. 2014년도 보육 사업안내.

3) 방과 후 지원 서비스

(1) 방과 후 보육료 지원

어린이집을 이용하는 영유아의 방과 후 보육료를 지원하여 양육의 부담을 줄이고 원활한 경제활동을 돕기 위해 행복e음을 통해 수급자격 확인이 가능하며, 가족 구성원 중 한 명이라도 자격을 보유할 경우 조사를 제외한다. 대상자는 기초생활수급권자와 그 가족 구성원(의료, 교육, 자활급여 특례수급권자 포함), 보호대상자로 선정된 한부모가족의 아동, 아동 복지시설에서 생활하는 아동, 여성폭력 피해자 보호시설(가정폭력, 성폭력), 성매매 피해자 지원시설에 거주하는 아동(재소 증빙서 필요), 모·부자(일시)보호시설 등에 거주하는 아동, 미혼모자 공동생활 가정에 거주하는 아동(재소증빙서 필요), 차상위 본인부담 경감대상자로 선정된 수급권자 및 그 가족 구성원, 차상위 자활 수급권자 및 그 가족 구성원, 우선 돌봄 차상위 수급권자 및 그 가족 구성원이 대상이다.

(2) 방과 후 학교 자율수강권

방과 후 학교 수업을 통해 저소득층 자녀의 지속적이며 실직적인 교육기회를 확대하고 공교육 활성화 및 저소득층의 교육격차 해소를 도모하기 위해 저소득층의 초등학생, 중학생 자녀를 지원한다. 선정 기준은 우선 지원대상자, 소득에 따른 지원, 학교장의 추천을 받은 자, 기타의 순위로 지원한다. 우선 지원대상자는 1순위로 기초생활 수급자(생계·의료·주거·교육급여)의 자녀, 한부모가족의 자녀, 법정 차상위 대상자의 자녀이다.

소득에 따른 지원은 2순위로, 중위소득 50% 범위에 속하는 자 중 우선 지원대상자를 제외하고 교육청별 예산 범위 내에서 소득이 낮은 순에서 높은 순으로 지원한다. 시·도 교육청의 여건에 따라 예산 범위 내에서 소득 인정액이 낮은 자에서 높은 순으로 대상자를 지원한다.

학교장의 추천을 받은 자는 3순위로, 선정 기준에는 미치지 못하지만 실제 가정 형편이 어려운 학생을 담임교사가 교육비 지원 신청자로 추천하는 경우와 기타 법무부 장관이 추천하는 난민 인정자 또는 그 자녀 등을 지원한다.

(3) 청소년 방과 후 아카데미 운영 지원

취약계층 청소년의 방과 후 활동을 지원하는데, 우선순위 지원 대상은 저소득층(기준 중위소득 60% 이하), 한부모·조손·다문화·장애·3자녀 이상 가정에 방과 후 돌봄이 필요한 청소년이고, 학교장 및 지역 사회 추천서와 추천 이유 증빙자료를 기준으로 '청소년 방과 후 아카데미 지원협의회'에서 승인받은 청소년이 대상이다.

지원 내용은 주 5~6일, 일일 5시간 정규과정 프로그램에 참여하여 다음과 같은 활동을 한다.

활동의 종류에는 청소년 체험활동, 기초학습 지원활동, 급식 및 상담, 부모교육 및 캠프 등 특별활동, 귀가 지도 등이 있으며, 방과 후부터 21:00까지 1일 4시간 이상 연중 운영한다.

(4) 지역아동센터 지원

방과 후 돌봄이 필요한 만 18세 미만의 아동을 보호하고 급식을 제공하는 등 지역사회 자원과 연계하여 교육하며, 지원대상은 소득 기준이 중위소득 100% 이하이며, 지역 사회의 방과 후 돌봄을 필요로 하는 아동에게 지원한다.

취약 계층아동이란 교육 급여 대상 가정의 아동, 3명 이상 다자녀 가정의 아동, 맞벌이 가정의 아동, 보호대상 한부모가족과 조손 가정의 아동, 다문화가족 아동, 장애아동 또는 장애 가정의 아동이며, 지원 내용은 지역아동센터를 통한 돌봄 서비스를 제공받을 수 있고, 읍·면·동 주민센터 또는 살고 있는 곳의 지역아동센터에 신청하면 된다.

3. 아동보육

1) 보육과정

(1) 목적

영유아를 부모의 사정으로 인해 어린이집에 맡기게 되는 경우라 하더라도 보육교사는 아동을 보호하고 건전하게 발달할 수 있도록 영양과 운동, 학습을 통해 건강한 사회 구성원이 될 수 있도록 보살피고 가르쳐 주어야 한다.

(2) 보육의 이념

아동은 어른의 보호를 받을 권리가 있다. 그 권리가 보호되기 위해서 아동은 그들에게 이익이 되는 것이 최우선적으로 고려되어야 한다. 하루 일과 중 식사는 영양측면에서 대단히 중요한 일이기는 하지만 아동이 식사를 거부하는 행동을 한다면 먹기 싫어하는 이유를 속히 알아보는 것이 순서이다. 강압적으로 먹게 한다거나 협박을 해서는 안 된다.

아동은 안전하고 쾌적한 환경에서 자랄 수 있어야 하므로 어린이집 내 환경은 깨끗하고 안전해야 한다. 아동이 놀이하는 공간에는 위험물질이나 위험한 물건은 치워져 있어야 한다. 그렇지만 안전을 위한 물건은 비치해야 하는데 그 물건들은 아동의 행동을 방해하거나 아동이 장난할 수 없도록 고정해 놓아야 한다.

(3) 보육과정(영유아 보육법 제29조)

① 보육과정은 영유아의 신체·정서·언어·사회성 및 인지적 발달을 도모할 수 있는 내용을 포함하여야 한다.

② 보건복지부장관은 표준보육과정을 개발·보급하여야 하며 필요하면 그 내용을 검토하여 수정·보완하여야 한다.

③ 어린이집의 원장은 제2항의 표준보육과정에 따라 영유아를 보육하도록 노력하여야 한다.

④ 어린이집의 원장은 보호자의 동의를 받아 일정 연령 이상의 영유아에게 보건복지부령으로 정하는 특정한 시간대에 한정하여 보육과정 외에 어린이집 내외에서 이루어지는 특별활동 프로그램(이하 '특별활동'이라 한다)을 실시할 수 있다. 이 경우 어린이집의 원장은 특별활동에 참여하지 아니하는 영유아를 위하여 특별활동을 대체할 수 있는 프로그램을 함께 마련하여야 한다.

⑤ 제1항에 따른 보육과정, 제4항에 따른 특별활동 대상 영유아의 연령 및 특별활동의 내용 등에 필요한 사항은 보건복지부령으로 정한다.

어린이집에서 아동을 대상으로 하루일과를 수립할 때 아동의 신체·정서·언어·사회성 및 인지적 발달을 도모할 내용을 포함해야 한다. 신체발달을 위해 대근육, 소근육을 움직여 놀이를 하도록 유도해 주며, 정서적 발달을 위해 야외활동, 견학 등을 시켜야 하는데, 이때 아동의 안전을 고려하여 보육교사는 특별히 신경을 써야 한다. 차량을 이용하는 경우 아동의 승·하차를 도와주어야 하고 차량 의자에 앉으면 안전벨트를 착용시켜야 한다. 아동이 안전벨트를 싫어하는 경우 억압하여 착용시키지 말고 아동을 설득하여 수긍하도록 하여야 한다.

부모는 어린이집을 믿고 아동을 맡기게 된다. 이때 아동의 건강에 문제가 발생한다면 부모와 어린이집 교직원은 당황하게 될 것이므로 사전에 어떻게 행동할 것인지 미리 매뉴얼화 시켜놓을 필요가 있다. 병원이나 보건소를 지정하고, 아동을 의료기관으로 이송할 때 누가 어떤 방법을 이용할 것인지, 주 양육자 또는 부모에게 연락은 누가 할 것인지 등 구체적인 내용을 작성하고 숙지하도록 해야 한다. 그러기 위해서는 양육자의 비상연락용 전화번호 비치, 의료기관 약도 및 코스 비치, 교직원의 행동요령 비치 등이 필요하다.

아동에게 건강상의 문제가 발생하면 긴급조치를 취하고, 즉시 어린이집 원장에게 보고하여 아동의 건강이 신속히 회복될 수 있도록 하여야 한다. 보고를 받은 원장은 관련 매뉴얼에 따라 양육자, 의료기관에 연락을 취하고 아동의 건강회복을 위한 일련의 조취를 지휘해야 한다.

2) 보육과정의 구성

보육과정을 구성하는 기본요소로는 보육과정의 구성원리, 보육과정 목표설정, 보육과정 내용, 교수학습 방법으로 이루어져 있다.

(1) 보육과정의 구성원리

어린이집에서의 보육과정은 아동의 전인적 성장발달을 위해 통합성, 발달 적합성, 흥미 및 동기유발, 영유아의 권리 존중의 원리를 기반으로 구성해야 한다. 이러한 원리들이 포함되도록 보육과정의 목표, 내용을 잘 반영해야 한다.

표준보육과정 개정안과 만 5세 누리과정 같은 일련의 보육과정들은 영유아의 학습에서 다루어져야 할 내용들로 각각 6개 영역으로 구분하고 있으나 이는 일과 운영 속에서 이루어지는 다양한 놀이활동, 일상생활활동, 자유 선택활동 속에 녹아 있어야 하는 핵심내용들이지 이들이 서로 분리된 영역으로 다루어지는 내용은 아니다(장현주 외, 2014).

(2) 보육과정 목표설정

보육목표는 보육의 결과로 영유아가 성취하게 될 행동이 무엇인가를 분명하게 규정하는 구체적이고도 명확한 행동적 용어로 서술되어야 한다. 예를 들면, 생활 주제 '나의 몸'에서는 '평균대에서 떨어지지 않고 끝까지 걸어간다.'와 같이 서술해야 한다.

① 장기 보육목표

장기목표이며 일반목표이다. 단기 보육목표를 포괄하는 비교적 종합적 성격을 지닌다. 사고의 틀을 제공하여 교육과정을 구성하는 철학적·이론적 관점을 반영하며 가치규범적이다. 또한, 포괄적·일반적·추상적 내용을 포함하며 보육활동의 성과를 단기간에 확인하거나 측정하기가 비교적 어렵다는 단점이 있다. 최저 한 학기 또는 3년에 걸쳐 진행되는 수업계획에 관한 것이다.

② 단기 보육목표

단기목표이며 특수목표이다. 장기 보육목표를 구체화하여야 하며, 한 가지 장기목표 하에 여러 가지 단기적 보육목표 설정이 가능하다. 교육계획을 반영할 때 일상적인 교육과정활동과 연결하여 교수형태나 실제 교수 상황을 반영하며 구체적인 행동형성을 위한 수단이 된다. 특수적·구체적 내용이 포함되어야 하며, 일일, 주간, 월간 수업계획 등 보육활동의 성과를 단기간에 가시적으로 확인할 수 있어야 한다.

(3) 보육과정 내용

보육과정 내용의 유형에는 강조부분에 따라 여섯 가지 유형으로 구분되나 서로 배타적인 것은 아니다.

① 사실 축적(fact accumulation)

모양, 색, 동물의 이름과 울음소리, 서식지, 특성, 악기의 이름, 다양한 형태의 사물 구분, 달력 읽기, 날씨, 역사적 사건 등 모든 사실들을 중요한 교육 내용으로 본다.

영유아가 그 시기에 필요한 사실이나 정보를 습득하는 지식을 말하며, 영유아가 경험하고 관찰하는 사실들이 중요시된다.

② 기술 축적(skill accumulation)

학습에 관련된 것뿐만 아니라 일상적인 기술 등이 필요한데, 첫째, 읽기, 쓰기, 셈하기 등의 기초 교과 학습 기능, 둘째, 개인적인 일상생활 기술, 셋째, 신체 운동 기능, 넷째, 또래를 사귀고 함께 놀이할 수 있는 사회적 기능, 다섯째, 자신의 감정과 생각을 바르게 표현하고 전달할 수 있는 의사소통 기능, 여섯째, 주위 환경을 탐색할 수 있는 인지적 기능 등이다.

③ 교과 영역(subject)

편의상 유아가 학습할 내용을 교과별로 정리한 후 이를 단원(주제)으로 재구성하여 수업활동을 하는 것이다. 교과 영역이 독립되기보다는 2개나 그 이상의 교과가 부분적으로 혹은 전체적으로 통합되어 운영되는 것이 일반적이다.

④ 구조적 학문(structured disciplines)

각 학문에는 그 학문탐구의 기반이 되는 핵심개념이 있으며, 이 핵심개념은 그 개념이 형성되는 과정과 동일한 절차와 과정을 통해 학습자가 탐구함으로써 획득될 수 있는 지식이다.

⑤ 주제 중심 접근(thematic approach)

영유아를 위한 교육과정에서 가장 보편적으로 사용되는 유형 중 하나이다.

주제를 중심으로 이와 관련된 활동을 통해 각 교과영역이나 흥미영역의 활동을 통합적인 형태로 지도할 수 있도록 구성되며, 주제(단원)로 구성된다.

⑥ 통합적 교육과정(holistic curriculum)

인본주의 교육과정에서 볼 수 있는 형태로 영유아의 성숙한 자아개념과 사회적 관계를 발달시키기 위한 교육 내용을 선택한다. 지식보다는 기본 능력이나 태도, 행동 등에 가치를 두는 것이며, 영유아가 우연히 흥미를 보인 것, 영유아가 우연히 문제를 일으킨 것, 계획되지 않았던 사건 즉, 영유아의 일상적 활동에서 발생되는 것을 중심으로 이루어지므로 비형식적인 수업형태이다.

(4) 교수학습 방법

영유아 중심의 보육방법의 기본원리로는 다음과 같은 것들이 있다.

1. **놀이 중심의 원리** 영유아들의 보육은 놀이 중심으로 이루어질 때가 가장 효율적이다.
2. **개별화의 원리** 개인차에 맞는 적절한 방법으로 보육해야 한다.
3. **일상생활 중심의 원리** 일상생활 속에서 유의미한 학습 경험이 된다.
4. **통합의 원리** 전 영역의 발달이 통합적으로 보육 주제를 중심으로 하는 활동 영역들과 하루의 일과들이 자연스럽게 통합되며, 가정과 지역사회와의 통합 또한 자연스럽게 이루어진다.
5. **탐구학습의 원리** 영유아가 주변 환경의 사물이나 대상과 직접 상호작용하여 그 특성이나 성질을 파악해 나가는 교수-학습 방법을 말한다.

3) 표준보육과정(0~2세)

제3차 어린이집 표준보육과정 고시는 보건복지부(2013)에서 제시하였다. 어린이집의 만 0~5세 영유아들에게 국가표준에서 제공하는 보편적이고 공통적인 보육의 목표와 내용을 제시한 것이다. 사회에서 추구하는 인간상을 구현하고 전국어린이집의 질적 수준을 높이는 데 기여하고자 개발되었다(장현주 외, 2014).

영역별 구체적 보육내용은 기본생활, 신체운동, 의사소통, 사회관계, 예술경험, 자연탐구 등 6개 영역이다.

(1) 기본생활 영역

기본생활 영역에서는 청결과 즐겁게 먹기, 건강한 일상생활하기, 안전하게 지내기 등 영아의 건강과 안정에 주안점을 두고 있다.

내용범주	0~1세	2세
건강하게 생활하기	• 몸을 깨끗이 하기 • 즐겁게 먹기 • 건강한 일상생활 하기	• 몸을 깨끗이 하기 • 바르게 먹기 • 건강한 일상생활 하기 • 질병에 대해 알기
안전하게 생활하기	• 안전하게 지내기 • 위험한 상황에 반응하기	• 안전하게 놀이하기 • 교통안전 알기 • 위험한 상황 알기

(2) 신체운동 영역

신체운동 영역에서는 감각적 자극, 감각기관의 탐색, 신체 탐색과 아울러 신체균형잡기, 대근육, 소근육 조절하기, 기구를 이용하여 신체활동 시도하기 등 주로 신체활동적인 면에 주안점을 두고 있다.

내용범주	0~1세	2세
감각과 신체 인식하기	• 감각적 자극에 반응하기 • 감각기관으로 탐색하기 • 신체 탐색하기	• 감각능력 기르기 • 감각기관 활용하기 • 신체를 인식하고 움직이기
신체조절과 기본운동하기	• 신체 균형 잡기 • 대근육 조절하기 • 소근육 조절하기 • 기본 운동하기	• 신체 균형잡기 • 대근육 조절하기 • 소근육 조절하기 • 기본 운동하기
신체활동에 참여하기	• 몸 움직임 즐기기 • 바깥에서 신체 움직이기 • 기구를 이용하여 신체활동 시도하기	• 신체활동에 참여하기 • 바깥에서 신체활동하기 • 기구를 이용하여 신체활동하기

(3) 의사소통 영역

의사소통영역에서는 인간이 동물과 다른 가장 큰 특징인 말하기, 읽기, 쓰기에 역점을 두고 있다.

내용범주	0~1세	2세
듣기	• 주변의 소리와 말소리 구분하여 듣기 • 경험과 관련된 말 듣고 알기 • 운율이 있는 말 듣기 • 말하는 사람을 보기	• 말소리 구분하여 듣고 의미 알기 • 짧은 문장 듣고 알기 • 짧은 이야기 듣기 • 말하는 사람을 주의 깊게 보기
말하기	• 발성과 발음으로 소리내기 • 표정, 몸짓, 말소리로 말하기 • 말할 순서 구별하기	• 낱말과 간단한 문장으로 말하기 • 자신이 원하는 것을 말하기 • 상대방을 바라보며 말하기
읽기	• 그림책과 환경인쇄물에 관심 갖기	• 그림책과 환경인쇄물에 흥미 가지기
쓰기	• 끼적이기	• 끼적이며 즐기기

(4) 사회관계 영역

사회관계 영역에서는 내가 누구인지, 다른 사람의 감정은 어떠한지를 알아가도록 하고 있다. 더불어 생활하면서 또래에 관심을 갖고 자신이 속한 집단을 이해하고 사회적 가치를 알아가는 과정이 담겨 있다.

내용범주	0~1세	2세
나를 알고 존중하기	• 나를 구별하기 • 나의 것 인식하기	• 나를 구별하기 • 좋아하는 것 해 보기
나와 다른 사람의 감정 알기	• 나의 감정 나타내기 • 다른 사람에게 주의 기울이기	• 나의 감정을 나타내기 • 다른 사람의 감정에 반응하기
더불어 생활하기	• 안정적인 애착 형성하기 • 또래에 관심 갖기 • 자신이 속한 집단 알기 • 사회적 가치 알기	• 내 가족 알기 • 또래와 관계하기 • 자신이 속한 집단 알기 • 사회적 가치 알기

(5) 예술경험 영역

아동으로 하여금 예술경험을 하도록 해서 본인 스스로 반응하거나 즐기고 경험하도록 하고 있다. 즉, 예술을 감상하면서 아름다움을 경험하도록 체험시키는 것이다.

내용범주	0~1세	2세
아름다움 찾아보기	• 예술적 요소에 호기심 가지기	• 예술적 요소 탐색하기
예술적 표현하기	• 리듬 있는 소리로 반응하기 • 움직임으로 반응하기 • 단순한 미술 경험하기 • 모방행동 즐기기	• 리듬 있는 소리와 노래로 표현하기 • 움직임으로 표현하기 • 자발적으로 미술활동 하기 • 모방과 상상놀이 하기
예술 감상하기	• 아름다움 경험하기	• 아름다움 즐기기

(6) 자연탐구 영역

자연탐구 영역에서는 아동으로 하여금 사물에 관심을 가지고 탐색하고, 주변 공간을 이해하며 간단한 규칙을 인지하도록 하고 있다. 또한, 물체와 물질을 탐색하며, 동식물, 주변 자연에 관심을 갖도록 하는 것이다.

내용범주	0~1세	2세
탐구하는 태도 기르기	• 사물에 관심 가지기 • 탐색 시도하기	• 호기심 가지기 • 반복적인 탐색 즐기기
수학적 탐구하기	• 수량 지각하기 • 주변 공간 탐색하기 • 차이를 지각하기 • 간단한 규칙성 지각하기	• 수량 인식하기 • 공간과 도형에 관심 가지기 • 차이에 관심 가지기 • 단순한 규칙성에 관심 가지기 • 구분하기
과학적 탐구하기	• 물체와 물질 탐색하기 • 주변 동식물에 관심 가지기 • 주변 자연에 관심 가지기 • 생활도구 탐색하기	• 물체와 물질 탐색하기 • 주변 동식물에 관심 가지기 • 자연을 탐색하기 • 생활도구 사용하기

CHAPTER_11

위기 아동과 지역사회보호

1. 빈곤가정아동
- 1) 빈곤의 개념
- 2) 현황 및 실태
- 3) 복지 서비스

2. 장애아동
- 1) 장애의 개념
- 2) 현황 및 실태
- 3) 복지 서비스

3. 한부모가족 아동
- 1) 한부모의 개념
- 2) 현황 및 실태
- 3) 복지 서비스

4. 다문화가족 아동
- 1) 다문화 개념
- 2) 현황 및 실태
- 3) 복지 서비스

5. 새터민 아동
- 1) 새터민의 개념
- 2) 새터민 현황
- 3) 복지 서비스

1. 빈곤가정아동

1) 빈곤의 개념

아동의 생활환경과 빈곤은 밀접하게 연관되어 있기 때문에 그 자체로 아동에게 결손이나 결함을 초래하여 아동의 인지발달과 신체발달을 저해하고 행동장애나 정서장애를 유발하기도 한다. 또한, 빈곤은 대물림되는 경향이 크기 때문에 국가의 정책 수립이 요구된다. 빈곤아동을 정의할 때 가장 간단하게는 빈곤한 가정의 만 18세 미만의 아동을 말한다.

빈곤은 절대적 빈곤과 상대적 빈곤으로 구분할 수 있으며 그 내용은 다음과 같다.

(1) 절대적 빈곤(absolute poverty)

절대적 빈곤이란 인간다운 생활을 영유하기 위해 필요한 최소한의 자원이 부족한 상태로 정의할 수 있다. 다시 말해, 생활에 필요한 생필품을 구할 수 있는지에 대한 경제적 능력의 여부가 곧 빈곤의 기준이 된다. 이러한 절대적 빈곤은 영국의 라운트리(Rowntree)가 제시한 빈곤선에 의해 정의되며, 빈곤선은 적절한 생활을 유지하기 위해 필요한 최소 소득수준을 의미한다.

즉, 절대적 빈곤이란 인간으로서 최소한의 생활을 위해 필요한 최저생계비가 부족한 상태로 인간의 기본욕구가 충족되지 않은 빈곤상태를 의미한다.

(2) 상대적 빈곤(relative poverty)

상대적 빈곤은 상대적 박탈, 불평등과 관련이 있다. 즉, 그 사회의 평균 소득수준과 대비하여 상대적으로 소득이 낮은 계층을 빈곤층으로 정의한다. 따라서 사회의 소득수준이나 생활 수준에 따라 빈곤선은 달라질 수 있으며, 절대적 빈곤이 생존과 직결된다면 상대적 빈곤은 생활 수준과 연관이 있다.

2) 현황 및 실태

(1) 아동의 빈곤율

아동의 빈곤율은 최저생계비(이하 '빈곤선'이라함)를 기준으로 빈곤선 미만(최저생계비 미만)을 측정하는데 우리나라 빈곤선 미만 가정의 양부모와 함께 사는 비율은 47%로 전체 가구의 절반에도 못 미친다.

우리나라 아동의 빈곤율을 살펴보면 빈곤선 미만 가정의 유배우 비율(47.3%)이 낮아, 빈곤아동 · 청소년이 경제적 궁핍과 가족해체를 동시에 경험하고 있음을 알 수 있다.

〈표 11-1〉 소득에 따른 유배우 비율

	빈곤선 미만	빈곤선~120%	120%초과	전체(%)
유배우	47.3	69.4	94.4	90.4
이혼	31.5	21.0	2.8	5.3
사별	17.3	6.7	1.4	2.7
별거	2.4	2.6	0.5	0.7
미혼	1.0	0.2	0.7	0.6
기타	0.5	0.1	0.3	0.3

출처: 보건복지부 보도자료(2009. 5. 21.).

거주환경은 주로 아파트(57.2%)에서 생활하며, 단독주택은 19.6%인데 다만 빈곤선 미만 아동·청소년의 6.6%가 반지하 또는 옥탑 등 열악한 주거공간에 거주하는 것으로 나타났다.

소득 및 생활비 측면에서 아동·청소년 가구의 월평균 소득은 323만 원, 월평균 총 생활비는 206만 원으로 소득계층 차이가 뚜렷하여 빈곤선 미만의 경우 월 소득이 약 92만 원으로 120% 초과층의 357만 원대의 30%도 되지 않는 것으로 나타났다.

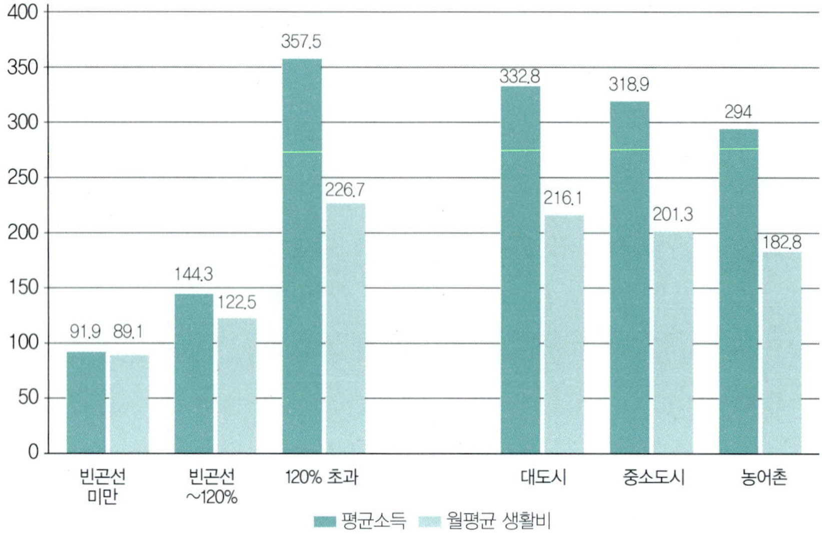

[그림 11-1] **월평균 소득과 생활비**

출처: 보건복지부 보도자료(2009. 5. 21.).

아동빈곤율을 살펴보면 절대빈곤(최저생계비 미만) 아동은 전체의 7.8%, 상대빈곤(중위소득 50% 미만) 아동은 11.5%로 0~18세 아동·청소년가구의 빈곤율은 최저생계비 이하의 절대빈곤층이 전체의 7.8%로 나타났고, 상대빈곤율(중위소득 50% 미만)은 11.5%였다. 농어촌 지역이 아동빈곤에 가장 취약하고(상대빈곤율: 17.3%), 중소도시(상대빈곤율:13.1%), 대도시(상대빈곤율: 8.8%)순으로 나타났다.

3) 복지 서비스

(1) 드림스타트

사업의 목적은 아동이 빈곤에서 탈출해 공평한 출발 기회를 보장하는 아동정책 중 대표적인 것이다. 빈곤아동은 일반아동에 비해 질병 발생률이 1.4배, 학력부진 비율이 2.2배, 술·담배 등 비행 행동이 2배로 나타났다(최선희, 2003). 빈곤한 가정에서 태어난 이유로 인적 자본을 개발할 수 있는 기회마저 제공받지 못한다면 사회적으로 큰 손실이라 할 것이다.

서비스 대상은 0세(임산부)에서 만 12세의 초등학생 이하 아동 및 가족으로 만 12세 이상 아동 중 초등학교 재학 아동을 포함한다. 국민기초수급 및 차상위계층 가정, 보호대상 한부모가족(조손가족 포함), 학대 및 성폭력 피해 아동 등에 대한 우선 지원 원칙이다.

드림스타트 사업은 모든 아동이 성장, 발달에 필요한 공평한 양육 여건과 출발 기회를 보장받을 수 있도록 통합적인 지원을 제공하는 사업이다. 드림스타트의 서비스 내용에는 필수 서비스와 선택 서비스가 있다.

필수 서비스는 건강 검진 및 예방, 정신 건강, 산전 산후 관리, 기초 학습 지원, 사회 정서 지원, 부모교육 서비스 등이 있다. 선택 서비스는 건강관리, 치료 지원, 학습 지원, 문화 체험, 양육 지원 등이 있으며, 아동발달 및 사업 지역의 특성에 따라 필수 서비스 외에 추가적으로 지원되는 서비스로 센터별로 자율적으로 선택, 제공되고 있다.

(2) 일자리 마련

빈곤으로 인해 아동은 신체적 발육부진, 인지적 발달지체, 학업부진, 학교중퇴, 과잉행동장애, 반사회적 행동 등의 다양한 문제에 놓이게 된다. 이를 해결하기 위해서 국가와 관련기관은 적재적소에 개입하여, 빈곤을 해결하기 위해 노력해야 한다. 빈곤을 해결하기 위해서 가장 필요한 것은 역시 일자리의 마련일 것이다. 이를 위해 빈곤가정의 부모와 아동을 위한 맞춤형 직업교육과 지원제도가 필요하며, 저임금 근로자에 대한 복리후생과 근로보장을 위한 노력과 정규직으로의 전환을 위한 정책이 요구된다.

(3) 멘토링을 통한 심리안정

빈곤아동의 경우 중산층 아동에 비해 위험환경에 노출될 가능성이 높으며 이로 인해 문제 행동의 발생 가능성이 더 크다. 이러한 문제 행동과 환경을 간과하게 되면 청소년 이후의 삶에 큰 영향을 미칠 수 있기 때문에 멘토, 멘티, 멘토링 등을 통한 지속적인 지지와 지원이 필요하며, 이를 위한 사회적 시스템 개발이 요구된다.

2. 장애아동

1) 장애의 개념

(1) 개념

장애 및 장애인의 개념은 시대 및 사회적 발전에 따라 변화하였으며 그 나라의 사회적·문화적·경제적·정치적 상황에 따라 변화한다. 유엔의 〈장애인 권리선언〉(1975) 제1조에서는 장애인이란 "선천적이든 후천적이든 신체적·정신적 능력의 불완전으로 인하여 일상의 개인 혹은 사회생활에 필요한 것을 자기 스스로 완전히 혹은 부분적으로 수행할 수 없는 사람"이라고 규정하고 있으며, 우리나라의 경우 「장애인복지법」 제2조 의하면 '장애인'이란 "신체적·정신적 장애로 오랫동안 일상생활이나 사회생활에서 상당한 제약을 받는 자"로 규정하고 있다.

(2) 장애아동의 권리

장애인이라 함은 선천적이든 후천적이든 신체적·정신적 능력의 결여로 인하여 일상의 개인적 또는 사회적 생활에서 필요한 것을 자기 스스로 완전히 혹은 부분적으로 확보할 수 없는 사람을 의미한다. 유엔은 장애인의 권리선언(1975년)을 채택하고 1981년을 세계장애인의 해로 선포하며, 장애아동에 대한 인식과 복지증진을 위해 전세계가 동참할 것을 호소하였다. 〈유엔아동권리협약〉에서는 제23조에서 장애아동의 욕구에 주목하고 있는데 이 조항의 경우 장애아동이 지역사회에 적극적으로 참여할 권리가 있음을 명시하고 있다.

〈유엔아동권리협약 제23조〉

① 당사국은 정신적 또는 신체적 장애아동의 존엄성이 보장되고 자립이 촉진되며 적극적 사회참여가 조장되는 여건 속에서 충분히 품위 있는 생활을 누려야 함을 인정한다.

② 당사국은 장애아동의 특별한 보호를 받을 권리를 인정하며 신청에 의하여 그리고 아동의 여건과 부모나 다른 아동 양육자의 사정에 적합한 지원이, 활용 가능한 재원의 범위 안에서, 이를 받을 만한 아동과 그의 양육책임자에게 제공될 것을 장려하고 보장하여야 한다.

③ 장애아동의 특별한 어려움을 인식하며, 제2항에 따라 제공된 지원은 부모나 다른 아동 양육자의 재산을 고려하여 가능한 한 무상으로 제공되어야 하며, 장애아동의 가능한 한 전면적인 사회참여와 문화적·정신적 발전을 포함한 개인적 발전의 달성에 이바지하는 방법으로 그 아동이 교육, 훈련, 건강관리, 지원, 재활 지원, 취업준비 및 오락기회를 효과적으로 이용하고 제공받을 수 있도록 계획되어야 한다.

우리나라는 2015년 시행된 「장애아동 복지 지원법」 제4조에서 장애아동의 권리를 다음과 같이 설명하고 있다(국가법령정보센터, 시행 2015. 11. 19.).

① 장애아동은 모든 형태의 학대 및 유기·착취·감금·폭력 등으로부터 보호받아야 한다.

② 장애아동은 부모에 의하여 양육되고, 안정된 가정환경에서 자라나야 한다.

③ 장애아동은 인성 및 정신적·신체적 능력을 최대한 계발하기 위하여 적절한 교육을 제공받아야 한다.

④ 장애아동은 가능한 한 최상의 건강상태를 유지하고 행복한 일상생활을 영위하기 위한 의료적·복지적 지원을 받아야 한다.

⑤ 장애아동은 휴식과 여가를 즐기고, 놀이와 문화예술활동에 참여할 수 있는 기회를 제공받아야 한다.

⑥ 장애아동은 의사소통 능력, 자기결정 능력 및 자기권리 옹호 능력을 향상시키기 위한 교육 및 훈련 기회를 제공받아야 한다.

2) 현황 및 실태

우리나라에서 장애아동에 대한 복지 사업에 대한 정책적 조치가 시작된 것은 1970년이다. 장애아동은 대부분 학령기에 해당되어 특수교육적 측면에서의 접근이 상대적으로 크게 이루어져 왔을뿐 사회적 측면에서의 지원대책은 미비한 수준이다.

(1) 장애인 실태

보건복지부(2015)의 2014년 장애인 실태조사의 주요결과를 살펴보면 장애 추정 인구수는 273만 명이며 장애 출현율은 5.59%, 장애 등록률은 91.7%로 대부분이 장애를 등록하는 것으로 나타났다. 선천적 장애 발생률보다 후천적 발생률이 대부분(88.9%)이며 65세 이상 장애인구는 43.3%로 최근 노인인구 가운데 장애노인이 약 절반 가까이 된다. 장애인 가구 중 1인 가구는 24.3%로 혼자 살고 있는 장애인이 1/4이나 되어 장애노인과 장애 1인 가구에 대한 대책이 필요하다.

〈표 11-2〉 **장애인구 및 출현율**

구 분	2005년	2008년	2011년	2014년
장애 추정 인구수	214만 명	–	268만 명	273만 명
장애 출현율	4.59%	–	5.61%	5.59%
장애 등록률	77.7%	–	93.8%	91.7%
후천적 장애 발생률	89.0%	90.0%	90.5%	88.9%
65세 이상 장애인구	32.5%	36.1%	38.8%	43.3%
장애인가구 중 1인 가구	11.0%	–	17.4%	24.3%

출처: 보건복지부 보도자료 (2015. 4. 19.)

(2) 등록장애인 중 장애아동 출현율

연령별 주된 장애 유형을 살펴보면 영유아(3세 미만)는 지적장애와 뇌병변장애가 많고, 학령전 아동기(4~7세)에는 발달장애를 포함한 모든 영역의 장애가 나타나기 시작하는 단계이며, 학령기 아동(8~13세)은 다른 연령대에 비해 언어장애와 발달장애가 상대적으로 높게 나타나고 있다.

3) 복지 서비스

(1) 복지 지원 서비스 내용

우리나라는 「장애아동 복지 지원법」에서 장애아동의 권리를 규정하고 장애아동에 대한 다양한 복지 서비스를 제공하고 있다. 구체적인 복지 지원의 내용은 의료비 지원, 보조기구 지원, 발달재활 서비스 지원, 보육 지원, 가족 지원, 돌봄 및 일시적 휴식 지원, 지역사회 전환 서비스 지원, 문화 예술 등 복지 지원이 있다.

(2) 장애수당

맞춤형 복지제도에 따른 기초수급대상자 및 차상위 계층 중 생활이 어려운 만 18세 이상의 3~6급 등록 장애인을 지원하는 제도이다.

소득인정액이 기준 중위소득 50% 이하이어야 하며, 신청일 기준 만 18세 이상이어야 한다. 다만 특수학교 등 학교에 재학(휴학 포함) 중인 18~20세는 제외되고, 신청일이 속하는 월의 말일까지 만 18세가 되는 경우는 포함된다.

혜택내용으로는 기초생활 수급(생계, 의료, 주거, 교육) 및 차상위의 경우 매월 40,000원, 보장시설 수급자(생계, 의료)의 경우 매월 20,000원의 경증 장애수당을 지원한다.

(3) 장애아동 부양수당

「국민기초생활 보장법」에 의한 수급자 및 차상위 계층의 18세 미만 재가 장애아동 보호자, 보호자가 없는 경우 장애아동 당사자를 지원하는 제도이다. 기초수급 장애인은 1인당 월 200,000원, 기초수급 경증 장애인은 1인당 월 100,000원을 지급하며, 차상위 중증 장애인은 1인당 월 150,000원, 차상위 경증 장애인은 1인당 월 100,000원을 수당으로 지급해 준다.

(4) 의료재활 서비스

장애상태를 최소한으로 줄이고 남은 능력을 최대한 증진시켜 사회에 복귀시키는 데 궁극적 목표를 두는 재활과정으로 약물투여 및 수술 등의 병적요인에 대한 치료, 물리치료, 작업치료, 언어치료 등 기능향상을 위한 치료가 제공된다.

(5) 장애아동을 위한 교육 지원

① 특수교육의 확대와 다양화

장애아동은 장애로 인해 성인이 되어서도 취업이 어렵고, 취업이 어려운 가장 큰 이유 중 하나가 교육수준이 낮다는 것이다. 장애로 인해 교육을 받을 수 있는 권리를 상실하지 않게 하기 위해서는 장애특성에 적합한 특수교육이 필요하다. 특수학교의 확대, 순회교육, 방문교육 등을 통해 교육받을 기회를 다양하게 제공해야 한다.

② 장애에 대한 인식 전환 교육

최우선으로 장애아동이 스스로 자신의 장애에 대해 바르고 정확하게 인지하여야 하며, 장애 때문에 자신감, 자아존중감이 작아지지 않도록 노력하여야 한다.

또한, 일반인들에게도 '장애는 불편할 뿐, 불행한 것이 아니다'라는 인식전환이 필요하다. 그로 인해 장애를 받아들일 수 있는 수용적 태도를 갖게 될 수 있을 것이다.

③ 장애아동 가족을 위한 가족지지 프로그램

장애아동 출산은 가족 모두에게 큰 영향을 끼치지만 어머니가 가장 큰 책임을 느끼는 것이 현실이다. 그로 인해 장애아동 어머니와 가족들은 사회적, 경제적, 심리적으로 큰 부담과 고통을 안고 생활하고 있다.

따라서 장애아동 부모와 가족 구성원이 갖는 긴장과 갈등을 해소하고, 가족들이 긍정적인 가치관을 가지고 생활할 수 있도록 도와주어야 한다. 이를 위해 전문기관의 지속적인 협조와 사회적·심리적 적응 프로그램 개발이 필요하다.

3. 한부모가족 아동

1) 한부모의 개념

한부모가족이란 부모 중 한 쪽의 사망, 이혼, 별거, 가출, 유기 등으로 인해 양친 중의 한 쪽과 보호를 필요로 하는 미혼의 자녀로 구성된 가족형태를 말한다(곽형식 외, 2013).

일반적으로 한부모가족은 부나 모 중의 한 사람이 단독으로 부모의 역할을 수행하는 가족으로 인식되고 있으며 부모의 한쪽과 자녀가 함께 사는 것을 가리킨다. 즉, 한부모와 그 부모의 보호를 요하는 자녀로 구성된 집단을 지칭함으로써 자녀가 있더라도 그 자녀를 보호하고 있지 않은 부모는 혼자 사는 것으로 간주하여 가족이나 집단으로 보기 어렵다는 의미가 내포되어 있다.

2) 현황 및 실태

(1) 한부모가족 현황 및 실태

자녀가 부모 중 한 명과 사는 가족 형태인 한부모가족은 최근 들어 이혼 증가 등의 사유로 인해 증가하고 있는 추세이다(곽형식 외, 2013). 2009년 1,551가구에서 2014년 1,749가구로 5년간 198가구가 증가하였으며 지금도 꾸준히 증가하고 있다.

전체 가구 수 18,457,628가구 중에서 한부모가족은 1,749,969가구(9.5%)로 나타나 우리나라 전체 가구 수의 약 10%를 차지하고 있다. 이 중에서 모자 가구는 1,352,517가구로 부자 가구 397,452가구에 비해 약 3.4배나 높게 나타나고 있어 우리나라 모자 가구의 어려움을 유추해 볼 수 있다.

〈표 11-3〉 한부모가족 비율

년도	추계가구			한부모가족 수	한부모가족 비율(%)
	전체	부+자녀	모+자녀		
2000년	14,507,010	222,067	914,299	1,136,366	7.8
2001년	14,843,989	234,782	951,866	1,186,648	8.0
2002년	15,170,029	248,281	989,603	1,237,884	8.2
2003년	15,465,163	261,575	1,024,865	1,286,440	8.3
2004년	15,720,436	274,572	1,056,877	1,331,449	8.5
2005년	15,971,010	287,962	1,088,059	1,376,021	8.6
2006년	16,289,194	300,981	1,124,609	1,425,590	8.8
2007년	16,542,700	312,497	1,155,527	1,468,024	8.9
2008년	16,791,160	323,770	1,185,507	1,509,277	9.0
2009년	17,052,164	335,179	1,215,693	1,550,872	9.1
2010년	17,359,333	347,117	1,247,507	1,594,624	9.2
2011년	17,687,001	360,503	1,278,034	1,638,537	9.3
2012년	17,950,675	372,938	1,304,477	1,677,415	9.3
2013년	18,206,328	385,222	1,329,197	1,714,419	9.4
2014년	18,457,628	397,452	1,352,517	1,749,969	9.5

출처: 통계청 추계가구 각년도.

3) 복지 서비스

(1) 한부모가족 지원 사업

한부모가족 지원 사업의 기본방향은 저소득 한부모가족, 미혼모·부자가족, 조손가족 등 취약가족이 가족기능을 유지하고 건강한 생활을 영위할 수 있도록 다양한 지원 사업을 수행함으로써 한부모가족의 생활안정과 자립기반 조성 및 복지증진에 기여한다.

(2) 저소득 한부모가족 자녀 양육비 등 지원

저소득 한부모가족 아동 양육비, 아동교육 지원비, 생활보조금 등의 지원을 통해 아동의 건강한 성장과 가정의 생활안정을 도모한다.

사별·이혼 등의 사유에 의한 한부모가족으로 다음 조건을 모두 충족하는 경우 지원한다. 세대주인 모 또는 부가 양육하는 만 18세 미만(취학 시 만 22세 미만)의 자녀가 있는 경우 또는 부모로부터 부양을 받지 못하는 만 18세 미만(취학 시 만 22세 미만) 손자녀를 (외)조부 또는 (외)조모가 양육하는 조손가족을 포함한다.

〈표 11-4〉 2015년도 한부모가족 소득인정액(최저생계비 130% 이하) 기준

가구 규모	2인 가구	3인 가구	4인 가구	5인 가구	6인 가구
금액(원/월)	1,366,362원	1,767,594원	2,168,827원	2,570,061원	2,971,293원

출처: 보건복지부 홈페이지.

아동 양육비는 만 12세 미만 아동의 경우 월 10만 원을 지원하고, 추가 아동 양육비는 조손가족 및 모 또는 부의 연령이 만 25세 이상인 미혼 한부모가족의 만 5세 이하 아동에게 1인당 월 5만 원을 추가로 지원한다. 생활보조금은 한부모가족 복지시설에 입소한 가족에게 가구당 월 5만 원을 지원한다.

(3) 청소년 한부모 자립 지원

청소년 한부모가 스스로 자녀를 키울 수 있도록 자녀 양육환경을 조성하고 조기 자립할 수 있도록 지원한다.

한부모가족 중 모 또는 부의 연령이 만 24세 이하(2015년 기준, 1990년 1월 1일 이후 출생자)이고 소득인정액이 최저생계비의 150% 이하인 청소년 한부모가족(최장 5년간 지원)을 지원한다.

아동 양육비는 소득인정액 기준 최저생계비 150% 이하(「국민기초생활 보장법」상 생계급여 수급자 제외) 청소년 한부모가족의 아동 1인당 월 15만 원을 지

원한다. 검정고시 학습비는 소득인정액 기준 최저생계비 150%이하(「국민기초생활 보장법」상 수급자 포함) 청소년 한부모가족의 부 또는 모가 검정고시 학습 시 연 154만 원 이내에서 지원한다. 고교생 학비는 소득인정액 기준 최저생계비 150% 이하(「국민기초생활 보장법」상 생계급여 수급자 제외) 청소년 한부모가족의 부 또는 모가 정규 고교 과정 이수 시 입학금·수업료를 실비로 지원한다.

자립 지원촉진수당은 만 24개월 이하의 아동을 키우는 「국민기초생활 보장법」상 수급자인 청소년 한부모가족의 부 또는 모가 학업이나 취업 등 자립활동 시 월 10만 원을 지원한다.

(4) 저소득 한부모가족 주거 지원 서비스

한부모가족 복지시설 주거환경 개선, 종사자 역량강화 및 입소자의 정서적 안정과 치료를 통하여 생활이 어려운 한부모가족에게 일정 기간 양질의 서비스를 제공하여 안정적으로 보호함으로써 자립기반을 조성할 수 있도록 지원한다.

국토교통부의 관련규정에 따라 저소득 한부모가족에게 영구임대주택, 다가구 매입주택 등에 입주 우선권을 부여하고 있는데 조건은 「한부모가족 지원법」 보호대상자로 선정되어 '한부모가족증명서' 발급이 가능한 경우에 한한다.

(5) 권역별 미혼모·부자 지원기관 운영

미혼모·부가 자녀를 스스로 양육하고자 할 경우 초기 위기에 대처할 수 있도록 다양한 서비스를 제공함으로써 아동 양육은 물론 자립에 이르도록 지원한다.

서울 등 전국의 17개(2015년)소의 거점기관에서 미혼모 또는 미혼부 가족의 자녀양육 및 경제자립을 위한 포괄적이고 종합적인 지원 서비스를 제공한다. 임신 초기부터 온-오프라인 상담 및 종합적인 정보를 제공하고, 자녀출산 및 양육과정에서 응급상황 발생 시 병원비, 생필품 등을 지원하며 , 미혼모·부자를 위한 문화체험 및 교육 프로그램도 운영한다.

(6) 심리상담 및 부모교육 지원

대부분의 한부모가족 아동은 본인의 선택과는 별개로 부모의 이혼이나 별거 등으로 경제적 여건이나 거주지가 변화하기도 한다. 또한, 이혼과정이나 부모의 사망으로 인해 심리적 외상(trauma)을 겪기도 한다. 이러한 심리적 외상 등을 치료하기 위해 아동에게는 심리 상담이 필요하며 부모에게도 실패가 아닌 새로운 시작점에 있음을 중요하게 여길 수 있는 심리 상담과 부모교육이 요구된다.

4. 다문화가족 아동

1) 다문화

2005년경부터 결혼이민자가 급증하면서 이에 따른 여러 가지 문제가 발생하고 사회적 이슈에 따른 대책을 마련하기 위한 정부정책과 이주노동자가 광범위하게 증가하면서 다문화라는 용어가 등장하였다. 다문화 사회의 의미는 기존에 우리가 주로 정의하였던 단일문화와 반대되는 개념이며 정부가 결혼이민자의 문제를 다루기 위해 사용한 다문화, 다문화가족, 다문화주의가 널리 퍼지게 되었다.

(1) 다문화의 개념

다문화는 다양한 인종과 함께 살아가야 한다는 의미이다. 우리나라는 전통적으로 가족에 대한 개념이 강하게 형성되었는데 결혼이민자, 외국인 노동자, 새터민, 난민 등 다양한 인종의 사람들이 유입되면서 더불어 다양한 사람들과 공생하자는 의미를 내포하고 있다. 더불어 다양한 인종, 다양한 국가, 다양한 사람들의 다양성을 인정하고 존중하며 그들에 대한 차별인식을 개선하자는 의미도 갖고 있다.

(2) 다문화가족 발생 원인

다문화가족의 가장 큰 발생 원인은 첫째, 저출산과 고령화사회로 인한 국제결혼의 증가이다. 즉, 한국남성이 다른 나라 여성과 결혼하거나, 한국여성이 다른 나라 남성과 결혼하는 국제결혼이 많아지면서 부터이다. 특히 농어촌지역의 총각들이 결혼을 하지 못하면서 베트남, 필리핀, 중국, 몽골, 일본 등 아시아권 여성들과의 국제결혼이 활성화되면서 국내 결혼이민자 수가 급증하였다. 둘째, 자본의 세계화와 이주노동자의 유입이다. 우리나라 경제가 발전하면서 제조업과 건설부문에서 부족한 인력을 충당하기 위해 값싼 외국인 노동자들이 대거 유입되었다.

2) 현황 및 실태

전국 다문화가족 실태조사(여성가족부, 2013)를 기준으로 다문화가족의 가족구성을 살펴보면 전체 가구에서 부부+자녀로 이루어진 가구가 48.3%로 가장 높게 나타나 다문화가족의 대부분은 부부와 자녀가 함께 사는 것을 알 수 있다. 결혼이민자, 귀화자 등의 출신국적을 살펴보면 부부+자녀로 이루어진 가구의 경우 아시아권이 높은 비중을 차지하고 있다.

국가별 국제결혼 건수를 살펴보면 2012년 한국남자와 외국여자가 20,637건, 한국여자와 외국남자가 7,688건으로 한국남자와 외국여자의 국제결혼이 약 3배가량 높게 나타났다. 국가별로는 한국남자와 외국여자의 결혼은 중국이 7,036건으로 가장 높으며 다음으로 베트남이 6,586건이다.

다문화 출생아 수 및 출생성비를 보면 2014년 다문화 출생아는 21,174명으로 전년(21,290명)보다 116명(0.5%) 감소하였고 2014년 전체 출생은 43만 5천 건으로 전년보다 0.2% 감소하였으며 다문화 부모의 출생아도 0.5% 감소하였다. 전체 출생에서 다문화 출생이 차지하는 비중은 4.9%로 전년과 유사한 수준이다.

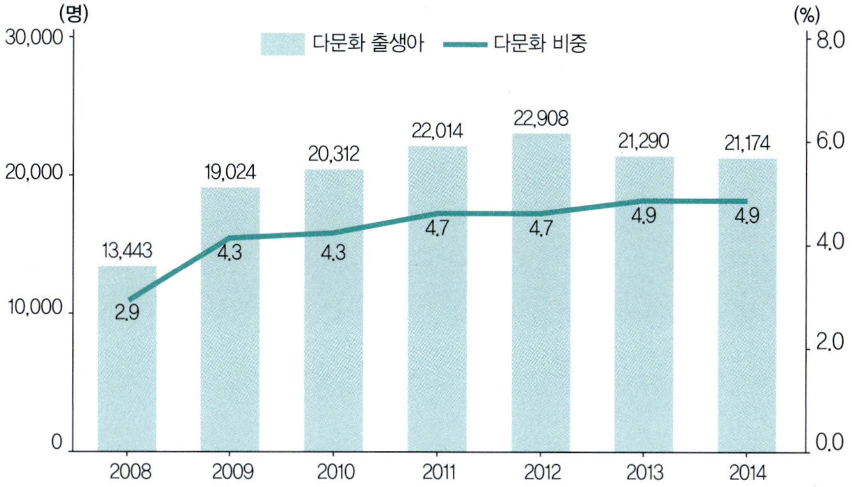

[그림 11-2] **다문화 출생아 수 및 비중**

출처: 통계청, 2014년 다문화 인구동태 통계.

3) 복지 서비스

(1) 다문화가족 지원 사업

다문화가족을 위한 가족교육 상담, 문화 프로그램 등 서비스 제공을 통해 결혼이민자의 한국사회 조기적응 및 다문화가족의 안정적인 가족생활을 지원한다(여성가족부 홈페이지).

① 1단계: 입국 전 결혼준비기

결혼이민(예정)자 현지 사전교육 운영의 내실화를 위하여 베트남, 몽골, 필리핀, 캄보디아 현지에서 표준교재(한국문화, 한국어 등)를 활용한 한국입국 전 정보를 3개국 5개소에서 실시하고 있다.

② 2단계: 입국초 가족관계 형성기

결혼이민자의 조기적응 및 안정적 생활 지원, 한국어교육, 다문화가족통합교육, 다문화가족 취업연계 및 교육 지원, 개인·가족상담 등 종합 서비스 제공, 다국어판 생활·정책 정보 매거진(Rainbow+, 연 4회), 한국생활 가이드북 제공, 다문화가족 지원 포털 '다누리'를 운영하여 한국생활 정보를 제공하고 있다.

③ 3단계: 자녀양육 및 정착기

부모의 자녀 양육 능력 향상을 위한 부모교육 서비스, 학업성취가 낮고 자아·정서·사회성 발달에서 어려움을 겪고 있는 다문화가족 자녀에게는 자녀생활 서비스를 지원하고 있으며, 다문화가족 자녀 언어발달 지원, 다문화가족 자녀가 한국어와 함께 결혼이민자 부모의 언어를 자연스럽게 쓸 수 있도록 지원하는 '다문화가족 이중언어 가족조성 사업'을 실시하고 있다.

(2) 다문화가족 지원센터 운영

다문화가족을 위한 가족교육 및 상담, 문화 프로그램 등 서비스 제공을 통해 결혼이민자의 한국사회 조기적응 및 다문화가족의 안정적인 가족생활을 지원한다.

지역사회 다문화가족을 대상으로 한국어교육·가족통합교육, 자조모임 육성 등 종합 서비스를 제공하여 다문화가족의 조기 적응 및 사회·경제적으로 자립할 수 있는 서비스 전달 체계 운영을 지원한다.

① 방문교육 사업

지리적 여건 등으로 센터 이용이 어려운 다문화가족 대상 한국어교육 및 부모교육 서비스, 자녀생활 서비스 등을 제공한다.

〈표 11-5〉 다문화가족 방문교육

서비스	대상	서비스 내용
한국어교육	입국 5년 이하 결혼이민자, 중도입국자녀(만 19세 미만, 1996. 1. 1. 이후 출생자)	• 한국어교육 1~4단계 • 어휘, 문법, 활용, 문화
부모교육 서비스	생애주기별 각 1회 지원 (최대 15개월, 총 3회 지원) ① 임신·신생아기(임신 중~생후 12개월 이하) ② 유아기(12개월 초과~48개월 이하) ③ 아동기(48개월 초과~만 12세 이하)	• 자녀양육 지원을 위한 부모교육(부모성장, 자녀관계 형성, 영양, 건강관리, 학교·가정생활 지도) • 가족상담, 정서 지원 서비스 • 기타 한국생활에 필요한 정보 제공
자녀생활 서비스	만 3~만 12세 이하 다문화가족 자녀	• 독서코칭, 숙제, 발표토론 지도 • 자아·정서·사회성 발달 지도 • 문화인식, 정체성 확립, 공동체 인식 지도 • 기본 생활습관, 건강 및 안전, 가정생활, 진로 지도

출처: 보건복지부 홈페이지.

② 결혼이민자 통·번역 서비스 사업

결혼이민자를 통·번역 전문인력으로 채용하여 의사소통이 어려운 결혼이민자에게 통·번역 서비스를 제공하고 있다. 가족생활 및 국가 간 문화 차이 등 입국초기 상담, 결혼이민자 정착 지원 및 국적·체류 관련 정보 제공 및 사업 안내, 임신·출산·양육 등 생활정보 안내, 상담 및 교육과정 통역, 가족간 의사소통 통역, 행정·사법기관, 병원, 학교 등 기관 이용 시 통·번역, 위기상황 시 긴급 지원, 전화 및 이메일 통·번역 업무 처리 등의 서비스를 이용할 수 있으며 해당지역의 다문화가족 지원센터를 방문하거나 전화·이메일 등으로 신청하면 된다.

③ 다문화가족 자녀 언어발달 지원 사업

다문화가족의 자녀에 대한 체계적이고 전문적인 언어발달 지원을 통해 이들이 건강한 사회 구성원, 나아가 글로벌 인재로 성장할 수 있도록 지원하는 사업으로 다문화가족의 만 12세 이하 자녀에 대한 언어발달 진단 및 교육을 위해 다문화가족 지원센터에 언어발달지도사를 배치하여, 센터 내 자체 프로그램 운영 및 인근 보육시설인 어린이집, 유치원 등에 파견한다.

④ 이중언어 가족환경 조성 사업

가정 내에서 영유아기부터 자연스럽게 이중언어로 소통할 수 있는 환경을 조성, 다문화가족자녀(영유아기)의 정체성 확립 및 글로벌 인재로의 성장을 위하여 부모-자녀 이중언어 상호작용 교육, 부모교육 및 사례관리, 자조모임 등을 지원한다.

5. 새터민 아동

1) 새터민의 개념

새터민이란 '새로운 터전에서 삶을 시작하는 사람'이라는 뜻의 순 우리말로 '북한 이탈주민'이란 용어를 대신하여 2005년부터 통일부에서 권장하여 사용하고 있다(지은구 외, 2015). 북한 이탈주민이란 대한민국 법률상의 용어로 북한에 주소, 직계가족, 배우자, 직장 등을 두고 있는 자로서 북한을 벗어난 후 외국의 국적을 취득하지 아니한 자를 말한다.

새터민가족은 북한 이탈주민으로 구성되었거나 북한 이탈주민과 결혼을 하여 법적인 가족이 된 사람들을 말한다.

2) 새터민 현황

통일부(2015) 자료에 의하면 북한을 탈출하여 국내에 입국한 새터민은 2015년 12월 말 총 입국자가 28,795명으로 파악되었으며 여성이 20,292명, 남성이 8,503명으로 집계되고 있다. 북한 이탈주민 입국인원 현황을 살펴보면 북한 이탈주민의 국내 입국 인원은 2005년 이후 지속적으로 증가추세를 유지하였으나 2012년 이후부터는 연간 1,500여 명 정도로 감소하고 있으며 2014년 입국 인원은

1,397명이었다.

〈표 11-6〉 북한 이탈주민 연령별 현황 (단위: 명)

구분	0~9세	10~19세	20~29세	30~39세	40~49세	50~59세	60세 이상	계
남	592	1,508	2,236	1,924	1,171	441	308	8,180
여	593	1,789	5,410	6,143	3,275	990	870	19,070
합계	1,185	3,279	7,646	8,067	4,446	1,431	1,178	27,250

출처: 통일부(2016). 남북하나재단. 통계자료.

3) 복지 서비스

정부는 북한 이탈주민들이 우리사회 일원으로 자립·자활 의지를 갖고 안정적으로 정착하도록 「북한 이탈주민의 보호 및 정착 지원에 관한 법률」(1997. 1. 14. 제정)에 따라 다양한 정책적 지원을 시행하고 있으며 2012년에는 북한 이탈주민 정착 지원사무소(제2하나원) 시설을 확충하고, 여성특화교육 프로그램을 강화하고 심리안정 및 건강회복 지원을 강화하고자 노력하고 있다. 또한, 조속한 자립·자활을 지원하기 위해 북한 이탈주민이 가장 큰 애로를 호소하는 취업 문제 해결을 위해 노동부·기업 등과 유기적 협력관계를 구축하고 '북한 이탈주민 일자리 창출 사업'을 진행하고 있다(이종복 외, 2013).

(1) 탈북대학생 취업역량 강화

이 프로젝트는 남북협력재단과 전경련이 2015년 11월 9일, 탈북대학생 취업역량강화 및 통일미래 양성을 위한 '탈북대학생 취업역량강화를 위한 업무협약(MOU)'에 따라 추진되는 후속 사업이다. 프로젝트에 참여하는 42명은 대학에 재학 중이거나 취업을 준비하는 탈북청년으로, 산업현장시찰과 함께 시장경제교육·기업가 정신·노동과 취업 등을 주요내용으로 하는 통일경제캠프(EUC: Economic Unification Camp)와 남북협력재단의 취업아카데미, 취업 지원센터의 취업알선 등의 one-stop 취업 지원 서비스를 받게 된다.

(2) 생활안정키트 제공

하나원을 수료한 북한 이탈주민에게 전입초기에 필요한 생활용품(생활안정키트, 가스레인지)을 제공함으로써 안정적으로 정착할 수 있도록 지원한다. 지원대상은 하나원 수료자(세대별 지급)이며, 지원방법은 수료 전 하나센터로 발송된다. 쌀, 잡곡 등의 식료품과, 냄비, 프라이팬 등 생활용품도 지원된다.

(3) 청소년 교육 및 장학금

장학 지원대상은 중고등학생 및 대학(원)생으로 안정적인 학업수행을 위한 학비 및 생활비를 연 2회 보조하고 있다.

WEST 프로그램은 국내 소재 4년제 대학 4학기 이상, 전문대학 2학기 이상 이수한 탈북대학생을 위주로 왕복항공료, 참가비, 어학연수 생활비, 무급인턴 생활비 등을 50% 지원한다. 선정방법은 1차 서류 심사이고, 2차는 영어면접, 3차는 인성면접이다.

CHAPTER_12

가정위탁 및 입양

1. 가정위탁 서비스
   1) 개념
   2) 위탁 가정 선정 기준
   3) 현황 및 실태

2. 조손가족 아동
   1) 개념
   2) 발생 원인
   3) 현황 및 실태

3. 입양 서비스
   1) 개념
   2) 입양의 유형
   3) 현황 및 실태

1. 가정위탁 서비스

1) 개념

가정위탁보호 서비스란 학대나 방임, 빈곤, 이혼, 가족해체 등으로 친부모가 아동을 양육하지 못하는 경우 혹은 양육하지 않는 것이 더 낫다고 판단될 때 일시적으로 아동을 다른 가정(위탁 가정)에서 맡아 양육하는 아동복지제도이다(이재연 외, 2013). 아동은 자기가 태어난 가정에서 자기 가족들과 함께 성장. 발달해야 한다. 그러나 가정이 아동 양육에 적합하지 못하거나, 부모가 아동을 보살필 능력이 없거나, 부모들의 이혼, 유기, 사망 등으로 가정이 파괴되어 있거나, 또 가정환경에서 잘 지낼 수 없는 행동문제 등을 갖고 있는 경우는 부득이 대리가정을 마련해 줄 수밖에 없다(공계순 외, 2013).

정부가 가정위탁보호 사업을 지원하여 본격적으로 시행하게 된 배경에는 〈유엔아동권리협약〉이 있다. 협약 당사국의 의무로 제출한 국가보고서에 대해 유엔아동권리위원회가 섭외하여 여러 가지 제안을 권고 의견으로 국가에 제시한다(이재연 외, 2006).

이러한 권고 의견을 고려하여 우리 정부는 아동 정책을 입안하고 각종 아동복지제도와 서비스를 구축하는 노력을 기울여 왔는데, 가정위탁보호 서비스도 그러한 노력 중 하나라고 볼 수 있다.

(1) 가정위탁 서비스의 정의

미국의 아동복지연맹에서 출판된『가정위탁보호 서비스 교본』에 의하면 '가정위탁보호'란 아동복지 서비스의 하나로서, 자기 가정에서는 일시적으로나 또는 장기적으로 보호받을 수 없는 아동에게 어떤 계획된 기간 동안 주어지는 대리가정에 의해 보호를 받는 것을 말한다.

부모와 관련된 어려움으로 인한 가정위탁보호는 어머니의 신체적·정신적 질병으로 인한 경우가 많다. 이러한 경우, 가정 전체가 문제 상황에 처하게 되므로 가정위탁보호가 필요하게 되는 것이다(오정수·정익중, 2013). 또한, 가정의 붕괴, 경제적 어려움도 가정위탁보호를 필요로 하게 되는 요인이 된다.

(2) 의의

수용인원에 비해 시설규모가 크고 시설종사자는 적은 아동복지 시설의 환경 속에서는 수용아동에게 부모의 기능을 대신할 만한 보호를 기대하기 어렵기 때문에 가정이 없는 아동에게 가정적 환경을 마련해 준다는 의미에서 가정위탁 사업은 바람직한 대리 보호제도로서의 의의가 있다(오정수·정익중, 2013). 가정위탁보호 서비스 사업의 궁극적인 목적은 부모로부터 격리된 아동이 부모에게 다시 돌아갈 때까지 가정적인 분위기에서 건강하게 성장하도록 보호하며 빠른 시일 내에 보호자에게로 돌아가거나 다른 좋은 가정에 입양되도록 돕는 데 있다.

(3) 가정위탁 서비스의 유형

일반적으로 위탁보호의 유형은 목적에 따라 다음과 같이 구분될 수 있다.주로 위탁행위에 대한 무료와 유료의 비용구분과 위탁기간 중 아동을 고용, 수탁자가 양자로 삼는 것, 심신장애아동의 전문위탁, 그룹홈과 기관에 의한 일시보호시설 등으로 나눌 수 있다(박희숙 외, 2014).

① 무료위탁보호

양육부담을 수탁자가 부담하는 등 순수한 자원봉사로 이루어지며 무상으로 위탁받은 아이들을 가정에서 돌보는 것으로, 가정위탁 사업의 효시이다. 아동 양육을 통해 모성애의 충족을 기쁨으로 여기며 자선적 입장에서 무료로 양육한다.

② 유료위탁보호

위탁받은 가정이 아동 보호를 위해 사회기관으로부터 양육에 따른 수고비를 받는다. 분유값 등 양육비용 전부 혹은 일부를 위탁자가 부담한다.

③ 고용위탁보호

위탁기간 중 아동이 노동을 하여 숙식비 및 추가비용을 대신하는 것으로 고용노동을 통해 양육에 필요한 비용을 부과함과 동시에 장차 자립생활을 할 수 있는 여건을 마련한다. 아동은 노동력을 제공하는 대신 직업훈련을 통해 일을 배워 자립할 수 있으며 주로 청소년이 대상(우리나라의 경우 「근로기준법」에 의해서 13세 이상의 아동만 대상)이 된다. 보호받는 아동이 숙식과 임금을 제공받을 수 있는 위탁과 단순히 노동의 대가로 숙식만 제공받는 두 가지 형태가 있다.

④ 입양위탁보호

수탁자가 보호대상 아동을 자기의 양자로 하기 위한 것이다.

⑤ 전문위탁보호

주로 심신장애아동을 대상으로 이루어진다. 치료와 재활기능을 갖는 것으로 양부모는 아동의 치료자가 되며 다른 형태의 위탁보호보다 수탁료가 비싸다. 심한 정서적 문제가 있어서 행동이 불안하지만 가정생활을 통해 도움을 받을 수 있는 아동을 위한 것이다. 이때 양부모는 아주 높은 수준의 인격과 훈련의 소유자여야 한다.

⑥ 집단위탁보호

그룹홈으로서 4~12명 정도의 인원을 수용하는 시설에서 운영한다. 시설에서 생활한 아동이 사회나 가정으로 성공적으로 되돌아갈 수 있는지의 시험이 필요한 경우 혹은 시설에서보다 자연스러운 생활경험의 기회가 필요한 경우에 필요한 유형이다.

⑦ 의뢰위탁보호

미아, 기아 등 갑작스러운 위기상황이 발생하였을 때 기관에 의뢰하여 실시되는 형태이다. 우리나라의 일시 보호시설처럼 위탁기간 동안 아동에 대한 조사와 진단을 실시하여 아동의 배치형태를 결정하게 된다.

2) 위탁 가정 선정 기준

일반가정의 위탁 부모는 각 시·도의 가정위탁 지원센터에서 모집·선발하여 교육하고 있다(한성심·송주미, 2014). 위탁 가정 선정 기준은 다음과 같다(보건복지가족부, 2010년도 아동청소년 사업 안내).

(1) 기본요건(친·인척 및 일반인 공통)

- 위탁 아동과 동거할 것(단, 층의 위아래 경우는 해당).
- 위탁 아동을 돌봄에 현저한 장애 및 건강상의 질병이 없을 것.
- 위탁받고자 하는 자 및 그 가족에게 범죄, 가정폭력, 아동학대, 알콜·약물 중독 등의 전력이 없을 것.
- 위탁 가정으로 적합한지 여부를 가정조사 시 이웃 등을 통해 확인.
- 가정위탁에 필요한 교육을 이수할 것. 다만, 대리 양육가정 및 친·인척 위탁 가정의 경우에는 가정위탁 후 6개월 이내 교육이수가 필요하다.

(2) 일반인에 의한 위탁보호

- 위탁 부모가 혼인관계를 유지하고 있으며 위탁 아동을 부양함에 충분한 재산이 있어야 한다.
- 위탁 아동에 대하여 종교의 자유를 인정하고 사회의 일원으로서 그에 상응한 양육과 교육을 할 수 있을 것.
- 가정이 화목하고 정신적·신체적으로 위탁 아동을 양육함에 현저한 장애가 없을 것.
- 공립아동상담소 또는 이웃주민 2인 이상의 추천을 받을 것.
- 위탁받는 자의 나이가 25세 이상(부모인 경우 부모 모두 해당)으로서 위탁 아동과의 연령차이가 60세 미만일 것.
- 위탁 가정의 아동은 자신의 자녀를 포함 4인을 넘지 않을 것(18세 이상 친자녀는 자녀 수에서 제외).

• 결혼하여 아이를 키워 본 경험이 있는 가정을 원칙으로 한다.

3) 현황 및 실태

(1) 가정위탁 유형별 현황

가정위탁을 한 세대 수는 11,043세대이며, 아동은 14,340명이었다. 그중 대리양육 위탁 아동은 9,592명이고, 친인척위탁은 3,752명, 일반위탁은 996명이었다.

〈표 12-1〉 가정위탁 유형 (2014년)

합계		대리 양육위탁		친인척위탁		일반위탁	
세대수	아동수	세대수	아동수	세대수	아동수	세대수	아동수
11,043	14,340	7,217	9,592	3,036	3,752	790	996
100%	100%	65.4%	66.9%	27.5%	26.2%	7.2%	6.9%

출처: 중앙가정위탁지원센터 홈페이지 자료실.

(2) 가정위탁 아동의 성별 및 연령

14,340명 중 남자아동이 7,588명, 여자아동이 6,752명으로 남자아이가 더 많았으며, 연령분포를 보면 고등학생이 38%, 중학생 28.5%, 초등학생 19%, 20세 이상 10.2%, 유아 3.5%, 영아 0.8%의 순이었다.

〈표 12-2〉 가정위탁 아동의 성별 및 연령 (2014년)

계	남	여	계	1~3세 (영아)	4~7세 (유아)	8~10세 (초등학생)	11~13세 (초등학생)	14~16세 (중학생)	17~19세 (고등학생)	기타 (20세 이상)
14,340	7,588	6,752	14,340	121	506	873	1,846	4,086	5,443	1,465
100%	52.9%	47.1%	100%	0.8%	3.5%	6.1%	12.9%	28.5%	38.0%	10.2%

출처: 중앙가정위탁지원센터 홈페이지 자료실.

(3) 가정위탁 사유

가정위탁 사유를 보면 이혼이 가장 많은 31.6%였으며, 별거·가출, 부모사망, 부모 수감, 혼외 출생 등의 순이었다.

〈표 12-3〉 가정위탁 사유(2014년)

계	부모 모두 사망	부or모의 사망	별거·가출	부모 질병	부모 수감	이혼	실직·빈곤	부모 장애	학대·방임	미혼모(부)·혼외 출생	사설 의뢰	기타
14,340	693	3,618	4,009	201	386	4,538	177	58	203	300	63	94
100%	4.8%	25.2%	28.0%	1.4%	2.7%	31.6%	1.2%	0.4%	1.4%	2.1%	0.4%	0.7%

출처: 중앙가정위탁지원센터 홈페이지 자료실.

(4) 외국의 가정위탁 서비스

① 미국

미국은 사회복지 서비스의 대부분을 민간기관 중심으로 운영하고 있는데, 가정위탁 서비스도 지방정부가 직접 운영하는 경우보다 민간단체가 운영하는 경우가 많으며, 각 주법에 의하여 지원과 감독을 받는다.

가정위탁 서비스의 종류는 크게 친인척 가정위탁과 일반 가정위탁으로 나눌 수 있다. 친인척 가정위탁은 친척 등의 연고자에게 아동을 위탁하는 것으로 전체 위탁 아동의 30% 정도를 차지한다. 일반 가정위탁은 응급 가정위탁(emergency care), 집단 가정위탁(family group care), 전문화된 가정위탁(specialized foster home care) 등으로 나뉜다.

② 영국

영국은 19세기 이후 보호대상 아동을 빈민이나 부랑인 시설에서 분리하여 따로 수용하기 시작하였다. 가정위탁에 대한 최초의 법적 규제는 1872년 「유아생명 보호법」이며, 현대적 의미의 가정위탁제도는 아동법의 기초가 된 커티스위원회 보고서의 영향이 크다. 1948년 「아동법」이 제정되면서 보호대상 아동은 정부의 책임으로 규정되었으며, 보호 방법으로 시설 보호보다는 지역사회 내의 가정위탁 보호가 더 바람직하다는 인식에 기초하고 있다. 이러한 정책의 영향으로 아동들은 대규모 시설에서 퇴소하여 위탁 가정에 배치되고 있다.

③ 일본

가정위탁 보호의 구체적인 운영 방침은 1948년 '가정양육 운영요강'이 만들어지면서부터 시작됐으나 아동을 둘러싼 사회적 조건의 변화에 대응하여 제정된 지 40년 만인 1987년 전부 개정되어, 새로운 '위탁 부모 등 가정양육 운영요강'이 1988년부터 시행되고 있다. 일본의 가정위탁 서비스제도의 큰 특징으로 위탁부모연합회의 활동을 들 수 있다. 10월을 위탁 부모의 달로 정하고 '위탁 부모를 찾는 운동'을 후생노동성, 도·부·현이 주최하며 위탁부모연합에 위탁 부모, 위탁 자녀, 아동양호시설 등의 입소아동과 아동복지에 관심이 있는 주민과의 교류를 모색한다.

④ 대만

대만에서는 1984년 '아동위탁보호 실시령'을 제정하여 가정위탁에 대한 법령을 만들고, 대만 최대의 민간아동복지기관인 CCF(Chinese Children's Fund, 중화아동복지기금)에 사업을 위탁하여 정부 차원에서 사업을 활발하게 전개하고 있다. 대만은 위탁 아동의 친부모, 직계존속, 후견인 등에게 위탁비용에 대한 책임을 현·시 규칙, 조례를 통하여 강제하고 있다. 대만은 학대받은 아동을 가정으로부터 분리시키는 방법으로 가정위탁보호 서비스를 실시하고 있다. 사회복지기관이 아동학대 문제의 해결 방안으로 가정위탁 보호 서비스를 정부에 건의하였고, 그 결과 사회복지기관의 다양하고 전문적인 서비스가 제공되고 있으며, 민과 관의 협력을 통하여 사업의 효율화를 기하고 있다.

2. 조손가족 아동

1) 개념

가정이 아동 양육에 적합하지 못하거나, 그의 부모가 아동을 보살필 능력이 없거나, 부모의 이혼, 유기, 사망 등으로 가정이 파괴되어 있거나, 또 가정환경에서 잘 지낼 수 없는 행동문제 등을 갖고 있는 경우(공계순 외, 2013) 부득이 조부모가 아동을 돌보는 경우가 발생한다. 즉, 조손가족이란 부모와 동거하지 않고 조부모와 손·자녀가 함께 살고 있는 가족의 형태이며 조부모와 함께 생활하고 있는 18세 미만의 손·자녀를 조손가족 아동이라고 한다.

2) 발생 원인

조손가족이 발생하는 가장 큰 원인은 친부모의 이혼이나 재혼으로 인한 가족해체가 가장 많으며 친부모의 사망이나 사업실패, 가출과 실종 등이 발생 원인이 된다. 이런 경우 조부모는 손자녀의 다양한 욕구충족과 양육에 일차적인 책임을 지게 되며 부모로부터 양육을 받지 못하는 아동의 경우 위기 아동으로 자라날 문제가 발생하여 조손가족은 복합적인 문제에 직면하는 경우가 많다.

3) 현황 및 실태

우리나라 조손가구의 증가추이를 살펴보면 다음과 같다. 1995년에 35,194가구가 2010년에는 69,175가구로 늘어나 15년 사이에 33,981가구가 증가하였다. 통계를 보면 조손가구는 꾸준한 증가세를 보이고 있다.

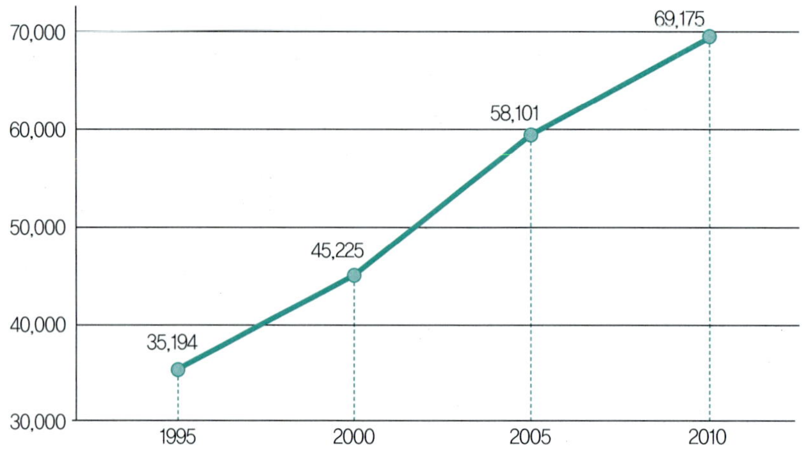

[그림 12-1] **조손가구 증가추이**

출처: 중부일보(2010. 12. 14.). 부모이혼 조손가정도 4년새 15%급증.

조손가구 아동의 주 양육자를 살펴보면 다음과 같다. 전체적으로 아동을 양육하는 가구는 친가나 친조부모가 외가나 외조부모보다 높은 비율을 보이고 있다. 아동의 연령별로는 12~17세가 가장 많은 응답률을 나타내고 있으며 다음으로 9~11세이다. 소득수준별로는 일반가구가 빈곤가구, 기초수급가구, 차상위가구보다 높으며 지역별로는 중소도시, 대도시, 농어촌의 순서로 나타났다. 가족유형별로는 양부모가구의 응답률이 한부모·조손가구의 응답률보다 높게 나타났다.

〈표 12-4〉 **조손가구 아동의 주양육자**

가구특성별(1)	가구특성별(2)	2013		
		응답자 수 (명)	친가나 친조부모	외가나 외조부모
전체	소계	9,678,277	1.5	0.7
연령별	0~2세	1,407,369	1.0	0.4
	3~5세	1,407,945	1.1	0.9
	6~8세	1,357,821	1.8	1.0
	9~11세	1,546,503	1.9	0.8
	12~17세	3,958,639	1.6	0.5
소득수준별1	빈곤	376,738	8.2	3.7
	일반	9,301,539	1.2	0.5
소득수준별2	기초수급	247,664	10.5	4.0
	차상위	129,073	3.8	2.6
	일반	9,301,539	1.2	0.5
지역별	대도시	4,218,761	1.5	0.6
	중소도시	4,869,141	1.3	0.6
	농어촌	590,375	3.1	1.1
가족유형별	양부모	8,565,684	0.3	0.2
	한부모·조손	1,012,991	10.7	4.4

출처: 보건복지부(2013). 아동종합실태조사.

조손가구의 월평균 가구 소득을 살펴보면 조부(모)가족의 경우 40~80만 원 미만이 45.5%로 가장 높은 비율을 보이고 있으며 40만 원 미만 21.6%, 무응답 18.3%, 80만 원 이상 14.6%, 80만 원 미만이 67.1%로 나타나 대부분 빈곤한 것으로 나타났다.

〈표 12-5〉 월평균 가구 소득

가구 유형	응답자 수 (명)	40만 원 미만	40~80 만 원 미만	80만 원 이상	무응답	합계	평균
전체	12,750	20.1	44	17.9	17.9	100	60
조부모가족	2,176	13.1	36.7	33.8	16.4	100	77.6
조부(모)가족	10,574	21.6	45.5	14.6	18.3	100	55.9

출처: 여성가족부(2010). 2010 조손가족실태조사.

3. 입양 서비스

1) 개념

(1) 입양의 정의

입양(adaption)이란 생물학적 부모가 양육하기 곤란한 아동에게 새로운 가정과 부모를 얻게 해 주는 과정이다. 입양은 생물학적 과정을 통해서가 아니라 법적, 사회적 관계에 의해서 친자관계를 맺는 것이다(Kadushin, 1980). 입양이란 부모로부터 아동의 현재와 미래에 대한 모든 권리와 의무가 소멸되고 행정적, 법적 권한에 의해 혈연관계가 없는 타인에게 양육의 권리와 의무가 이양되는 것을 말한다(이소희, 2005). 이때 입양된 자녀는 생물학적 부모와의 사이에서 얻어지는 것과 동일한 모든 권리와 의무를 입양가정 속에서 얻게 된다.

(2) 입양절차

오랫동안 우리나라에서는 강한 혈연주의로 인하여 「민법」에 근거하여 자신의 친자식처럼 친생자로 호적에 올리는 사적인 비밀 입양이 주를 이루어 왔다. 공식적인 입양절차는 「입양특례법」에 따라야 한다. 원래 「입양특례법」은 1976년 제정되었다가 1995년 「입양촉진 및 절차에 관한 특례법」으로 전면 개정되어 시행되었다. 그러던 것이 아동이익 최우선의 원칙과 국내 입양 활성화를 강조하기 위해 2011년에 「입양특례법」으로 전면 개정되었다. 개정된 「입양특례법」에 따르면, 입양을 하기 위해서는 가정법원의 허가를 받아야 한다. 2012년 기준 전국적으로 입양을 알선할 수 있는 기관은 19개인데 국내 입양과 국외 입양 모두 담당하는 기관은 3개 기관(동방사회복지회, 한국사회복지회, 홀트아동복지회)이며, 나머지 16개 기관은 국내 입양만 맡고 있다(이재연 외, 2013).

(3) 입양의 구성요소

입양이 구성되기 위해서는 입양대상 아동과 이 아동을 입양하는 입양부모, 입양아동의 친권과 양육을 포기하는 친부모 등의 3자가 필요하고 이 3자의 조화를 위해 조정하고 전문적인 서비스를 제공하는 입양기관의 역할이 중요하다(김성경 외, 2013).

① 입양아동

입양대상이 되는 아동은 고아나 미아와 같이 입양이 아니면 건전한 가정을 가질 수 없는 아동과, 혼외자녀로 출생하여 부모가 돌볼 수 없는 아동, 그리고 합법적으로 결혼한부모가 다양한 이유로 입양을 의뢰한 아동, 그리고 아동의 문제로 인해 법적으로 친권을 상실한부모의 아동들을 대상으로 한다(표갑수, 2000).

보건복지부의 입양통계를 살펴보면 입양아동의 경우 대부분이 혼외자녀로 미혼모가 낳은 아동이 절대다수인 70% 이상을 차지하고 있으며, 기아 약 19%, 결손가정 출신아동 10% 정도이다.

② 입양부모

입양부모는 혈통에 의하지 않고 법적 절차에 의해 부모가 된 자를 말한다. 입양부모는 아동을 입양하려는 동기에 따라 두 가지 유형으로 분리할 수 있다.

첫째, 전통적 입양부모로 불임 또는 생물학적 방법으로 가질 수 없는 아동을 입양을 통해 얻고자 하는 부모이다. 이들은 개인적 이유로 입양하고, 대체로 건강한 아동을 원하는 경향이 있다.

둘째, 선택적 입양부모로 아이를 낳을 수는 있으나 가족원을 입양을 통해 늘리고자 선택하는 경우이다. 이들은 일반적으로 아동복지적 또는 인도주의적 동기를 갖고 입양하므로 자신들과 다른 인종 집단의 아동, 연장아동 또는 정서적 문제를 갖고 있는 아동과 같은 특수한 욕구를 가진 아동을 양육하는 데 관심을 갖는 경향이 있다(kadushin & Martin, 1988).

③ 친부모

입양대상 아동의 친부모는 아동에 대한 친권 포기를 자발적 또는 비자발적으로 할 수 있다. 친부모가 친자녀의 입양을 위해 자발적으로 친권을 포기하는 원인은 경제적 빈곤, 이혼·별거로 야기된 가족 해체, 가정 결손, 미혼모, 사망 등이며, 친권을 박탈당하는 경우는 아동을 심각하게 학대, 유기하는 경우이다(도미향 외, 2014). 따라서 친부모는 입양을 선택했을 때 많은 심리적인 어려움을 경험한다.

입양을 선택한 친부모가 가지는 문제는 친권 포기를 하기 전 친부모에게 필요한 복지서버스에 대한 정보를 거의 제공받지 못한다는 것이다. 대부분의 미혼부·모는 입양 이외의 다른 대안에 대한 정확한 정보, 친부모로서의 권리, 입양과정에 대한 정보 등 아동에 대한 친권포기를 하기 전 친부모에게 필요한 서비스나 정보를 거의 제공받지 못한다(공계순 외, 2013). 즉 친권 포기, 결혼을 통한 자녀의 양육, 천인척의 도움으로 자녀를 양육하는 것, 혼자서 아동을 양육하는 것, 분만 전의 경우 인공유산 등의 대안에 대한 정확한 정보 등을 제공받지 못하고 있는 것이다.

2) 입양의 유형

입양은 입양아동과 입양부모 사이의 가족관계 유무에 따라 친족 입양과 비친족 입양, 기관을 통해 이루어지는지 아니면 개인적으로 이루어지는지에 따라 기관 입양과 독립 입양, 입양 사실의 공개 여부와 친부모와의 접촉 유무에 따라 비밀 입양과 공개 입양으로 분류할 수 있다(도미향 외, 2014).

(1) 친족 입양과 비친족 입양

친족 입양은 아동이 혈연관계의 친척이나 친지 또는 아버지나 어머니의 재혼으로 인해 가족관계를 이루는 사람에 의해 입양되는 경우이다. 비친족 입양은 아동이 전혀 친인관계를 갖지 않은 사람에 의해 입양되는 경우를 말한다.

(2) 독립 입양과 기관 입양

독립 입양(단독입양)은 입양기관을 거치지 않고 독자적으로 입양하는 것으로 직접 입양, 회색 입양(gray adaption), 암시장 입양(black market adaption) 등으로 나뉜다(표갑수, 2000).

직접 입양은 친부모가 친척이나 친구, 이웃에게 아동을 직접 입양하는 것이다. 회색 입양은 제3자의 소개로 입양되는 경우로 입양을 원하는 친부모와 양부모, 의사나 변호사 혹은 아는 사람 등을 통한 입양이다. 이때 입양의 목적은 이익이 아닌 선의의 중개이다. 암시장 입양은 아동을 매매하여 입양하는 경우로서 아동의 욕구와는 관계없이 이익을 목적으로 한 불법적인 인신매매의 형태이다.

기관 입양은 국가가 인정하는 입양기관을 통해 입양이 성립되는 것으로 입양기관의 전문가에 의해 친부모로부터 친권을 포기하게 하고, 기관이 법적인 대리인이 되어 주관하는 입양을 말한다. 현재 우리나라는 기관 입양만을 인정하고 있다.

기관 입양의 장점은 전문가에 의한 서비스, 아동의 욕구와 입양가정의 욕구

충족, 외부 자원 활용을 통한 서비스 질의 극대화, 사후관리 등이 있다.

(3) 공개 입양과 비밀 입양

공개 입양은 입양사실을 입양아동은 물론 주변의 사람들에게 공개하며, 친부모와도 접촉을 할 수 있는 입양이다. 반면 비밀 입양은 아동의 양부모 외에는 아무도 입양사실을 알 수 없게 비밀을 유지하는 입양이다. 우리나라는 혈족 중심의 가족문화를 기반으로 하고 있어 사회·문화적 여건상 어쩔 수 없이 입양부모가 아동과 타인에게 입양사실을 숨기고 아동을 입양모가 직접 출산한 것처럼 가장하여 입양의 비밀을 유지하는 분위기다. 그러나 비밀 입양은 입양된 아동에게 나쁜 영향을 줄 뿐만 아니라 입양을 사회적으로 확산시키는 데에도 장애가 된다(임동호, 2009; 오정수·정익중, 2013).

(4) 국내 입양과 국외 입양

국내 입양은 입양대상 아동이 태어난 국가의 부모에게 입양되는 경우이다. 국외 입양은 입양대상 아동이 다른 나라의 부모에게 입양되는 경우를 말한다. 우리나라의 경우 1950년대에 전쟁고아와 혼혈아의 보호정책으로 국외 입양이 시작되어 세계에서 가장 많은 아동을 입양 보낸다는 오명을 받기도 했다. 그러나 우리나라 국외 입양 아동은 국내 입양 활성화 정책과 인식 개선으로 점차 그 숫자가 감소하고 있다.

(5) 의붓어버이 입양

배우자의 자식을 입양하는 경우로 의붓어버이입양은 전통적 입양과 다른 특성을 지닌다. 미혼모 혹은 이혼녀가 결혼할 경우 자녀의 성과 남편의 성이 달라 아동의 가정생활과 사회생활에 상당한 영향을 줄 수 있다는 이유로 일본, 미국, 호주, 프랑스 등 많은 복지국가에서는 오래전부터 의붓어버이에 의한 입양을 인정하고, 양자와 의붓어버이 간의 연령 차이에 제한을 두지 않고 있다(윤매자 외, 2014).

3) 현황 및 실태

2014년 입양규모는 총 1,172명으로 국내 637명(54.4%), 국외 535명(45.6%)이다. 2013년에 비해서는 국내 입양은 조금 감소하고, 국외 입양은 증가한 것이나, 입양신청 기준으로 보면 1,134명(국내 729명, 국외 405명)으로 국내·국외 모두 감소하였다(보건복지부 보도자료, 2015. 5. 7.).

〈표 12-6〉 **연도별 입양현황**

구분	계	2005년 이전	2006	2007	2008	2009	2010	2011	2012	2013	2014
계	244,543	224,752	3,231	2,652	2,556	2,439	2,475	2,464	1,880	922	1,172
국내	78,405 (32.1%)	67,607 (30.1%)	1,332 (41.2%)	1,388 (52.3%)	1,306 (51.1%)	1,314 (53.9%)	1,462 (59.1%)	1,548 (62.8%)	1,125 (59.8%)	686 (74.4%)	637 (54.4%)
국외	166,138 (67.9%)	157,145 (69.9%)	1,899 (58.8%)	1,264 (47.7%)	1,250 (48.9%)	1,125 (46.1%)	1,013 (40.9%)	916 (37.2%)	755 (40.2%)	236 (25.6%)	535 (45.6%)

출처: 보건복지부 보도자료(2015. 5. 7.).

'입양신청 예비 양부모' 및 '영아시기 양육포기 아동' 규모 추이를 미루어 볼 때 향후 입양규모는 현 수준과 유사하거나, 감소할 것으로 예상된다. 입양신청 예비양부모 수는 (2013)971명→(2014)991명으로 2.6% 증가한 반면, 영아시기 양육포기 아동은 (2013)1,819명→(2014)1,508명으로 17.1% 감소하였다.

한편, 국내 입양 활성화를 위해 현재 만 15세 미만까지 지급되는 입양아동 양육수당의 대상을 만 16세 미만까지 확대(2016년까지)하는 등 입양아동에 대한 경제적 지원을 늘려나가고 있다.

입양절차 지원은 입양숙려기간 모자 지원 사업으로 미혼·이혼 한부모를 대상으로 출산 후 1주일간 모자보호비용으로 최대 70만 원 지원하고, 입양철회비용 지원으로 친생부모가 입양의사 철회 시 입양기관이 아동을 보호하는 데 소요된 비용을 기간에 따라 최대 73만 원까지 지원한다.

〈표 12-7〉 **입양가정 지원 내역**

<table>
<tr><th colspan="2">지원 내용</th><th>지원대상</th><th>지원액</th></tr>
<tr><td colspan="2">입양 수수료</td><td>입양부모</td><td>270만 원</td></tr>
<tr><td colspan="2">양육수당</td><td>(2014년) 만 14세 전까지→(2015년)만 15세 전까지</td><td>월 15만 원/월</td></tr>
<tr><td colspan="2">입양아동 의료급여</td><td>만 18세 전까지</td><td>의료급여 1종</td></tr>
<tr><td colspan="2">입양아동 심리치료 지원</td><td>만 18세 전까지</td><td>월 20만 원 한도/월</td></tr>
<tr><td rowspan="4">입양장애아동</td><td rowspan="3">장애 아동 양육 보조금 (만 18세 전까지)</td><td>1. 「장애인복지법」 제2조의 규정에 의한 장애인에 해당되는 아동으로서, 장애 등급이 1급, 2급 및 3급 중복장애
※ 3급 중복장애: 3급에 해당하는 장애 유형 외에 다른 유형의 장애가 하나 이상 있는 자</td><td>월627천 원/인</td></tr>
<tr><td>2. 분만 시 조산·체중미달·분만장애·유전 등으로 질환을 앓고 있는 아동</td><td rowspan="2">월 551천 원/인</td></tr>
<tr><td>3. 입양 당시 장애 또는 의료적 문제가 없었으나 선천적 요인으로 인해 장애 또는 질환이 발생한 아동</td></tr>
<tr><td>의료비</td><td>만 18세 전까지</td><td>연간 260만 원 한도</td></tr>
<tr><td colspan="2">사후 서비스</td><td colspan="2">입양 후 1년 동안 양친과 양자의 상호적응을 위한 관찰 및 필요한 서비스, 아동 양육에 필요한 정보 및 상담 제공</td></tr>
</table>

출처: 보건복지부 보도자료(2015. 5. 7.).

국외 입양아 수가 많은 나라는 미국이 가장 많아 78% 정도를 차지하고, 스웨덴, 캐나다가 5% 수준이며, 노르웨이, 호주, 룩셈부르크, 덴마크가 1~4% 이며, 프랑스와 이탈리아는 0.5% 수준으로 비교적 적다.

〈표 12-8〉 입양국가별 국외 입양 현황

연도	계	미 국	스웨덴	캐나다	노르웨이	호주	룩셈부르크	덴마크	프랑스	이탈리아
2010	1,013	775 (76.5%)	74 (7.3%)	60 (5.9%)	43 (4.2%)	18 (1.8%)	12 (1.2%)	21 (2.1%)	6 (0.6%)	4 (0.4%)
2011	916	707 (77.2%)	60 (6.6%)	54 (5.9%)	33 (3.6%)	21 (2.3%)	15 (1.6%)	16 (1.7%)	4 (0.4%)	6 (0.7%)
2012	755	592 (78.4%)	49 (6.5%)	45 (6.0%)	26 (3.4%)	13 (1.7%)	9 (1.2%)	10 (1.3%)	4 (0.5%)	7 (1.0%)
2013	236	181 (76.7%)	19 (8.1%)	15 (6.3%)	7 (3.0%)	-	3 (1.3%)	5 (2.1%)	2 (0.8%)	4 (1.7%)
2014	535	412 (77.0%)	33 (6.2%)	38 (7.1%)	20 (3.8%)	7 (1.3%)	9 (1.7%)	7 (1.3%)	4 (0.7%)	5 (0.9%)

출처: 보건복지부 보도자료(2015. 5. 7.).

PART 3 아동존중

제13장 아동의 욕구와 환경의 역할

제14장 아동정책과 전달 체계

제15장 아동복지의 과제와 전망

CHAPTER_13

아동의 욕구와 환경의 역할

1. 아동의 발달적 욕구 특성

1) 발달적 관점의 아동의 정의와 권리

2) 아동발달적 욕구와 권리

3) 아동발달의 특성

2. 아동발달 이론

1) 정신분석 이론

2) 행동주의 이론

3) 인지발달이론

4) 생태체계이론

3. 부모와 가족

1) 부모

2) 가족

4. 학교와 지역사회환경

1) 학교환경

2) 지역사회환경

1. 아동의 발달적 욕구 특성

인간발달과정 중에서도 아동기는 발달이 가장 왕성하고 살아 나가는 데 필요한 기본 지식을 습득하는 시기로서 발달상 중요한 의의를 갖는다(이재연 외, 2013). 아동은 신장이 커지고, 체중도 증가하며, 타인과 의사소통하는 것을 배우며, 문제 해결 능력을 향상시키고, 자발적으로 판단하며, 자기 주도적인 행동을 강화해 나가며 성장한다. 또한, 자라면서 점차 다른 사람의 감정을 이해하고 공감하기도 하며 눈치도 발달하게 된다.

1) 발달적 관점의 아동의 정의와 권리

아동에 대한 발달적 개념은 주로 발달심리학적 관점과 소아의학적 관점에서 정의하고 있다. 발달심리학에서는 신체적 성장 및 정신적 성숙이라는 입장에서, 소아의학에서는 인간의 발달 단계에 따른 발육상태의 수준에 의한 입장에서 아동의 정의를 규정한다(한성심 외, 2014).

발달심리학에서 아동발달은 성장, 성숙, 학습이라는 개념으로 설명한다. 성장(growth)은 신체의 크기나 능력의 증가를 의미하며 양적인 변화를 말한다. 성숙(maturation)은 유전적 요인에 의해 발달적 변화들이 통제되는 생물학적 과정을 말한다. 학습(learning)은 직접 또는 간접 경험의 산물로서 훈련이나 연습에 기인하는 발달적 변화를 말한다. 인간의 발달은 성장, 성숙, 학습의 세 과정이 함께 이루어지는 변화의 과정이다(정옥분 외, 2012). 이런 발달과정을 통해 아동은 권리에 대하여 차츰 인식하게 되고 또 주장하게도 된다.

(1) 수태–출생(태내기): 태아

인간발달의 초석이 되는 가장 중요한 태내 환경의 시기이다. 정자와 난자가 결합한 세포가 하나의 생명체로 성장하기 시작한다. 탯줄을 통해 태반으로부터 어머니의 영양을 흡수하여 자란다.

(2) 출생~2세(영아기): 영아

태내 환경과 상이한 새로운 환경에 적응해야 하는 시기이다. 양육자와 애착관계가 가장 중요한 시기이다. 신체의 성장과 발달의 속도가 매우 빠른 시기이기도 하다.

(3) 2~6세(유아기): 유아

인지능력이 발달하고 상상과 환상이 풍부해지는 시기이다. 주변 환경에 대한 탐색이 활발해지는 시기이다. 무엇이든 보이는 것은 손으로 잡으려 한다. 어휘습득이 많아지고 다른 사람과의 의사소통도 활발해진다.

(4) 6~12세(아동기): 아동

초등학교 시기의 학령기 아동이다. 생활의 중심이 가정에서 학교로 옮겨 또래집단의 비중이 커진다. 신체의 성장이 영아기나 유아기에 비해 느려지고 기억력과 언어기술이 증가한다. 이시기부터 아동은 자신이 해 보려는 노력을 하며 이때 권리를 주장하기 시작한다.

(5) 12~18세(청소년기): 청소년

중·고등학교 시기의 아동이다. 아동과 성인 사이의 과도기적 시기이기도 하다. 급격한 신체적 성장이 이루어지는 제2의 성장급등기로 사춘기가 겹쳐 질풍노도의 시기가 된다. 특히 이 시기의 청소년은 독립을 위한 준비를 하게 되는데 그 표현이 다소 거칠어지기도 하고 반항심으로 보이기도 한다.

이때 자기주장을 강하게 나타내며 자신의 권리에 대하여 점차 강도를 높이는 경향이 나타난다. 그래서 부모는 지금까지와는 다른 청소년의 태도에 당황하며 힘들어하게 되는데, 이런 현상을 부모는 조금 더 이해하도록 해야 하며 품안의 자식이 아닌 또 다른 인격체로 받아들이는 한편 그들이 주장하는 것을 객관적 입장에서 권리와 충돌하는 부분이 무엇인지 관찰할 필요가 있다. 아동기보다 더 많은 권리를 주장하므로 부모는 어렵겠지만 이제 아이가 독립을 시도하는 것을 알아차려 주어야 한다.

2) 아동발달적 욕구와 권리

(1) 아동발달의 보편적 관점

① 아동발달적 관점

아동은 신체, 인지, 언어, 사회성, 정서발달로 이루어지는데 신체발달은 점진적이고 지속적이다. 신체는 점진적으로 성장하며, 몸통보다 팔과 다리의 성장이 빨라져 아동 전기에 비해 팔다리가 길어진다. 그래서 이 시기에 뼈가 신체보다 더 빠른 속도로 자라면서 성장통(growing pains)을 경험하기도 한다.

아동은 또래 집단의 한 구성원이 되고, 이 집단은 가족 대신에 아동의 행동과 태도에 점차 영향을 미치게 된다. 아동은 동년배 집단의 활동을 통해서 그들의 가족으로부터 독립하며, 자기 중심적 태도에서 탈피하고 타인에 대한 동정, 성실, 공정, 준법성, 인내심 등을 형성해 간다.

정서란 자극에 대하여 동요, 흥분할 때 경험하는 심리 상태나 감동으로서 포괄적인 정신적·신체적 상태라 할 수 있다. 아동기의 주요 정서로는 공포, 울음, 분노, 질투, 기쁨, 애정 등이 있다.

② 아동발달의 과정

아동발달의 과정은 그를 둘러싼 환경과의 상호작용에 의하여 여러 발달 단계가 생겨난다.

아동발달에는 일정한 순서가 있는데, 발달의 속도는 아동마다 다르나 그 순서는 일정하고 단계적으로 이루어진다. 즉, 현재의 발달 단계는 이전 단계의 발달에 이루어진 결과이며, 동시에 다음 단계의 기초가 되는 전 단계가 된다.

아동의 발달은 어느 시기에나 똑같은 가능성을 가지고 진행되는 것이 아니라 가장 쉽게 이루어지는 최적의 시기가 있다. 또한, 그 최적의 시기에 발달기회가 박탈된 경우 그 손실이 치명적이고 지속적이 된다. 그리고 발달은 영역별로 그 속도를 달리한다.

(2) 아동발달의 새로운 관점

① 발달적 존재

발달적 존재로서의 아동을 이해해야 한다는 것은 〈유엔아동권리협약〉 전반에 나타나 있다. 인간은 태어나면서부터 죽을 때까지 끊임없이 변화하고 발달해 가는 존재다. 아동기에 경험하는 발달적 손상은 성인이 된 이후에도 회복이 불가능하다. 따라서 발달의 궁극적인 목적은 아동의 잠재적 역량을 충분히 발휘하여 행복하고 안전한 생활을 영위할 수 있도록 〈유엔아동권리협약〉이 최대한 보장되어야 한다.

② 의사표현과 아동의 권리

〈유엔아동권리협약〉은 아동을 성인의 보호를 받는 수동적 존재가 아닌 적극적인 권리의 주체로 명시하고 있다. 많은 개발도상국에서는 아동이 사회경제적 책임을 지고 있지만 아동의 권리보장을 제한하고 있다.

아동은 어른들의 소유물도 아니고 노동착취의 대상은 더더욱 아니다. 가능한 한 아동에게 노동을 시키지 말아야 하며 만약 시켰다면 정당한 대가를 지불해 주어야 한다. 그렇지 못할 경우 아동은 사회와 어른들에게 불만을 갖게 되며 이것은 폭력으로 나타날 수 있다. 어리다는 이유로 아동의 의사표현을 무시하면 안 되고 정당한 권리 주장일 수 있으므로 인격적으로 대우해 주며 아동의 인격과 권리를 적극 옹호해 주어야 한다.

③ 보호적 존재이자 권리의 주체자

아동기는 상처받기 쉬우며, 활동에 참여할 수 있는 역량도 제한적이다. 아동은 자신의 역량과는 상관없이 아동이 경험할 수 있는 어떤 종류의 위험에 대해서도 보호받을 수 있어야 한다. 참여할 수 있는 역량을 갖춘 존재로서의 아동과 보호적 존재로서의 아동이 조화를 이루어야 한다. 보호와 의사결정 과정에서의 적극적으로 참여할 수 있도록 의견을 존중해 주며 권리의 주체자로서 대우해 주어야 한다.

3) 아동발달의 특성

(1) 의존

아동의 가장 큰 특징 중의 하나는 출생과 더불어 신체적, 지적, 정서적, 사회적 발달을 타인의 보살핌에 전적으로 의존하게 된다. 이때 보살핌의 역할은 주로 부모와 부모가 아닌 다른 성인에 의해 집중적으로 이루어진다(이신영, 2016). 아동기의 발달은 아동을 돌보는 성인과의 애착 관계와 성인의 아동 양육 방식과 과정에 따라 다양하게 이루어진다.

(2) 성숙

아동의 또 다른 특징 중 하나는 성숙이다. 아동은 지속적으로 발달해 나가는데, 발달은 성숙이라는 과정을 통해서도 이루어진다. 아동이면 누구나 보편적으로 거치는 자연스러운 변화의 과정이 성숙이다. 아동이 걷기까지의 과정, 말하기까지의 과정, 사춘기가 되어 2차 성징이 나타나는 과정 등 모든 아동이 순차적으로 거치게 되는 변화이다. 좀 빠르거나 느린 진행은 개인차이일 뿐이다(고명석 외, 2016). 이러한 개인차는 아동의 유전적 요인은 물론 환경적인 요인에 의해 발생하게 되는데, 아동의 수준에 맞는 변화의 과정을 거치는 것이 중요하다.

(3) 민감성

아동기를 연구하는 학자들은 아동기의 특성 중 하나로 민감성을 든다. 아동기는 감정이 매우 예민하고 강렬한 시기이며, 욕구에 대한 만족을 즉각적으로 얻기 원하는 시기이다. 뿐만 아니라 성인의 사랑과 보살핌에 대해 매우 민감하며, 환경적 상황 등 모든 것에 민감하다. 이러한 아동의 민감성은 아동이 만나게 되는 부모, 형제, 또래아동, 보육교사, 간호사, 의사, 할머니, 할아버지는 물론, 아동이 보고 만지고 듣는 모든 사물을 통해 긍정적, 부정적 발달이 이루어지게 된다.

(4) 욕구

인간은 누구나 욕구를 지닌다. 그러나 아동은 욕구를 스스로 충족하기에는 발달적 측면이나 연령상으로 볼 때 불가능하다.

아동은 기본적으로는 식욕, 수면, 휴식, 배설, 호흡 등과 같은 인간의 기본적인 생리적 욕구를 지닌다. 이 외에도 심리적 안정과 신체적 안전을 느끼고자 하는 욕구, 한 인간으로서 어떤 집단에 소속되고 싶은 욕구, 사랑받고 인정받고 싶은 욕구, 자기 자신을 존중하는 욕구, 자아실현을 하고자 하는 욕구 등 정서적이고 인간적인 모든 욕구를 갖고 있다.

(5) 적응

아동은 아동이 속한 사회나 문화의 지배를 받고 이에 적응해 나가는 존재이다. 적응 과정은 아동이 적극적인 삶의 주체자가 되고 창의적인 인간으로 성장하는데 기초가 된다. 적응 과정에서 발생하게 되는 다양한 문제들은 아동만이 아니라 아동을 교육시키는 다양한 성인집단들의 위기이며 동시에 이것이 적절하게 해결될 경우 아동의 발달에 도움을 주는 긍정적 기회가 될 수 있다.

2. 아동발달 이론

1) 정신분석 이론

(1) 프로이드의 심리성적 이론

프로이드는 성격의 세 구성요소인 원초아, 자아, 초자아가 나타나고 통합되어 가는 과정을 5개의 심리성적 발달 단계인 구강기, 항문기, 남근기, 잠복기, 생식기로 설명하면서 생후 5년 동안 뚜렷한 성격 형성의 결정기를 거친다고 주장했다(송길연 외 공역, 2001).

① 구강기

구강기(출생~1세)는 입으로부터 생겨나는 쾌락을 추구하는 단계로, 먹고, 빨고, 삼키고, 내뱉고, 씹고, 깨무는 모든 것을 말한다. 이 시기에 주로 나타나는 의존성은 나중에 자아가 발달해도 일생을 통해 지속되는 경향이 있으며 불안을 느낄 때마다 그 모습을 드러내는 경우가 많다. 구강기 후반에 이유(젖을 떼는 것)로 인한 욕구 불만 때문에 어머니에게 애정과 우호적인 태도를 갖는 동시에 적대적이고 파괴적인 태도를 갖게 된다. 이때 유아는 최초로 양가감정을 경험하게 된다.

② 항문기

항문기(1~3세)의 대소변 훈련을 통해 아동은 처음으로 본능적 충동이 외부의 규제를 받는 것을 경험하게 된다. 대소변 훈련 시 유아는 즉각적인 만족을 구할 것인지 혹은 만족을 늦출 것인지를 갈등한다. 주로 아동은 항문의 긴장을 풀어서 생기는 쾌감을 뒤로 미루는 법을 배워야 한다. 이 경우 부모가 너무 강압적으로 대소변 훈련을 시키게 되면 아동의 개성이나 가치를 형성하는 데 역효과를 가져오게 된다. 아동이 원하지 않을 때에 억압된 상태에서 변을 보게 하면 고집이 세고 인색하게 된다.

③ 남근기

생식기(3~5세) 동안 성적 충동과 공격성이 성기의 기능과 더불어 중시된다. 이 시기의 아동은 이성의 부모에게 성적 관심을 갖게 되면서 동성의 부모에게 동일시를 하므로 남자아이는 남자답게 굴고 여자아이는 여자답게 행동하려 노력한다.

3~5세 아동의 행동은 대부분 오이디푸스 콤플렉스(Oedipus complex)의 작용에 의해 특징지어진다. 오이디푸스 콤플렉스는 남자아이에게 분명하게 드러나게 되는데, 특히 어머니의 애정을 독차지하려는 열망과 아버지에 대한 원망은 아버지와의 갈등을 초래하게 된다. 남자아이는 그의 강력한 경쟁자인 아버지가 그를 해치려고 한다는 생각에 두려움에 싸이게 된다. 아동은 아버지가 자기의 성기를 제거할까 봐 두려워한다. 이러한 거세에 대한 두려움을 거세불안(castration anxiety)이라고 한다.

한편, 여자아이가 아버지를 좋아하고 어머니를 싫어하는 경향을 엘렉트라 콤플렉스(Electra complex)라고 부른다. 여자아이의 경우에는 남근선망(penis envy)으로 이 시기의 발달을 설명하나 남자아이에 비해 그 설명이 불분명하다.

④ 잠복기

구강기, 항문기, 남근기를 가리켜 생식전기, 성기전기라 한다. 그리고 그다음은 12세까지 고요한 시기로서의 잠복기이고 12세 이후 생식기로 넘어간다. 잠복기에는 원초아가 약해지고 자아와 초자아는 강력해진다. 이 시기 리비도의 지향 대상은 친구, 특히 동성의 친구에게로 향하고 동일시의 대상도 주로 친구가 된다. 잠복기 아동의 에너지는 지적인 활동, 운동, 친구와의 우정 등에 집중된다.

⑤ 생식기

각 개인이 자기 몸에 자극을 주거나 조종함으로써 만족을 얻기 때문에 생식전기는 자기애의 특성이 강하다. 그러나 사춘기(생식기) 동안 이러한 자기애의 일부는 대상이 바뀌어 배타적인 동기로 다른 사람들을 사랑하기 시작한다. 이러한 생식기의 가장 중요한 생리학적 기능은 재생산의 기능이다. 프로이드는 성격의 성장단계를 다섯 단계로 구분하였지만, 한 단계에서 다른 단계로 넘어갈 때 뚜렷한 어떤 분기점이 있다거나 과도기를 거치게 되는 것은 아니다.

(2) 에릭슨의 심리사회적 이론

① 유아기(기본적 신뢰감 대 불신감)

건강한 성격의 가장 기본적 요소 중의 하나가 신뢰감인데 자신과 다른 사람에 대한 신뢰감은 생후 1년 동안 발달한다. 출생 후 1년 동안 유아는 생을 신뢰할지 혹은 불신할지 결정짓는 위기를 겪는다(오정수·정익중, 2013).

위기의 해결책은 부모, 특히 어머니에게 크게 의존한다. 신뢰감을 갖게 해 주는 상황은 다양하지만 대개 적절한 시각에 음식물을 제공받는 것과 같은 생리적 욕구의 만족, 돌보는 사람으로부터 보호와 사랑을 받고 있음을 느끼게 되는 심리적 안정, 그리고 자신의 신체가 뜻대로 움직여진다는 신체적 만족 등에서 비롯된다고 할 수 있다.

② 초기 아동기(자율성 대 수치심과 회의)

생후 1년간 신뢰감이 확고히 형성된 이후 약 2년간(1~3세)은 아동의 많은 에너지가 자기 스스로의 마음과 의지를 지닌 인간임을 확인하는 데 집중된다.

제 발로 서고 손을 사용하는 능력이 발달하면서 아동은 스스로 외부세계를 탐색하기 시작하고 자율성을 획득하게 되며 이에 따라 부모와 아동 간의 통제를 둘러싼 갈등이 시작된다. 과잉보호를 받게 되면 자신의 능력을 시험해 볼 기회를 잃게 되어 수치심과 회의를 갖게 된다(김성경 외 2013).

③ 중기 아동기(자발성 대 죄의식)

그동안 독자적 권리를 지닌 인간으로서의 확신도 생겼고 그러한 느낌을 일정 기간 누려 온 아동은 4~5세가 되면 이제는 무엇을 할 수 있을까를 탐색하고 싶어 한다. 이때는 대단한 창의성, 진취성, 상상력을 보이는 시기이며 학습의욕이 왕성하고 호기심도 많아지는 시기이다. 질투와 경쟁심도 최고조에 달하며 이 과정에서 불가피하게 경험하는 실패가 체념, 죄책감, 불안을 낳는다. 이 시기에 자발성의 주도자인 양심이 확립되는데 아동기의 양심은 흑백 논리적이다.

④ 후기 아동기(근면성 대 열등감)

후기 아동기는 6세에서 11세까지로 모든 문화에서 이 단계의 아동은 체계적인 교육을 받는다. 이 시기에 아동은 세상을 살아가는 데 필요한 인지적, 사회적 기술을 학습한다. 따라서 사회의 생산적 성원이 되기 위한 근면성이 발달하는데, 아동의 주변 환경이 지지적이면 근면성이 발달한다.

열등감은 아동이 자신의 무능력이나 하찮음을 지각하면서 생기지만 열등감을 조장하는 사회적, 문화적 요소들도 근면성 발달을 방해하기도 한다. 아동은 그의 사회적 가치를 결정하는 것이 자신의 능력이나 위치보다 부모의 배경, 사는 지역, 의복의 가격이라고 느끼기 시작하면 상처를 받아서 열등감이 생기기 쉽다.

2) 행동주의 이론

행동주의 이론에서는 인간의 모든 행동은 자극과 반응의 연합이며 이는 외적 조건과 경험으로 형성된다고 주장한다. 왓슨(Watson)이나 스키너(Skinner)는 영아가 지속적인 행동을 학습하여 습관을 발달시킨다고 주장했다(유수현 외, 2015).

(1) 고전적 조건반사

자극-반응이론의 가장 단순한 원리인 고전적 조건반사에 대한 연구는 파블로프(Pavlov)와 왓슨에 의해 이루어졌다. 조건반사설은 본래 생리실험에서 얻은 이론이며, 그 자체가 심리학적 이론은 아니다. 그러나 후에 행동주의 심리학의 이론적 기초가 되었다. 파블로프는 개의 타액분비에 관한 생리실험에서 조건반사가 성립되는 것을 발견하였다(최옥채 외, 2015).

고전적 조건반사란 일정한 자극에 의해 선천적으로 유발되는 반사행동을 처음에는 그것과 아무런 상관이 없는 중성자극과 연결시킴으로써 이 중성자극이 후에 선천적인 반사행동을 유발하게 되는 것을 말한다(오창순 외, 2015).

(2) 조작적 조건화

스키너는 주로 자신이 고안한 스키너 상자(Skinner box)를 사용하여 실험했다. 스키너 상자는 방음장치가 된 상자로서 한쪽 벽에 표적을 장치해 놓았는데, 이 표적은 반응을 자동적으로 기록하는 장치와 먹이통과 연결되어 있다. 비둘기가 표적을 쪼면 먹이통의 알맹이로 된 먹이가 그 밑의 먹이 그릇에 자동적으로 떨어지게 되어 있다.

이 실험에서 비둘기는 표적을 쪼는 행동이 먹이로 보상되었을 때는 빈번히 표적을 쪼는 행동을 보이고, 반면 보상받지 못했을 때는 점차 행동이 소멸되었음을 알 수 있다. 스키너는 비둘기가 이러한 행동을 환경에 스스로 작용하여 어떤 결과를 생성해 낸다고 해서 조작이라하고, 이러한 절차로 학습되는 과정을 조작적 조건화라고 하였다(강세현 외, 2016).

(3) 반두라의 사회학습이론

고전적 조건반사와 조작적 조건화의 두 가지 학습이론은 유기체가 직접 행동함으로써 학습이 이루어진다고 주장하는 반면, 반두라는 사회적 상황에서 타인들의 행동을 관찰함으로써 그러한 행동을 본받는 학습이 이루어진다고 주장한다. 어린이들이 TV를 보기만 해도 그 속에 나오는 여러 행동을 쉽게 따라하는 것을 볼 수 있다. 어른들의 흉내를 잘 낸다고 하는 것은 바로 이런 관찰학습의 결과이다. 어떤 표본을 보기만 해도 새로운 행동을 몸에 익힐 뿐만 아니라 지금까지 배워 익힌 행동을 바꿀 수도 있는 것이다(이은희, 2016).

이 결과를 놓고 반두라는 인간의 학습과정은 직접적인 강화에 의한 경험을 통하여 학습되는 행동도 있지만, 타인의 행동을 관찰하고 이를 모방함으로써 새로운 행동을 학습할 수도 있다고 주장하였다. 이러한 학습은 일상적인 사회학습에서 이루어지기 때문에 이를 사회학습이론이라고 한다.

3) 인지발달이론

피아제(Piaget)의 인지발달이론은 아동의 인지발달을 적응능력의 발달로 보았고 이 과정을 '동화와 조절'이라는 개념으로 설명하였다. 아동은 어떤 것을 이해하려 할 때 틀에 맞추어 특정한 현상을 이해하고 해석하는데 이러한 기존의 틀에 맞지 않을 경우 자신의 인식의 틀을 바꾸는 형태로 적응 과정이 이루어진다는 것이다(신기원 외, 2016).

피아제는 인지발달을 불변의 순서로 이루어진 4단계, 즉 감각운동기, 전조작기, 구체적 조작기, 형식적 조작기로 이루어진다고 주장하였다. 사람이 어떤 인지발달 단계에 해당되는가에 따라 다양한 사건을 어떻게 해석하며 경험으로부터 무엇을 배울 수 있는지가 달라진다고 한다(공계순 외, 2013).

(1) 감각운동기(0~2세)

이 시기 초기의 영아는 타고난 단순 반사작용을 하게 되나, 점차 주변의 물체를 식별하고, 목표를 향해 움직이고, 근육운동의 조절이 가능하게 된다. 이 시기 영아는 주로 동작을 통해 주변세계에 순응해 가며, 피아제는 이것을 '실제적 지능'이라고 불렀다. 영아가 몸짓과 울음, 그리고 운동을 통해 사람 및 사물과 상호작용할 수 있는 것은 이런 지능 때문이다. 따라서 이 시기에는 풍부하고 다양한 감각 운동적 경험이 영아의 지능을 발달시키는 원천이 된다.

(2) 전조작기(2~7세)

감각운동기를 지나면서 유아들은 점차 새로 습득한 언어나 언어 이외의 다양한 상징을 사용하여 개념을 발달시킨다. 그러나 아직 개념의 형성은 충실하지 못하여 한 개념을 한 대상을 지칭하는 말로만 이해하고, 그 부류에 속하는 여러 대상을 포괄한다는 추상성을 이해하지 못한다. 또한, 유추와 판단은 외형이나 가시적인 조건에 의존할 뿐, 내적 조건이나 객관적 기준에 의한 사고는 불가능하다. 이 시기를 전조작기라고 부르는 이유도 이 시기 어린이들은 분류, 보존, 가역성, 계열, 유추, 관계의 개념이 완전히 형성되지 못한 채 자기 중심적이고 직관적인 판단에 의존하여 사고하기 때문이다.

(3) 구체적 조작기(7~11세)

아동이 전조작기 단계가 지나면서 대략 초등학교 입학연령이 되면, 전조작기에 할 수 없었던 여러 가지 정신적 조작 작용이 나타나게 된다. 이 시기 어린이들은 구체적 문제 해결을 위한 논리, 조작적 사고를 할 수 있게 되는 것이다.

가역적 사고란 끝부분에서부터 처음으로 생각을 거꾸로 하는 것을 말한다. 가역성은 피아제식 논리적 조작의 특성으로, 일련의 단계를 통해 생각하고 그 단계를 정신적으로 되돌려서 출발점으로 돌아가는 능력으로 가역적 사고라고도 한다.

(4) 형식적 조작기(11세~성인)

이 시기의 아동은 완전한 논리적 사고가 가능해지기 시작하며, 추상적 개념과 상징물을 대상으로 하는 인지적 조작이 가능해진다. 또한, 문제 해결을 할 때 아동은 가설을 설정할 수 있고, 이를 연역적으로 추리하며, 실증적으로 검증하는 등의 과학적 사고를 하게 된다.

4) 생태체계이론

생태학은 조직과 환경 간의 상호관계를 이해하고자 하는 것이다. 즉, 종들이 어떻게 환경을 활용하며 그것을 파괴하지 않고 자신의 요구에 맞게 변형시킴으로써 자신을 유지하는지, 그리고 그러한 적응과정이 환경의 다양성을 어떻게 증진시키며 생명을 지지하는 환경의 속성을 어떻게 향상시키는지를 이해하고자 하는 것이다(조흥식 외, 2010).

브론펜브레너의 생태학적 체계이론은 발달을 '항상 변화하고 있는 사람과 항상 변화하고 있는 환경 간에 이루어지는 상호작용'이라고 하였다. 브론펜브레너는 인간을 둘러싼 환경을 미시체계, 중간체계, 거시체계로 구분하고, 이 각각의 체계는 서로 다른 체계와 상호작용하며, 인간과 상호작용하여 발달에 중요한 영향을 준다고 생각했다(Bronfen brenner, 1995).

미시체계는 사회환경 내의 다양한 중간체계와 역동적으로 상호작용하며, 거시체계로부터 지속적으로 많은 영향을 받는다. 사회복지실천의 중요한 요소는 개별 클라이언트에 미치는 거시체계의 영향을 시정하는 것인데 이러한 실천에 대한 주요한 이론적 관점이 조직이론과 지역사회이론이다. 그리고 사회환경에 미치는 사회적 힘의 영향력도 무시할 수 없다(표갑수 외, 2016).

3. 부모와 가족

1) 부모

『성경』에서는 부모에 대해 '자신을 낳고 길러 준 어버이를 일컫는 말'이며, '부모는 하나님을 대신하여 자녀를 신앙으로 양육할 책임을 맡은 자요, 자녀를 위해 기도하고 축복할 수 있는 영적 권위를 부여받은 자'라고 말하고 있다. 국립국어원의 『표준국어대사전』에서는 명사로서 "아버지와 어머니를 아울러 이르는 말"이라고 정의하고 있다.

결혼하여 자녀를 출산하였다고 다 원만한 부모가 되는 것은 아니다. 부모가 되기 위한 교육을 정규학교과정에서 가르치지 않아 어쩌다 보니 부모가 되어 있는 것이다. 이런 문제에 도움을 주기 위한 EBS의 프로그램인 〈부모〉를 다시 보기를 통해 시청할 수 있고, 일부종교단체에서는 '아버지학교', '어머니학교'라는 이름으로 교육을 실시하고 있다.

(1) 아버지학교

1995년 10월, 두란노서원에서 처음 개설되었다. 오늘날 우리 사회가 안고 있는 문제는 바로 가정의 문제라는 인식으로 가정의 문제는 바로 아버지의 문제라는 인식 위에 올바른 아버지상을 추구하며 실추된 아버지의 권위를 회복시키고, 아버지가 부재한 가정에 아버지를 되돌려 보내자는 목적으로 세워졌다(두란노 아버지학교운동본부 홈페이지).

(2) 어머니학교

두란노어머니학교는 21세기 한국의 위기는 가정안의 아버지의 부재와 어머니의 정체성의 위기라는 인식하에 가정에 성경적인 어머니상을 제시하고 올바른 여성성의 회복을 통해 건강한 가정, 깨끗한 사회를 건설하는 초석을 마련하고자 출발하였다(어머니학교 홈페이지).

2) 가족

「민법」에서 가족의 범위는 배우자, 직계혈족 및 생계를 같이 하는 형제자매, 직계혈족의 배우자, 배우자의 직계혈족 및 배우자의 형제자매로 한정하고 있다.

「가족친화 사회환경의 조성 촉진에 관한 법률」 제1조 목적에서 "이 법은 가족

친화 사회환경의 조성을 촉진함으로써 국민의 삶의 질 향상과 국가사회의 발전에 이바지함을 목적으로 한다."고 규정하고 있다.

가족은 다른 모든 체계와 뒤엉킨 유일한 체계이다(엄신자, 2008). 가족의 형태에는 핵가족, 수정핵가족, 학대가족, 수정확대가족, 무자녀가족, 동거가족, 노인가족, 한부모가족, 재혼가족, 분거가족, 동성애가족, 기러기가족, 1인가족 등이 있는데 토플러는 미래에 가족유형이 360여 개가 될 것이라고 예고하였다.

(1) 핵가족

부부와 미혼인 직계자녀로 구성된 가장 보편적인 가족형태이다. 현대 산업사회의 사회경제적 구조에 가장 적합한 가족형태로 간주된다. 핵가족의 가정내적 문제점은 가족기능이 축소되고, 가족 구성원의 결합이 약화된다는 점, 가족 구성원의 생활태도의 개성화와 가족 구성원 상호간의 사회적 관심과 생활태도의 차이로 인한 갈등의 증가 등을 지적할 수 있고, 가정외적 문제점은 위기 시 쉽게 해체되고, 가족의 보호와 부양기능의 약화를 초래하는 약점이 있다(고명석 외, 2016).

(2) 수정핵가족

외형상으로는 한 울타리 안에 거주하지만 내용적으로는 안채, 바깥채, 안방, 작은방, 거실, 혹은 1층, 2층으로 나누어 살면서 아침과 점심은 각각 해결하고 저녁은 같이 하는 등 피차 사생활을 유지하며 동거하는 방식이다. 결혼생활을 오래한 중년부부 중 상당수가 이런 형태로 지내기도 한다(이호경, 2014).

(3) 확대가족

한 집에서 여러 세대가 사는 가족을 말한다. 직계가족은 장남이 본가에 남아 부모를 모시면서 가계를 계승하고 차남부터 분가하는 가족형태이고, 방계가족은 같은 세대의 형제들이 결혼 후에도 부모와 함께 동거하는 가족형태이다. 우리나라의 경우는 구조상으로는 핵가족의 형태를 가지면서 정서적으로는 3세대 가족체계이다(원영희 외, 2016).

(4) 수정확대가족

부모와 성인자녀 가족이 각기 별개의 가구를 마련하지만 가까운 거리에(국이 식지 않을 정도의 거리) 떨어져 살면서 마치 한집에 사는 것처럼 자주 왕래하고 협조하면서 살아가는 방식이다(이정덕 외 1998; 정옥분 외, 2014). 신혼부부의 경우 시댁 또는 친정과 가까운 거리에 살면서 정서적 관계를 유지하는 형태이다.

(5) 무자녀가족

가족의 부모자녀 관계의 의미가 약화되고 부부 중심적 또는 부부 각자의 개인주의가 지나치게 강조되면서 자녀를 낳지 않기로 결정한 부부가 증가하고 있다. 무자녀 가족에는 자발적 무자녀 가족과 불임이나 자녀 사망으로 인한 비자발적 무자녀 가족이 있다. 자발적 무자녀 가족일 경우 어릴 적 형제가 많거나 가난 등의 이유로 힘들게 살았던 경험이 바탕이 되어 자신의 자녀들에게는 이런 아픔을 주지 않으려는 생각으로 부부가 합의하여 무자녀를 택하기도 한다(김영화 외, 2016).

(6) 동거가족

동거가족은 한 성인이 혈연관계 또는 친족관계가 아닌 이성과 주거공간을 공유하는 생활 형태이다. 사실혼 관계에 있는 가족으로서 공식적인 결혼식을 할 수도 있고 하지 않을 수도 있다. 결혼 후 혹시라도 이혼하게 될 경우 재산분할 등 법적 문제를 피하기 위해 같이 살지만 법적으로는 남남인 형태이다. 유럽, 미국 등에는 많이 존재한다. 우리나라의 경우도 경제적 이유 등으로 점차 증가 추세에 있다.

(7) 노인가족

통크족(TONK: Two Only No Kids)은 자식에 의존하지 않고 취미, 운동, 여행 등으로 부부만의 생활을 즐겁게 보내는 부부를 말하는데 고령화에 따라 이와 같은 노부부의 유형이 증가할 것으로 보인다. 65세 이상 노령인구 비중이 2000년 7.2%로 고령화 사회에 진입하였고 2018년에는 14.3%로 고령사회에 진입하며, 2026년에는 20.8%로 초고령사회에 도달하며 5명 중 1명은 65세 이상 노인일 것으로 전망하고 있다(통계청, 2011).

(8) 한부모가족

조흥식 외(2010)는 한부모가족을 '부모 중 한쪽의 사망, 이혼, 유기, 별거로 인해 편부 또는 편모와 자녀로 이루어진 가족'으로 정의하고 있다. 과거에는 한부모가족을 편부모가족, 결손가족 등으로 불렀으나 한부모가족도 가족의 한 형태로 인정되면서 부정적인 인식을 버리고 비정상 혹은 결손이 아닌 일반가정과 같이 건강하고 행복할 수 있다는 또 하나의 가정의 모습에 대한 긍정적 표현이라고 할 수 있다.

(9) 재혼가족

가장 복잡한 가족형태이다. 재혼가족의 부부는 계부모로서의 기능, 자녀양육관, 금전관리에 대한 계획을 미리 고려해야 한다. 복잡한 가족관계, 자녀문제와 관련된 전 배우자의 개입, 여성 재혼에 대한 이중 기준 등으로 적응에 어려움을 줄 수 있는 가족형태이다(이영주 외, 2015). 남편의 자녀, 아내의 자녀, 부부의 자녀가 있을 경우 자녀들 간의 갈등이 심각할 수 있다.

(10) 분거가족

분거가족은 선원이나 건축업자와 같이 특정한 분야의 직업에서는 이미 오래전부터 존재해 왔다. 분거가족은 서로가 원하는 직장을 갖기 위하여 부부가 일주일 이상 떨어져 생활하는 형태의 가족이다. 주말부부라고 부르기도 하는데 서로의 사생활은 보장되지만 친밀감이 점차 감소하는 문제가 있을 수 있다(박미은 외, 2015).

(11) 동성애가족

덴마크는 유럽에서 가장 먼저 동성결혼을 인정한 국가이다. 1989년 동성 간 결혼을 인정했고 자녀 입양권도 줬다. 10년이 지나고 2000년대에 들어와 프랑스, 독일, 네덜란드, 벨기에 등이 동성 부부를 인정했다. 아시아 국가 중 대만이 2003년 동성애 결혼 합법화와 동성 부부의 입양을 허용했다. 우리나라도 점차 동성 부부를 인정하자는 여론이 있다.

(12) 1인 가족

청년기가 되어 부모로부터 독립하고자 혼자 생활하는 경우와 직장이 멀어 원가족과 떨어져 생활하는 1인 가구를 1인 가족이라 한다. 홀로 생활하는 1인 가족이 배우자를 만나 동거를 하면 동거가족이 되고, 결혼을 하게 되면 무자녀 가족을 거쳐 핵가족으로 발전하기도 한다. 그런데 요즘 우리나라는 1인 가족이 증가하고 있다. '2015 인구주택총조사'에 따르면 1인 가구는 전체 가구의 27.2%인 520만 가구이며 점차 증가추세를 보이고 있다(통계청 보도자료, 2016).

1인 가족이 증가하는 이유 중 하나는 경제적 문제로 인하여 결혼을 포기하는 3포(연애, 결혼, 출산 포기)세대의 증가와 수명연장으로 인한 독거노인의 증가이다.

4. 학교와 지역사회환경

1) 학교환경

학령기 아동과 청소년이 가장 많은 시간을 보내는 곳은 학교다. 학교는 배움을 목적으로 전문가 집단인 교사가 제도적인 교육을 하는 곳이며, 아동과 청소년이 교사와 친구와의 관계 속에서 자연스럽게 사회화할 수 있는 곳이다.

「교육기본법」 제9조 제3항에서는 "학교교육은 학생의 창의력 계발 및 인성(人性) 함양을 포함한 전인적(全人的) 교육을 중시하여 이루어져야 한다."고 명시하고 있다.

(1) 학교의 환경

「학교보건법」 제4조에서 학교의 장은 교육부령으로 정하는 바에 따라 교사(校舍) 안에서의 환기·채광·조명·온도·습도의 조절, 상하수도·화장실의 설치 및 관리, 오염공기·석면·폐기물·소음·휘발성유기화합물·세균·먼지 등의 예방 및 처리 등 환경위생과 식기·식품·먹는 물의 관리 등 식품위생을 적절히 유지·관리하여야 한다고 규정하고 있다. 아동을 환경적으로 보호하기 위해 시설을 아래와 같이 규제하고 있다.

- 배출, 소음 허용 기준을 초과하여 학습과 학교보건위생에 지장을 주는 행위 및 시설.
- 총포화약류의 제조장 및 저장소, 고압가스·천연가스·액화석유가스 제조소 및 저장소.
- 도축장, 화장장 또는 납골시설, 폐기물 수집장소.
- 폐기물처리시설, 폐수종말처리시설, 축산폐수배출시설, 축산폐수처리시설 및 분뇨처리시설.
- 가축의 사체처리장 및 동물의 가죽을 가공·처리하는 시설, 가축시장.
- 감염병원, 감염병격리병사, 격리소, 감염병요양소, 진료소.
- 주류를 판매하면서 손님이 춤과 노래를 부르는 행위가 허용되는 영업.
- 호텔, 여관, 여인숙, 당구장.
- 사행행위장·경마장·경륜장 및 경정장(각 시설의 장외발매소를 포함한다).
- 게임제공업 및 인터넷컴퓨터게임 시설 제공업, 게임물시설, 복합유통 게임 제공업.
- 여성가족부장관이 고시한 영업에 해당하는 업소.
- 미풍양속을 해치는 행위 및 시설로서 대통령령으로 정하는 행위 및 시설.

(2) 학생과 교직원 건강검사

학교의 장은 학생과 교직원에 대하여 건강검사를 하여야 한다고 규정하고 있다. 학교의 장은 건강검사를 할 때에 질병의 유무 등을 조사하거나 검사하기 위하여 다음 각 호의 어느 하나에 해당하는 학생에 대하여는 「국민건강보험법」 제52조에 따른 건강검진 실시 기관에 의뢰하여 교육부령으로 정하는 사항에 대한 건강검사를 해야 한다.

(3) 예방접종

「학교보건법」 제10조에서는 초등학교와 중학교의 장은 학생이 새로 입학한 날부터 90일 이내에 시장·군수 또는 구청장에게 예방접종증명서를 발급받아 예방접종을 모두 받았는지를 검사한 후 이를 교육정보시스템에 기록하여야 한다.

초등학교와 중학교의 장은 검사결과 예방접종을 모두 받지 못한 입학생에게는 필요한 예방접종을 받도록 지도하여야 하며, 필요하면 관할 보건소장에게 예방접종 지원 등의 협조를 요청할 수 있다.

(4) 학교에 두는 의료인, 약사, 보건교사

학교에는 대통령령으로 정하는 바에 따라 학생과 교직원의 건강관리를 지원하는 의료인과 약사를 둘 수 있고, 모든 학교에 보건교육과 학생들의 건강관리를 담당하는 보건교사를 둔다. 다만, 대통령령으로 정하는 일정 규모 이하의 학교에는 순회 보건교사를 둘 수 있다.

2) 지역사회환경

아동과 가정 그리고 사회와의 관계는 아동이 성장함에 따라 상호작용하는 대상과 범위가 달라진다. 영아기(0~2세)의 아동은 부모를 중심으로 하는 가족 구성원과의 관계를 갖지만, 유아기(2~6세)에는 가족 구성원과의 관계 외에도 또래와의 관계를 가지며 아동기(6~12세)에는 학교와 이웃의 또래와 친구, 이웃과의 관계를 가지며 상호작용의 범위를 확대시켜 나간다(오정수·정익중, 2013).

(1) 좋은 지역사회환경

지역사회에 대한 이미지는 지역사회의 객관적 특성뿐 아니라 지역주민들의 주관적 의견이나 느낌에 기초해 평가된다. 주민들이 지역사회에 대한 깊은 애정이 있고, 치안과 안전이 보장되며, 기능적 생활환경과 이웃관계를 유지하며, 심각한 사회문제가 없으며, 교육과 고용의 기회가 충분하며, 쾌적한 공간적, 문화적 환경이 유지되면 좋은 지역사회로 평가된다(김준환 외, 2016).

(2) 지역사회 아동을 위한 복지정책

현재 우리나라의 아동 관련 업무는 보건복지부를 비롯하여 교육부, 여성가족부, 고용노동부, 행정자치부, 법무부 등의 부처에서 담당하고 있다. 하지만 지역사회 빈곤아동을 위한 정책은 보건복지부에서 주로 담당하고 있다(오정수·정익중, 2013).

보건복지부는 인구아동정책관의 아동복지정책과에서 아동복지에관한 정책을 총괄하고 종합계획을 수립·시행한다. 하지만 보건복지부의 저소득층 초등학생과 청소년들에 대한 정부의 정책은 극히 제한적으로 이루어지고 있다.

CHAPTER_14

아동정책과 전달 체계

1. 아동복지 정책과 제도

1) 아동복지정책의 개념과 의의

2) 아동복지정책의 구성

3) 아동복지정책의 쟁점

2. 아동복지 서비스 전달 체계

1) 전달 체계에 대한 이해

2) 전달 체계 개선 추진

3) 바우처 전달 체계 개선

3. 아동복지 및 권리 관련 법

1) 아동복지법

2) 입양특례법

3) 기타 아동 관련 법

1. 아동복지 정책과 제도

1) 아동복지정책의 개념과 의의

아동복지정책(child welfare policy)은 아동과 복지, 그리고 정책이라는 세 가지 용어의 합성어이며, 아동을 대상으로 하는 복지정책으로서 사회복지정책의 하위개념이다.

「아동복지법」 제3조 제2항에서는 "아동복지란 아동이 행복한 삶을 누릴 수 있는 기본적인 여건을 조성하고 조화롭게 성장·발달할 수 있도록 하기 위한 경제적·사회적·정서적 지원을 말한다."고 했다. 이러한 아동복지를 실현하기 위해 펼치는 정책이 아동복지정책이다.

사회복지정책의 대상은 아동 뿐 아니라 노인, 여성, 장애인 등 다양하다. 그 중에서도 아동복지정책은 아동의 건강한 성장발달과 행복을 목표로 전개되는 사회복지정책인 것이다. 카두신과 마틴(Kadushin & Martin, 1988)에 의하면 아동복지정책은 아동에게 영향을 미치는 모든 정책과 프로그램이라고 정의된다(김성경 외, 2013. 재인용).

아동은 스스로 사회적으로나 경제적인 독립이 불가한 존재이며, 아동 자신을 보호 및 양육하는 보호자(성인, 대개는 부모)에 의해 아동의 성장과 발달 교육 행복 등 모든 아동의 권리가 존중되는지 여부가 결정된다. 즉 아동의 인적·물리적 가정환경이 어떠한가에 따라 아동의 복지가 결정되는 것이다. 이것은 곧 아동복지정책이 비단 아동에 한정되는 것이 아니라 아동이 처한 가정환경까지 영향을 미쳐야 함을 일컫는다. 그러므로 아동복지정책은 가족 중심으로 확장되고 있으며 이에 따라 아동복지정책도 아동 및 가족복지정책으로 새롭게 개념화하기도 한다(Downs, 2000; 김성경 외, 2013).

2) 아동복지정책의 구성

아동복지정책이 어떻게 구성되는지를 알기 위해서는 사회보장제도에 대한 이해가 선행되어야 한다. 모든 사회복지정책이나 실천의 근거는 법률에 의한다. 아동복지정책 또한 대표적으로 「아동복지법」에 근거하여 실시되는 것이며, 「아동복지법」은 그 상위에 위치한 「사회복지 사업법」에 근거하여 제정된 것이다(정영숙, 2015). 좀 더 거슬러 올라가면 「사회복지 사업법」의 상위에는 「사회보장기본법」이 있다. 모든 사회복지실천의 모태는 「사회보장기본법」에 있음을 의미한다.

아동복지정책은 사회보장정책이라는 큰 틀 안에서 이해하고자 할 때, 우리는 '사회보장', '사회보험', '공공부조', '사회적 서비스'가 필요하다.

(1) 사회보험

사회보험은 대표적인 사회보장제도로서 복지사회 구현을 위한 사회복지의 꽃이라 할 수 있다. 국가가 주체가 되어 모든 국민을 대상으로 하는 보편적복지(제도적 모형)이며 국민에게 발생할 수 있는 사회적 위험에 대비해 보험의 방식으로 대처함으로써 국민의 건강과 소득을 보장하는 제도이다. 이러한 사회보험의 종류에는 국민건강보험, 국민연금, 고용보험, 산업재해보험, 그리고 노인장기요양보험이 있다(노명희 외, 2014).

이러한 사회보험제도는 소득보장이나 의료보장의 형태로 보험가입자 가족 내의 아동복지를 보장해 주는 것이다. 즉 국민연금과 고용보험 등을 통해 가구의 소득을 보장함으로써 아동을 건강하게 보호·육성할 수 있으며, 국민건강보험을 통해 가족과 아동의 건강을 안전하게 보장받을 수 있다.

국민건강보험은 「국민건강보험법」에 근거하여 실시되며, 국민의 질병·부상에 대한 예방·진단·치료·재활과 출산·사망 및 건강증진에 대하여 보험급여를 실시함으로써 국민보건 향상과 사회보장 증진을 위한 것이다.

국민연금은 「국민연금법」에 근거하여 실시되며, 국민의 노령, 장애 또는 사망에 대하여 연금급여를 실시함으로써 국민의 생활 안정과 복지를 증진하기 위한 것이다.

고용보험은 「고용보험법」에 근거하여 실시되며, 실업의 예방, 고용의 촉진 및 근로자의 직업능력의 개발과 향상을 꾀하고, 국가의 직업지도와 직업소개 기능을 강화하며, 근로자가 실업한 경우에 생활에 필요한 급여를 실시하여 근로자의 생활안정과 구직활동을 촉진함으로써 경제·사회 발전에 이바지한다.

산업재해보상보험은 「산업재해보상보험법」에 근거하여 실시되며, 근로자의 업무상의 재해를 신속하고 공정하게 보상하며, 재해근로자의 재활 및 사회 복귀를 촉진하기 위하여 이에 필요한 보험시설을 설치·운영하고, 재해 예방과 그 밖에 근로자의 복지 증진을 위한 사업을 시행하여 근로자를 보호한다.

노인장기요양보험은 고령이나 노인성 질병 등의 사유로 일상생활을 혼자서 수행하기 어려운 노인 등에게 제공하는 신체활동 또는 가사활동 지원 등의 장기요양급여에 관한 사항을 규정하여 노후의 건강증진 및 생활안정을 도모하고 그 가족의 부담을 덜어줌으로써 국민의 삶의 질을 향상하도록 함을 목적으로 한다.

(2) 공공부조

공공부조는 공적부조라고도 하며 생활유지 능력이 결손된 국민의 최저생활을 보장하고 자립을 지원함으로써 정상적인 생활권 안으로 영입시키기 위한 제도로서 「국민기초생활 보장법」, 「의료급여법」, 「긴급복지 지원법」 등이 여기에 해당된다(송정애, 2013).

이 법의 조건에 맞는 국민은 누구나 해당되는 보편적제도이나 경제적으로나 사회적으로 어려움을 겪고 있는 사람을 선별하여 결정한다는 점에서 선별적이기도 하다. 이러한 공공부조제도와 아동복지정책과의 연관성은 공공부조의 대상이 생활이 어려운 국민들을 대상으로 가구별로 정책을 실현하고 있다는 점에서 가족을 지원함으로써 아동복지가 이루어지도록 하고 있다.

「국민기초생활 보장법」은 생활이 어려운 사람에게 필요한 급여를 실시하여 이들의 최저생활을 보장하고 자활을 돕는 것을 목적으로 제정되었다.

「의료급여법」은 생활이 어려운 사람에게 의료급여를 함으로써 국민보건의 향상과 사회복지의 증진에 기여하고 있고, 「긴급복지 지원법」은 생계곤란 등의 위기상황에 처하여 도움이 필요한 사람을 신속하게 지원함으로써 이들이 위기상황에서 벗어나 건강하고 인간다운 생활을 하게 하려는 것이다.

(3) 사회복지 서비스

사회복지 서비스는 국가와 지방자치단체뿐 아니라 민간부문에서 정상적인 생활에서 벗어나 도움을 필요로 하는 사람들에게 상담, 재활 등의 서비스를 제공함으로써 정상적인 삶의 궤도에 올라설 수 있도록 지원하는 제도를 말한다(김미영, 2013).

이러한 사회복지 서비스는 개별적으로 혹은 집단으로 이루어지기도 하며, 아동복지 서비스는 지역사회복지관이나 아동이나 가족 관련 상담소 등의 기관에서 제공하는 상담 서비스가 있으며, 학대아동 및 방임아동을 위한 보호 서비스, 미혼부모나 한부모가족을 위한 지원 서비스, 보육 서비스, 가정위탁보호 서비스, 입양, 시설보호 등 다양하게 제공되고 있다.

이 외에 우리나라에는 아직 없지만 특정 인구학적 범주에 속하는 계층이면 누구나에게 일정액의 수당이나 서비스를 제공하는 '데모그란트'로 분류되는 제도가 있다. 데모그란트의 종류로는 영국의 아동수당제도와 후견인제도, 그리고 아동이 속한 가족을 대상으로 실시하는 스웨덴의 가족수당이 이에 해당한다(정옥분 외, 2012).

3) 아동복지정책의 쟁점

보편주의에 입각한 정책은 그 대상을 선별하지 않고 모든 국민을 대상으로 하기 때문에 낙인이 없어 '사회적 효율성'이 높다. 이에 비해 잔여적 서비스(선별주의)란 '비용의 효율성'을 추구하여 도움이 꼭 필요한 곳에만 정책의 손길을 펼침으로써 사회적 비용을 최소화하고 있다(송정애, 2013). 얼마 전 크게 이슈가 되었던 '무상급식'에 대한 찬반여론을 생각해보면 쉽게 이해할 수 있다. 무상급식을 찬성하는 사람들은 보편주의 추종자들이며, 이를 반대하는 사람들은 선별주의를 추종하는 자들로서 정책의 대상을 '스스로를 책임질 능력이 없는 사람들'에 한정하는 것이다.

사회복지 변화의 흐름은 보호대상 아동을 위한 잔여적인 아동복지정책에서 일반아동의 건전한 육성을 위한 보편주의적인 아동복지정책이 확대되어가는 추세로 변화되고 있다. 보육 서비스, 출산급여 등이 그 예라 하겠다. 이러한 보편적 서비스의 관점에 입각한 아동복지정책의 특징은 그 대상이 아동에 국한되지 않고 아동이 속한 가족에 기초한다(곽형식 외, 2013).

아동은 성인의 보호와 양육이 필요한 존재로서 인간발달 단계에서 아직은 독립적이고 자립적인 존재가 아니기 때문이다.

2. 아동복지 서비스 전달 체계

아동복지 서비스는 사회복지 서비스의 하위 영역으로 아동 및 그 가족을 대상으로 하는 서비스라 볼 수 있다. 아동복지 서비스에 대한 연구는 매우 미흡하여 구체적인 개념 정의가 되어 있지 않은 실정으로 사회복지 서비스의 개념을 적용하여 개념 정의를 할 필요가 있다. 사회복지 서비스는 사회복지정책을 사회복지 서비스로 전환시키는 데 필요한 사회복지조직에서의 총체적 활동이다(김성경 외, 2013). 이를 아동복지행정에 적용해 볼 수 있는데 아동복지행정이란 아동복지정책을 아동복지 서비스로 전환시키는 데 필요한 사회복지조직에서의 총체적 활동이라고 할 수 있다.

1) 전달 체계에 대한 이해

전달 체계란 복지와 관련하여 정부에서 지급하는 각종 지원금을 어떻게 처리하는가에 대한 것으로 아이사랑카드 등을 예로 들 수 있다.

기존 아이사랑카드(보육전자바우처)는 수요자 중심의 보육 서비스 전달 체계를 기반으로 구축되었다. 시군구에서는 어린이집의 지급요구를 승인한 경우 예산을 지자체금고은행에 입금하고 금융기관에서는 정부 지원금 입금 20일 경과 후 어린이집에 지급하는 방식이었다(보건복지부 홈페이지).

2) 전달 체계 개선 추진

개선 전달 체계에서는 시군구에서 금융기관 및 바우처관리센터에 입금을 하고 아이의 부모가 바우처 카드를 결제하면 보육료를 5일 이내에 어린이집에 지급하는 방식이다.

즉, 부모에게 직접 보육료를 지원하여 '부모–시설' 간 소통 증진 및 어린이집의 보육료 수납 업무 부담을 경감시켜 주는 방향으로 전달 체계가 개선되었다(제2차 중장기보육 기본계획, 2013).

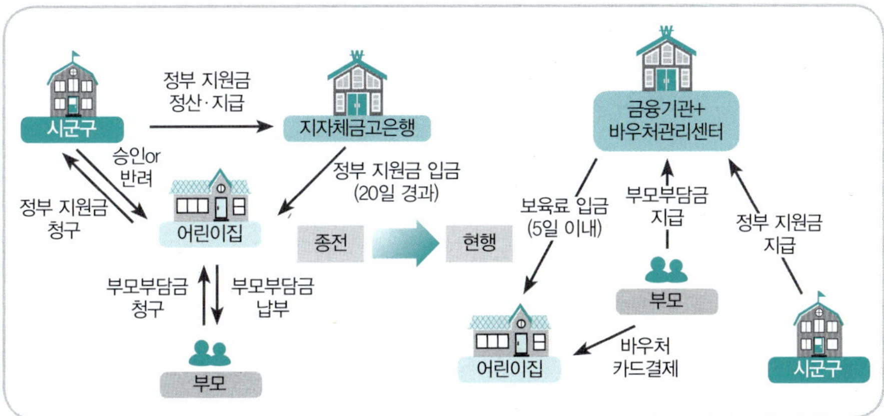

[그림 14-1] **아이사랑카드 도입 전·후 지원 체계 비교**

출처: 보건복지부(2013). 제2차 중장기보육 기본계획.

보육 재정은 연간 8.3조원(2013년 기준)에 달하며 이 중 49%가 지방비 부담에 의존하는 상황으로 최근 보육 예산의 급속한 증가와 보육 서비스에 대한 국가-지자체 간 책임 인식의 차이로 불필요한 사회적 갈등을 야기하고 있었다.

전달 체계 개선 요구사항으로는 정책 관심과 지원 대상을 시설 이용(어린이집, 유치원) 영유아 중심에서 모든 영유아까지 확대하기를 학부모들은 바라고 있었으며, 아이의 연령·신체·가구 여건 등을 종합적으로 고려하여 최적의 맞춤형 정책 추진으로 전달 체계가 계속 개선되고 있다(제2차 중장기보육 기본계획, 2013).

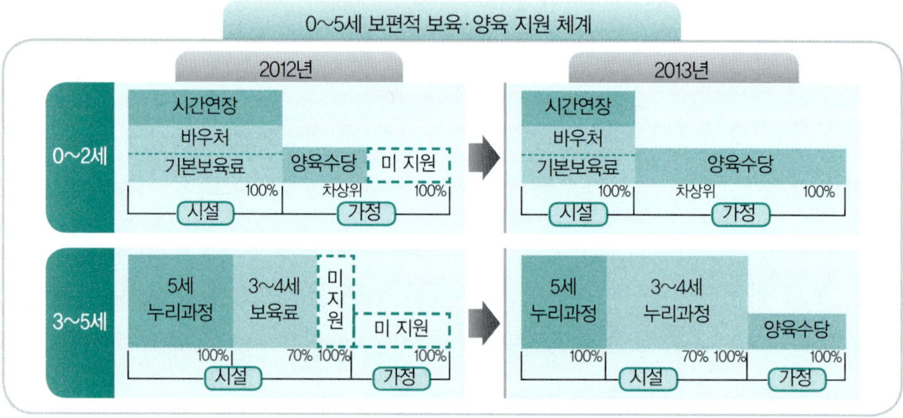

[그림 14-2] **보육·양육 지원 체계 개선도**

출처: 보건복지부(2013). 제2차 중장기보육 기본계획.

3) 바우처 전달 체계 개선

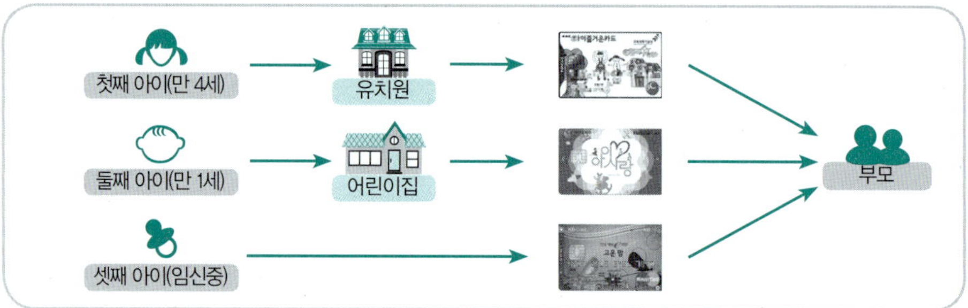

[그림 14-3] **바우처 카드 발급 기존 전달 체계**

출처: 보건복지부(2013). 제2차 중장기보육 기본계획.

전달 체계(바우처 카드)가 부처별로 달라 서비스·부처(서)별 바우처 카드 발급으로 국민 불편 및 서비스 간 중복이 우려되고 있는 현실을 개선할 필요가 있었다.

바우처 카드 및 서비스를 통합 관리하여 생애주기별 원(one)카드 사용으로 복지 체감도 향상 및 재정누수를 방지하는 방향으로 전달 체계를 개선하였다. 즉, 아동이 3명이면 3장의 바우처 카드가 있어야 했던 것을 부모당 1장의 바우처 카드로 통합하여 사용할 수 있는 서비스 전달 체계로 개선되었다.

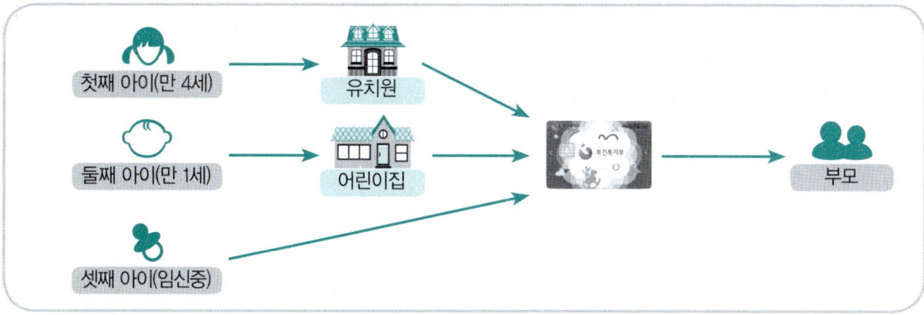

[그림 14-4] **바우처 카드 발급 개선 전달 체계**

출처: 보건복지부(2013). 제2차 중장기보육 기본계획.

3. 아동복지 및 권리 관련 법

아동은 신체적, 정신적, 정서적, 사회적 발달상의 특수성 때문에 다른 인구집단과 구별되는 법령을 지니게 된다. 아동복지 및 권리와 관계있는 법은 「영유아 보육법」, 「입양특례법」, 「청소년 기본법」, 「청소년 보호법」, 「청소년복지 지원법」, 「청소년활동 진흥법」, 「아동·청소년의 성보호에 관한 법률」 등이 있다(김성경 외 2013). 이 법들은 기본적으로 아동복지에 초점을 맞추고 있으나 개별조항을 보면 아동권리도 포함하고 있다.

1) 아동복지법

「아동복지법」은 법률 제912호로, 1961년 12월 30일 제정되어 이듬해인 1962년 1월 1일 시행된 아동 관련 법이다. 이 법은 단기 4256년 9월 제령 제12호「조선감화령」을 대체한 대한민국의 법이다.

단기 4256년을 서기로 환산하면 1923년인데 이때는 우리정부가 수립되기 전인 일제강점기이다. 즉,「조선감화령」은 우리가 우리국민을 위해 제정한 법령이 아니고 일본이 식민지인 조선백성을 관리하기 위해 제정한 것이다. 이를 근거로 설치된 감화원과 조선구호령에 의하여 설치된 구호시설은 각각 본법에 의하여 설치된 아동복리시설로 간주한다는 부칙은 새 술을 새 부대에 담았다기보다는 그 당시 대한민국정부의 재정여건을 감안하여 부족한 시설을 대체 사용한다는 의미로 받아들여야 할 것이다(서보준 외, 2013).

1961년「아동복리법」으로 제정된 후 1981년「아동복지법」으로 명칭을 개정함과 동시에 전문개정이 이루어졌다. 제정 당시는 구호적 성격의 복지 제공에 중점을 두고 있어 경제 사회의 발전에 따른 사회적 복지요구에 부응하지 못했다(정옥분 외 2012). 이러한 단점을 보완하기 위해 시대상황에 맞도록 계속 개정작업이 이루어져 현실을 반영해 나가는 살아있는 법이다.

(1) 아동복지법의 목적

이 법은 아동이 건강하게 출생하여 행복하고 안전하게 자랄 수 있도록 아동의 복지를 보장하는 것을 목적으로 한다.

(2) 아동복지법의 기본 이념

아동은 자신 또는 부모의 성별, 연령, 종교, 사회적 신분, 재산, 장애유무, 출생지역, 인종 등에 따른 어떠한 종류의 차별도 받지 아니하고 자라나야 한다. 아동은 완전하고 조화로운 인격발달을 위하여 안정된 가정환경에서 행복하게 자라나야 하고 아동에 관한 모든 활동에 있어서 아동의 이익이 최우선적으로 고려되어야 한다. 그러기 위해서 아동의 권리보장과 복지증진을 위하여 이 법에 근거한 보호와 지원을 받을 권리를 가진다.

(3) 아동복지법의 정의

아동이란 18세 미만인 사람을 말하며 아동복지란 아동이 행복한 삶을 누릴 수 있는 기본적인 여건을 조성하고 조화롭게 성장·발달할 수 있도록 하기 위한 경제적·사회적·정서적 지원을 말한다.

보호자란 친권자, 후견인, 아동을 보호·양육·교육하거나 그러한 의무가 있는 자 또는 업무·고용 등의 관계로 사실상 아동을 보호·감독하는 사람을 말한다. 보호대상 아동은 보호자가 없거나 보호자로부터 이탈된 아동 또는 보호자가 아동을 학대하는 경우 등 그 보호자가 아동을 양육하기에 적당하지 아니하거나 양육할 능력이 없는 경우의 아동을 뜻한다. 지원대상 아동은 아동이 조화롭고 건강하게 성장하는 데에 필요한 기초적인 조건이 갖추어지지 아니하여 사회적·경제적·정서적 지원이 필요한 아동을 말한다.

아동학대란 보호자를 포함한 성인이 아동의 건강 또는 복지를 해치거나 정상적 발달을 저해할 수 있는 신체적·정신적·성적 폭력이나 가혹행위를 하는 것과 아동의 보호자가 아동을 유기하거나 방임하는 것을 말한다.

(4) 아동복지법의 주요내용

① 국가와 지방자치단체의 책무

국가와 지방자치단체는 아동의 안전·건강 및 복지 증진을 위하여 아동과 그 보호자 및 가정을 지원하기 위한 정책을 수립·시행하여야 하며, 보호대상 아동 및 지원대상 아동의 권익을 증진하기 위한 정책을 수립·시행하여야 한다.

국가와 지방자치단체는 장애아동의 권익을 보호하기 위하여 필요한 시책을 강구하여야 하며, 아동이 자신 또는 부모의 성별, 연령, 종교, 사회적 신분, 재산, 장애유무, 출생지역 또는 인종 등에 따른 어떠한 종류의 차별도 받지 아니하도록 필요한 시책을 강구하여야 한다.

② 보호자 등의 책무

아동의 보호자는 아동을 가정에서 그의 성장 시기에 맞추어 건강하고 안전하게 양육하여야 한다. 아동의 보호자는 아동에게 신체적 고통이나 폭언 등의 정신적 고통을 가하여서는 안 되며, 모든 국민은 아동의 권익과 안전을 존중하여야 하고, 아동을 건강하게 양육하여야 한다.

③ 어린이날 및 어린이주간

어린이에 대한 사랑과 보호의 정신을 높임으로써 이들을 옳고 아름답고 슬기로우며 씩씩하게 자라나도록 하기 위하여 매년 5월 5일을 어린이날로 하며, 5월 1일부터 5월 7일까지를 어린이주간으로 한다.

④ 아동종합실태조사

보건복지부장관은 5년마다 아동의 양육 및 생활환경, 언어 및 인지 발달, 정서적·신체적 건강, 아동안전, 아동학대 등 아동의 종합실태를 조사하여 그 결과를 공표하고, 이를 기본계획과 시행계획에 반영하여야 한다. 다만, 보건복지부장관은 필요한 경우 보건복지부령으로 정하는 바에 따라 분야별 실태조사를 할 수 있다.

⑤ 아동 복지시설의 종류

아동 복지시설로는 다음과 같은 종류가 있다.

아동 양육시설: 보호대상 아동을 입소시켜 보호, 양육 및 취업훈련, 자립 지원 서비스 등을 제공하는 것을 목적으로 하는 시설.

아동 일시보호시설: 보호대상 아동을 일시보호하고 아동에 대한 향후의 양육대책수립 및 보호조치를 행하는 것을 목적으로 하는 시설.

아동 보호치료시설: 아동에게 보호 및 치료 서비스를 제공하는 다음 각 목의 시설.

- 불량행위를 하거나 불량행위를 할 우려가 있는 아동으로서 보호자가 없거나 친권자나 후견인이 입소를 신청한 아동 또는 가정법원, 지방법원소년부지원에서 보호위탁된 19세 미만인 사람을 입소

시켜 치료와 선도를 통하여 건전한 사회인으로 육성하는 것을 목적으로 하는 시설.
- 정서적·행동적 장애로 인하여 어려움을 겪고 있는 아동 또는 학대로 인하여 부모로부터 일시 격리되어 치료받을 필요가 있는 아동을 보호·치료하는 시설.

공동생활가정: 보호대상 아동에게 가정과 같은 주거여건과 보호, 양육, 자립 지원 서비스를 제공하는 것을 목적으로 하는 시설.

자립 지원시설: 아동 복지시설에서 퇴소한 사람에게 취업준비기간 또는 취업 후 일정 기간 동안 보호함으로써 자립을 지원하는 것을 목적으로 하는 시설.

아동상담소: 아동과 그 가족의 문제에 관한 상담, 치료, 예방 및 연구 등을 목적으로 하는 시설.

아동전용시설: 어린이공원, 어린이놀이터, 아동회관, 체육·연극·영화·과학실험전시 시설, 아동휴게숙박시설, 야영장 등 아동에게 건전한 놀이·오락, 그 밖의 각종 편의를 제공하여 심신의 건강유지와 복지증진에 필요한 서비스를 제공하는 것을 목적으로 하는 시설.

지역아동센터: 지역사회 아동의 보호·교육, 건전한 놀이와 오락의 제공, 보호자와 지역사회의 연계 등 아동의 건전육성을 위하여 종합적인 아동복지 서비스를 제공하는 시설.

2) 입양특례법

「입양특례법」은 1976년 12월 31일 제정된 법률 제2977호로서 1977년 1월 31일 시행되었다. 이 법은 14차례의 일부개정, 입양촉진 및 절차에 관한 특례법 타법 개정을 통해 현재에 이르고 있다. 이 법은 입양에 관한 요건 및 절차 등에 대한 특례와 지원에 필요한 사항을 정해 양자(養子)가 되는 아동의 권익과 복지를 증진하는 것을 목적으로 하고 있으며, 이 법에 따른 입양은 아동의 이익이 최우선이 되도록 하고 있다.

(1) 입양특례법의 목적

이 법은 보호대상 아동의 입양(入養)에 관한 요건 및 절차 등에 대한 특례와 지원에 필요한 사항을 정함으로써 양자(養子)가 되는 아동의 권익과 복지를 증진하는 것을 목적으로 한다.

(2) 입양특례법의 정의

아동이란 18세 미만인 사람을 말하며, 보호대상 아동은 보호가 필요한 아동을 뜻하며, 입양아동은 낳아준 부모가 여러 가지 사정으로 인하여 양육할 여건이 안 될 경우 혈연관계가 없는 사람에 의하여 양육되는 아동을 말한다.

(3) 입양특례법의 주요내용

① 입양의 원칙

이 법에 따른 입양은 아동의 이익이 최우선이 되도록 하여야 한다.

② 입양의 날

건전한 입양문화의 정착과 국내 입양의 활성화를 위하여 5월 11일을 입양의 날로 하고, 입양의 날부터 1주일을 입양주간으로 하며, 국가와 지방자치단체는 입양의 날 취지에 적합한 행사 등 사업을 실시하도록 노력하여야 한다.

③ 국내 입양 우선 추진

국가 및 지방자치단체는 입양의뢰 된 아동의 양친(養親)될 사람을 국내에서 찾기 위한 시책을 최우선적으로 시행하여야 하며, 입양기관의 장은 보건복지부령으로 정하는 바에 따라 입양의뢰된 아동의 양친을 국내에서 찾기 위한 조치를 취하고, 그 결과를 보건복지부장관에게 보고하여야 한다. 입양기관의 장은 국내 입양을 위한 조치에도 불구하고 양친을 찾지 못한 경우 정보시스템을 활용한 관련 기관과의 정보공유를 통하여 국내 입양을 추진하여야 하는데, 국내에서 양친이 되려는 사람을 찾지 못하였을 경우에 한하여 국외 입양을 추진할 수 있다.

④ 입양의 효력발생

이 법에 따른 입양은 가정법원의 인용심판 확정으로 효력이 발생하고, 양친 또는 양자는 가정법원의 허가서를 첨부하여 「가족관계의 등록 등에 관한 법률」에서 정하는 바에 따라 신고하여야 한다.

⑤ 입양기관

입양기관을 운영하려는 자는 「사회복지 사업법」에 따른 사회복지법인으로서 보건복지부장관의 허가를 받아야 한다. 다만, 국내 입양만을 알선하려는 자는 시·도지사의 허가를 받아야 하며, 허가받은 사항 중 대통령령으로 정하는 중요한 사항을 변경하려고 하는 경우에는 신고하여야 하며, 외국인은 입양기관의 장이 될 수 없다.

입양기관의 장과 그 종사자는 입양아동의 인권을 보호하고 건전한 입양문화를 정착시키기 위하여 정기적으로 보건복지부령으로 정하는 보수교육을 받아야 한다.

⑥ 양육보조금 등의 지급

국가와 지방자치단체는 입양기관의 알선을 받아 입양된 장애아동 등 입양아동이 건전하게 자랄 수 있도록 필요한 경우에는 대통령령으로 정하는 범위에서 양육수당, 의료비, 아동교육 지원비, 그 밖의 필요한 양육보조금을 지급할 수 있으며, 입양기관의 운영비와 「국민기초생활 보장법」에 따라 지급되는 수급품 외에 가정위탁보호비용을 보조할 수 있다.

3) 기타 아동 관련 법

(1) 청소년 기본법

목적(제1조)
청소년의 권리 및 책임과 가정·사회·국가·지방자치단체의 청소년에 대한 책임을 정하고 청소년정책에 관한 기본적인 사항을 규정함을 목적으로 한다.

정의(제3조)

1. **청소년:** 9세 이상 24세 이하인 사람을 말한다. 다만, 다른 법률에서 청소년에 대한 적용을 다르게 할 필요가 있는 경우에는 따로 정할 수 있다.
2. **청소년 육성:** 청소년활동을 지원하고 청소년의 복지를 증진하며 근로 청소년을 보호하는 한편, 사회 여건과 환경을 청소년에게 유익하도록 개선하고 청소년을 보호하여 청소년에 대한 교육을 보완함으로써 청소년의 균형 있는 성장을 돕는 것을 말한다.

(2) 청소년 보호법

목적(제1조)
청소년에게 유해한 매체물과 약물 등이 청소년에게 유통되는 것과 청소년이 유해한 업소에 출입하는 것 등을 규제하고 청소년을 유해한 환경으로부터 보호·구제함으로써 청소년이 건전한 인격체로 성장할 수 있도록 함을 목적으로 한다.

정의(제2조)
1. **청소년:** 만 19세 미만인 사람을 말한다. 다만, 만 19세가 되는 해의 1월 1일을 맞이한 사람은 제외한다.

(3) 청소년활동 진흥법

목적(제1조)
「청소년 기본법」 제47조 제2항에 따라 다양한 청소년활동을 적극적으로 진흥하기 위하여 필요한 사항을 정함을 목적으로 한다.

정의(제2조)
1. **청소년활동:** 「청소년 기본법」 제3조 제3호에 따른 청소년활동을 말한다.
2. **청소년활동시설:** 청소년수련활동, 청소년교류활동, 청소년문화활동 등 청소년활동에 제공되는 시설이 있다.
3. **청소년수련활동:** 청소년이 청소년활동에 자발적으로 참여하여 청소년 시기에 필요한 기량과 품성을 함양하는 교육적 활동으로서 「청소년 기본법」 제3조 제7호에 따른 청소년지도자와 함께 청소년수련거리에 참여하여 배움을 실천하는 체험활동을 말한다.

(4) 청소년복지 지원법

목적(제1조)
「청소년 기본법」 제49조 제4항에 따라 청소년복지 향상에 관한 사항을 규정함을 목적으로 한다.

정의(제2조)
1. **청소년:** 「청소년 기본법」 제3조 제1호 본문에 해당하는 사람을 말한다.
2. **청소년복지:** 「청소년 기본법」 제3조 제4호에 따른 청소년복지를 말하며,
3. **보호자:** 친권자, 법정대리인 또는 사실상 청소년을 양육하는 사람을 말한다.
4. **위기청소년:** 가정 문제가 있거나 학업 수행 또는 사회 적응에 어려움을 겪는 등 조화롭고 건강한 성장과 생활에 필요한 여건을 갖추지 못한 청소년을 말한다.

(5) 한부모가족 지원법

목적(제1조)

한부모가족이 건강하고 문화적인 생활을 영위할 수 있도록 함으로써 한부모가족의 생활 안정과 복지 증진에 이바지함을 목적으로 한다.

정의(제4조)

1. **'모' 또는 '부':** 다음 각 목의 어느 하나에 해당하는 자로서 아동인 자녀를 양육하는 자를 말한다.
   가. 배우자와 사별 또는 이혼하거나 배우자로부터 유기(遺棄)된 자
   나. 정신이나 신체의 장애로 장기간 노동능력을 상실한 배우자를 가진 자
   다. 교정시설·치료감호시설에 입소한 배우자 또는 병역복무 중인 배우자를 가진 사람
   라. 미혼자(사실혼(事實婚) 관계에 있는 자는 제외한다)
   마. 가목부터 라목까지에 규정된 자에 준하는 자로서 여성가족부령으로 정하는 자

1-2. **청소년 한부모:** 24세 이하의 모 또는 부를 말한다.

2. **한부모가족:** 모자가족 또는 부자가족을 말한다.
3. **모자가족:** 모가 세대주(세대주가 아니더라도 세대원(世代員)을 사실상 부양하는 자를 포함한다)인 가족을 말한다.
4. **부자가족:** 부가 세대주(세대주가 아니더라도 세대원을 사실상 부양하는 자를 포함한다)인 가족을 말한다.
5. **아동:** 18세 미만(취학 중인 경우에는 22세 미만을 말하되, 「병역법」에 따른 병역의무를 이행하고 취학 중인 경우에는 병역의무를 이행한 기간을 가산한 연령 미만을 말한다)의 자를 말한다.

(6) 장애아동 복지 지원법

목적(제1조)

국가와 지방자치단체가 장애아동의 특별한 복지적 욕구에 적합한 지원을 통합적으로 제공함으로써 장애아동이 안정된 가정생활 속에서 건강하게 성장하고 사회에 활발하게 참여할 수 있도록 하며, 장애아동 가족의 부담을 줄이는 데 이바지함을 목적으로 한다.

정의(제2조)

1. **장애아동:** 18세 미만의 사람 중 「장애인복지법」 제32조에 따라 등록한 장애인을 말한다. 다만, 6세 미만의 아동으로서 장애가 있다고 보건복지부장관이 별도로 인정하는 사람을 포함한다.

2 **장애아동 보호자:** 친권자, 후견인, 장애아동을 보호·양육·교육하거나 그 의무가 있는 자 또는 업무·고용 등의 관계로 사실상 장애아동을 보호·감독하는 자를 말한다.

3. **장애아동복지 지원:** 국가와 지방자치단체가 장애아동의 특별한 복지적 욕구에 따라 의료비 지원, 보육 지원, 가족 지원 및 장애아동의 발달에 필요한 지원 등 다양한 인적·물적 자원을 제공하는 것을 말한다.

(7) 아동·청소년의 성보호에 관한 법률

목적(제1조)

아동·청소년 대상 성범죄의 처벌과 절차에 관한 특례를 규정하고 피해 아동·청소년을 위한 구제 및 지원 절차를 마련하며 아동·청소년 대상 성범죄자를 체계적으로 관리함으로써 아동·청소년을 성범죄로부터 보호하고 아동·청소년이 건강한 사회구성원으로 성장할 수 있도록 함을 목적으로 한다.

정의(제2조)

아동·청소년: 19세 미만의 자를 말한다. 다만, 19세에 도달하는 연도의 1월 1일을 맞이한 자는 제외한다.

대상 아동·청소년: 제13조 제1항의 죄의 상대방이 된 아동·청소년을 말한다.

온라인 서비스 제공자: 다른 사람들이 정보통신망(「정보통신망 이용촉진 및 정보보호 등에 관한 법률」의 정보통신망을 말한다. 이하 같다)을 통하여 온라인 자료를 이용할 수 있도록 서비스를 제공하는 자로서 대통령령으로 정하는 자를 말한다.

등록정보: 법무부장관이 「성폭력범죄의 처벌 등에 관한 특례법」 등록대상자에 대하여 같은 법 제44조 제1항에 따라 등록한 정보를 말한다.

금지행위

아동·청소년에 대한 강간·강제추행(제7조), 장애인인 아동·청소년에 대한 간음(제8조), 강간 등 상해·치상(제9조), 강간 등 살인·치사(제10조), 아동·청소년 이용 음란물의 제작·배포(제11조), 아동·청소년 매매행위(제12조), 아동·청소년의 성을 사는 행위(제13조), 아동·청소년에 대한 강요행위(제14조), 알선영업행위(제15조), 피해자 등에 대한 강요행위(제16조)와 같은 행위를 하면 안 된다.

(8) 아동학대 범죄의 처벌 등에 관한 특례법

목적(제1조)

아동학대 범죄의 처벌 및 그 절차에 관한 특례와 피해 아동에 대한 보호절차 및 아동학대 행위자에 대한 보호처분을 규정함으로써 아동을 보호하여 아동이 건강한 사회 구성원으로 성장하도록 함을 목적으로 한다.

정의(제2조)

4. **아동학대 범죄:** 보호자에 의한 아동학대로서 「아동학대 범죄의 처벌 등에 관한 특례법」 제2조의 제4항 각 목의 어느 하나에 해당하는 죄를 말한다.
5. **아동학대 행위자:** 아동학대 범죄를 범한 사람 및 그 공범을 말한다.
6. **피해 아동:** 아동학대 범죄로 인하여 직접적으로 피해를 입은 아동을 말한다.
7. **아동 보호사건:** 아동학대 범죄로 인하여 제36조 제1항에 따른 보호처분의 대상이 되는 사건을 말한다.
8. **피해 아동 보호명령사건:** 아동학대 범죄로 인하여 제47조에 따른 피해 아동 보호명령의 대상이 되는 사건을 말한다.
11. **아동 복지시설의 종사자:** 아동 복지시설에서 아동의 상담·지도·치료·양육, 그 밖에 아동의 복지에 관한 업무를 담당하는 사람을 말한다.

(9) 저출산고령사회기본법

목적(제1조)
저출산 및 인구의 고령화에 따른 변화에 대응하는 저출산·고령사회정책의 기본방향과 그 수립 및 추진체계에 관한 사항을 규정함으로써 국가의 경쟁력을 높이고 국민의 삶의 질 향상과 국가의 지속적인 발전에 이바지함을 목적으로 한다.

정의(제2조)
인구의 고령화: 전체인구에서 노인의 인구비율이 증가하는 현상을 말한다.
저출산 · 고령사회정책: 저출산 및 인구의 고령화에 따른 변화에 대응하기 위하여 수립·시행하는 정책을 말한다.

(10) 헤이그 국제아동 탈취협약 이행에 관한 법률

목적(제1조)
대한민국 정부가 「국제적 아동탈취의 민사적 측면에 관한 협약」을 이행하는 데 필요한 사항을 규정함으로써 탈취된 아동의 신속한 반환 등을 통하여 아동의 권익 보호에 이바지함을 목적으로 한다.

정의(제2조)
아동: 「국제적 아동탈취의 민사적 측면에 관한 협약」(이하 '협약'이라 한다) 제4조에 따라 협약의 적용을 받는 16세 미만인 사람을 말한다.
중앙당국: 협약 제6조에 따라 지정되어 협약에 따른 아동반환 지원 등의 역할을 수행하는 각 체약국의 국가기관을 말한다.

CHAPTER_15

아동복지의 과제와 전망

1. 아동복지의 과제

1) 아동복지의 과제

2) 다양한 가족의 아동을 위한 복지의 과제

3) 빈곤가족의 아동을 위한 복지의 과제

4) 학대받는 아동을 위한 복지의 과제

5) 장애아동을 위한 복지의 과제

6) 입양아동과 위탁 가정, 공동생활가정을 위한 복지의 과제

7) 시설아동을 위한 복지의 과제

2. 아동복지의 발전방향

1) 아동복지 예산의 확대

2) 가족 유형의 변화에 따른 정책입안

3) 아동 복지시설의 확충

4) 아동복지법의 하위법에 대한 문제

5) 지역사회 중심의 다양한 기관의 네트워크 필요

6) 새로운 실천기법의 개발

1. 아동복지의 과제

OECD 국가출산율 순위(2015)에 의하면 한국은 출산율 1.25명으로 노령사회인 일본의 1.4명보다 낮다. 저출산·고령화 현상의 지속으로 국가의 미래이자 미래사회를 책임질 아동인구가 현저하게 감소하며 심화되고 있다는 것이 사회적으로 큰 이슈가 되었다. 아동인구가 감소하는 원인은 빠르고 복잡한 현대생활, 산업구조의 변화, 다각적인 가족의 변화, 사교육의 저연령화 문제, 불확실한 미래사회 등을 이유로 꼽고 있다. 이런 문제를 해결하기 위하여 국가는 아동복지 정책을 실행하면서 아동 관련 법과 제도에 내실화를 기하고 확산시키려하고 있다. 그러나 통계청 '장래인구 추계'에 의하면 18세 이하 아동의 인구 구성비는 2005년 24.4%였던 것이 2015년에는 18.8%로 1965년 51.3%에 비해 32.5% 낮아졌음을 알 수 있다. 이는 사회·국가적 차원에서 아동이 건강하고 행복하게 성장·발달할 수 있도록 지원하는 정책을 장·단기적 차원에서 체계적으로 실효성 있게 마련할 필요성을 말해 주는 것이다. 아동권리의 중요성과 인식수준이 높아지면서 아동의 복지에 대한 내용은 단순한 차원을 넘어 빠른 속도로 복잡해지고 다양해졌지만 정부의 아동 관련 정책은 여전히 낮은 수준에 있다.

1) 아동복지의 과제

아동이 건강하게 출생하여 행복하고 안전하게 자랄 수 있도록 아동의 복지를 보장할 수 있는 사회·국가적 기반을 조성하기 위하여 앞에서 살펴본 아동복지의 영역별로 주요과제를 살펴보면 다음과 같다.

누리과정 나몰라라? "아이들에 대한 폭력"

누리과정 문제 해결해서 보육대란 막아야

"정부와 국회는 지금이라도 작년에 편성하지 않고 교육청에 떠넘긴 1.8조 원(3천억 원 우회 지원금 제외)의 어린이집 누리과정 예산을 정부 예비비로 추경 편성하고 모든 교육청에 배분해 보육대란을 막아야 한다. 누리과정에 전용한 초·중·고 예산을 보충해 주어야 한다."

출처: 오마이뉴스(2016. 6. 17.).

(1) 보육 서비스의 과제

보육 서비스의 체계를 마련하기 위하여 1991년에 「영유아 보육법」이 제정되었고, 수차례에 걸쳐 개정해 왔다. 또한, 2012년 만 5세 누리과정이 시행되고, 다음해인 2013년부터 만 3~5세에 대한 누리과정이 시작되었으나 여전히 부모들이 체감하는 보육 서비스의 질은 낮은 상태이다. 이러한 이유는 자녀양육 문제가 단순히 영유아만의 문제가 아니라 보호자의 경제적·사회적 활동이 원활하게 이루어지도록 하는 서비스까지 요구되고 있으며 다양한 사회문제를 반영하고 있기 때문이다. 보육의 문제는 사회적·국가적 책임이라는 의식이 팽배하게 되었고 자연스럽게 보육의 공공성 강화와 보육 서비스의 질적 강화라는 과제가 대두되었다. 2004년 어린이집 평가인증제를 도입하며 보육의 표준화를 도모하며 양적·질적으로 발전하였다.

첫째, 보육정책에 대한 국가 책임을 증대해야 한다. 우리나라의 경우 초기에 민간주도로 보육 사업이 발전하였다. 따라서 국공립 어린이집에서 수용하는 보육인원 비율이 현저하게 낮은 상황이다. 정책이 일관되지 못하고 지방자치제도의 실시로 인한 중앙정부와 지방자치단체 간의 비용전가 문제로 공보육의 안정성이 흔들리고 있다. 더구나 지방자치단체들이 이런저런 정책들을 마구 제시하면서 중앙의 정책과 각 지방의 형평성이 맞지 않아 혼란을 부추기는 면이 있다. 보육은 개인과 가정의 문제가 아닌 사회문제라는 인식하에 모든 아동이 국가적 차원에서 안전하게 보육 서비스를 받을 수 있도록 보육의 공공성이 확보되어야 한다.

둘째, 보육의 질적 향상을 도모해야 한다. 여러 학자들의 연구 결과 영유아기의 경험은 이후 청소년기를 거치고 성인이 되면서 커다란 영향을 미친다는 점은 익히 알고 있는 사실이다. 아동발달의 적기성, 불가역성을 거론하지 않더라도 아동권리 측면에서 가장 최선의 질을 담보할 수 있어야 한다. 이를 위하여 가장 먼저 원장 및 보육교사의 자질 향상을 위한 보육인력 자격체제 자체를 개편하고 처우개선 등을 통하여 교사의 안정적인 근무환경을 만들어 줌으로써 보육교사로서의 자긍심을 갖도록 하고 그에 따른 자질 강화와 보수교육 강화에 심혈을 기울여야 한다. 그리고 아동이 안전하고 쾌적하게 생활할 수 있는 보육환경을 제공해 주어야 함은 물론이거니와 값싸고 우수한 학습자료 및 교구들을 국가수준의 전문 연구기관에서 개발하고 보급하여 양질의 교육, 보육이 되도록 해야 한다. 또한, 성장과 발달에 있어 중요한 시기인 영유아들의 건강과 영양에 관한 문제도 철저하게 지속적으로 관리하는 시스템을 구축해야 할 것이다.

셋째, 아동이 행복하고 부모가 안심할 수 있는 다양한 보육 서비스의 제공이 필요하다. 누리과정으로 보육의 질적 향상을 꾀하려는 노력은 하고 있으나 그것만으로 학부모의 욕구를 충족시키기는 어렵고, 누리과정에서 충족시키지 못하는 부분은 사교육으로 충족하는 실정이다. 보육 예산이 2003년 약 3천억 원에서 2014년 5조 2,738억 원으로 상향되었으며, 유아교육 예산도 2005년 6,378억 원에서 2013년 약 5조 원에 달하는 놀랄 만한 지원이 이뤄지고 있음에도 불구하고 사교육 참여율이 2014년 기준하여 초등학교가 가장 높은 81.1%로 나타나 평균 참여율 68.6%를 훨씬 더 상회하고 있다. 이는 보육 서비스가 부모와 아동의 욕구에 근거한 것이라고 보기 어려운 부분으로 보인다.

넷째, 보육의 유형을 다양화해야 한다. 영유아 양육에 있어 조부모 역할이 2012년 조사결과 2009년과 비교 시 조부모와 동거하는 가구는 (2009) 24.1%→(2012) 17.6%로 줄었으나, 조부모로부터 양육 도움을 받는 경우는 (2009) 21.9%→(2012) 28.5%로 더 늘고 있다. 더구나 맞벌이 부모의 영아는 54.5%로 2명 중 1명이 해당된다. 따라서 영아보육, 장애아동보육 등의 확대가 필요하고 시간제 보육, 연장보육, 가정방문보육 등이 필요하다. 영유아의 연령과 발달특성에 따라서, 부모의 직업이나 현실적 요인에 따라서, 그리고 지역적 특성과 개인의 욕구에 따라서 필요한 유형이 다름을 인정하고, 통합성 및 포괄적 서비스를 제공해야 할 것이다.

다섯째, 아동과 부모의 권리를 존중해야 한다. 「영유아 보육법」의 내용에는 국가와 지방자치단체의 행정책임에 대한 의무규정은 있으나, 보육 서비스 이용자의 서비스 청구권은 명시되어 있지 않다. 이 부분이 누리과정 예산문제로 귀결되므로 이 부분에 대한 보완이 필요하다. 더불어 보육 서비스는 개인적 책임 뿐만 아니라 사회적 책임이라는 인식전환이 요구된다.

여섯째, 효율적인 보육행정 및 지원체계를 구축해야 한다. 행정적인 측면에서의 한계를 극복하기 위한 대안이 요구된다. 그리고 중앙 및 지역의 보육정보센터를 적극적으로 활용하며 지역사회와 협력관계를 만들도록 한다. 결국 아동이 생활하는 곳은 지역사회와 밀접하게 관련이 있다.

(2) 아동복지상담의 과제

아동복지상담을 위한 관련 법 및 제도를 정비할 필요가 있다. 일반상담과 아동복지 차원의 상담이 다름을 이해하고 일차적으로 보호대상 아동을 위한 심리치료적 개입이 이루어질 수 있도록 인권존중을 기반으로 한 환경이 마련될 수 있도록 해야 한다.

생태체계적 관점에서 아동 및 아동을 둘러싼 보호체계들의 상담이 이루어질 필요가 있다. 또한, 지원이 지속적으로 이루어질 수 있어야 한다. 아동복지상담을 위해서는 짧게는 한두 번에 끝날 수 있지만 몇 년에 걸쳐서 진행해야 하는 경우도 있다. 지원중단으로 상담의 분절이 발생하지 않도록 아동의 입장에서 지지와 지원이 필요하다.

아동 보호치료시설과 아동상담소의 전문성을 높이고 전문인력을 확충할 필요가 있다. 아동가정 지원 사업, 아동전문상담 사업 등 다양한 리치아웃 사업이 전문적이고 지속가능하게 실천될 필요가 있다.

일반 아동의 심리적 욕구 충족을 위한 아동복지상담이 확대되어야 한다. 모든 아동의 건전한 성장, 발달을 위하여 상담복지 서비스 영역을 확대하기 위해 노력해야 한다.

공공과 민간기관의 협력이 필요하다. 아동복지상담을 위한 전문인력을 확보하기 위하여 민관이 협력체계를 구축하여야 한다.

(3) 아동학대 규정의 보완

아동학대는 아동의 권리를 침해하는 가장 대표적인 문제이다. 아동학대를 예방하고 학대아동의 보호를 위한 「아동복지법」의 효과적인 시행을 위해 구체적인 시행규칙과 학대부모에 대한 법적 규제 방안 등이 마련되어야 하며, 관련 기관과의 연계, 지역 내 아동복지 자원의 확충도 필요하다(윤매자 외, 2014). 또한, 일반 시민과 신고 의무자의 인식변화를 위한 지속적인 홍보와 교육이 요구된다. 특히 신고 의무자의 의무불이행이나 해당범죄에 대한 가중처벌 등도 필요하다. 아동학대 방지 인력의 전문성 제고와 지역사회에 근거한 프로그램 개발을 통해 가족 회복 프로그램에 주력해야 한다.

(4) 아동수당제도의 도입

우리나라에서 아동을 양육하려면 여러 가지 비용이 필요하다. 아동이 태어나면 가족 지출은 크게 증가하지만 아동의 부모 중에 누군가는 집에서 아동을 중점적으로 양육해야 하므로 가족의 소득은 줄어들 수 있다. 따라서 이를 보완하기 위한 아동수당제도가 필요하다.

아동수당은 아동 양육비용 전체를 부모가 부담하는 것이 아닌 사회적 양육의 관점(도미향 외, 2014)에서 아동 양육비의 보조적 지원을 통해 아동에게 요구되는 최저생활을 보장하고 가정의 생활 수준을 확보한다는 사회보장 차원에서 출발하였다.

아동수당은 어린 아동이 있는 가족이 아동 양육 때문에 소용되는 추가 비용의 일부를 위해 제공되는 급여를 말한다. 아동수당이 지니는 의의와 특징은 다음과 같다(노병일, 2016).

> **다자녀 가구 셋째부터 0~2세 양육수당 10만원씩 인상**
>
> 내년부터 자녀를 3명 이상 둔 가구는 0~2세 영아에 한해 3번째 아이부터 가정양육수당을 10만 원 더 받을 수 있게 될 전망이다. 예를 들어 셋째 아이가 만 0세인 경우 현재는 20만 원을 매달 양육수당으로 받는데 내년부터는 10만 원 더 많은 30만 원을 수령할 수 있게 된다.
>
> 보건복지부는 2일 이런 방안을 내년 예산안에 반영해 최근 기획재정부에 신청했다고 밝혔다. 가정양육수당은 어린이집이나 유치원 등을 이용하지 않고 집에서 아이를 키우는 경우 0~84개월 아동에 대해 지급된다.만 0세(0~11개월)에 월 20만 원, 만 1세(12~23개월) 15만 원, 만 2~7세(24~84개월) 10만 원을 나눠 준다.
>
> 복지부의 예산안이 정부 예산안으로 확정돼 국회를 통과하면 내년부터 아이를 3명 이상 둔 부모는 첫째 아이와 둘째 아이의 양육수당은 그대로 받고 셋째 아이의 양육수당부터 기존보다 10만 원 더 수령하게 된다. 단 셋째 아이가 만 0~2세의 영아일 경우에 한한다.

출처: 연합뉴스(2016. 6. 2.).

2) 다양한 형태의 가족의 아동을 위한 복지의 과제

(1) 한부모가족의 아동을 위한 복지의 과제

한부모가족의 아동을 위한 서비스는 선별적 차원에서 고려되어야 한다. 한부모가 되는 경우가 이혼이나 사별뿐만 아니라 미혼부 또는 미혼모의 경우가 있으며, 지원 대상의 폭은 조금 더 넓다. 부모 중 한 사람이 자녀의 양육을 책임진다는 것은 여러 가지 어려움을 동반하게 된다. 우선 미혼 부·모가 미성년자로 학업을 마치지 못했거나 군입대 등의 문제가 따른다면 교육비 지원은 물론이거니와 법과 제도적 지원을 통하여 자녀양육과 본인의 문제를 함께해결할 수 있는 복합적인 지원이 있어야 할 것이다.

한부모가족을 위한 지원은 매우 제한적이다. 현대 사회의 변화에 따라 한부모가족이 겪는 어려움과 문제들은 보다 다양한 양상을 보이게 되었으나, 현실적인 어려움에 놓여 있는 한부모가족에 대한 지원은 매우 제한적인 수준이다.

(2) 다문화가족의 아동을 위한 복지의 과제

우리나라의 국적법은 혈통주의에 기반하고 있으며 부권주의적 요소가 강하게 영향을 미치고 있다. 이는 다문화가족에게 불리한 요소들로 작용하고 있으며, 다문화의 가치를 중요하게 여기는 국제화 시대에 걸맞게 변화가 요구된다.

먼저, 다문화가족의 사회경제적 특성에 기초한 정책이 마련되어야 한다. 다문화가족의 한국어 수준, 부부의 연령 및 교육수준 그리고 개별가족의 욕구에 맞는 서비스를 제공하기 위한 정부 차원에서의 사회 서비스의 개선이 필요하며 이를 위한 정책을 필요로 한다.

또한, 결혼이민가족을 위해 보육 서비스를 개선하고 미취학 아동의 보육, 교육시설 이용을 확대하며, 아동복지 전문가를 배치하여 지역사회 중심의 개별화된 학습 지원 및 보충학습기회를 다양하게 제공해야 한다. 다문화가족 아동에 대한 지원대상을 확대하고 투자 및 다양한 프로그램을 개발하며 사회통합 프로그램의 지원도 필요하다.

경제적 자립을 위하여 직업훈련과 일자리 창출을 통해 독립적 시민으로 생활할 수 있는 기초를 마련하고 가족의 부양부담에 대한 가족 간의 역할을 분담할 수 있도록 사회안전망과 사회복지 서비스를 확충해야 한다.

다문화가족의 사회심리적 안정과 중도탈락 및 소외를 예방하기 위한 심리적 심리·사회적 지지 프로그램 및 멘토링 프로그램 제공을 통한 적응력을 제고해야 한다. 또한, 다문화가족 자녀를 유능한 이중언어자로 육성하는 것과 다문화 교육을 통해 일반 아동들에게 타문화와 타문화 집단에 대한 존중과 화합에 대하여 교육하는 기회를 부여함으로써, 모든 아동이 다문화 사회에서 건강한 자아상과 대인관을 갖도록 하는 것이 필요하다.

학교 지원 방안으로는 학부모를 위한 서비스로 아동의 학교생활과 학습과정 및 내용에 관한 정보를 제공하고 교육을 실시해야 한다. 그와 함께 교사의 다문화가족의 아동에 대한 교육지침을 마련하고, 학교차원에서 다문화이해교육과 통합교육을 하는 것이 필요하다.

15세 이상 자녀가 주로 하는 활동별 현황

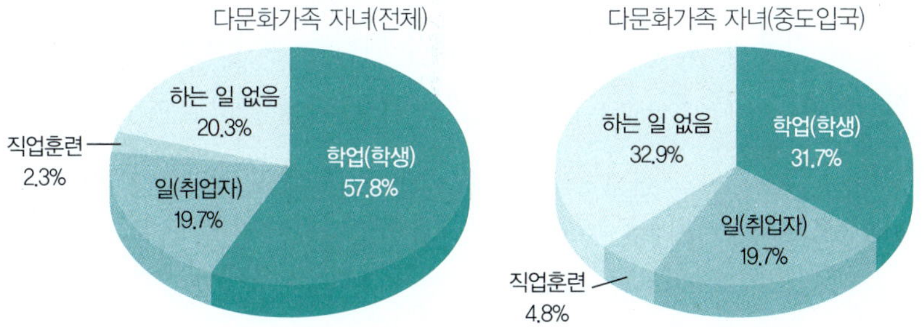

자료: 2012년 전국 다문화가족 실태조사 원자료 분석.

"결혼이주여성이 늘던 초기에는 이들의 정착을 지원하는 정책이 주였다."며 "결혼이주여성이 정체기에 접어들면서 2세의 성장에 따른 적응문제로 정책이 옮겨가는 것은 자연스러운 변화."라고 평가했다.

"한부모가족 지원법, 「아동복지법」, 「다문화가족 지원법」 등 국적취득을 못한 이들에게는 지원이 제한되는 경우가 많다."며 "아동은 국적 여부를 떠나 기본적으로 보호를 받아야 하는 만큼 신분이 불안정한 중도입국청소년이나 난민자녀도 지원을 받을 수 있도록 해야 한다."고 강조하였다.

출처: 뉴스1(2016. 3. 9.).

3) 빈곤가족의 아동을 위한 복지의 과제

빈곤아동을 위한 종합적이고 체계적인 정책이 요구된다. 아동수당, 보육, 시설보호, 자활과 자립을 위한 재정 지원의 확대 및 효율화 등이 이루어져야 할 것이다. 빈곤가정의 경우 세대 간의 갈등으로 인해 아동이 문제 행동을 일으킬

가능성이 크고, 가족원 간의 정서적 소통과 대화도 거의 이루어지지 않아서 사회적 편견으로 인한 마음의 상처와 과도한 스트레스를 경험하는 것으로 나타난다(한국여성개발원, 2002). 빈곤아동의 양육은 개인의 문제가 아니라 사회가 책임져야 한다는 인식을 갖고 빈곤아동 문제를 풀어나가야 한다. 이를 위하여 예산 및 재정 지원의 안정화를 필요로 하고 있다.

(1) 예방적 복지정책 필요

한부모가족이나 복지사각지대에 있는 가정이 빈곤가정으로의 전락을 예방할 복지정책이 필요하다. 전통적인 가족관에서 인식을 개선하여 가족기능이 강화되도록 지지·지원하는 한편 빈곤아동의 발생을 막기 위한 다양한 복지 프로그램을 개발할 필요가 있다. 아동가구 부양자 취업을 적극적으로 지원하여 경제적 지원이 이루어지도록 하는 프로그램, 자립을 위한 부모참여 프로그램, 학업이나 진로지도를 통한 빈곤의 대물림을 예방할 수 있는 통합적 지원 프로그램의 제공 등 특수한 가정환경을 고려한 전문가의 다각적인 접근이 필요하다.

(2) 전문적 복지정책 필요

전문가에 의한 전문적인 접근을 통한 전달체제의 개선이 필요하다. 빈곤아동 서비스 전담부서를 설치하고 정부와 민간 기관의 전문성을 갖춘 전문가에 의한 부처간 유기적 협력체계를 구축하고 민간부문과의 유기적 협력시스템 구축할 수 있어야 한다. 빈곤아동 지원시설을 확충하고 기존 시설을 활용할 방법을 마련하도록 한다. 빈곤아동을 위한 효율적 서비스 방안으로 전달 체계를 일원화하여 지속적이고 포괄적인 시스템을 구축하는 것이다.

(3) 통합적 복지정책 필요

다양한 서비스와의 통합 및 연계가 필요하다. 빈곤아동의 성장과 발달영역에 맞추어 다양한 문화적·교육적·심리정서적 서비스 등을 제공하고, 안전하고 건강한 성장을 위해 주기적이고 체계적인 건강관리 서비스를 지원할 수 있도록 서비스 수혜대상을 확대하며, 서비스 수혜대상 선정 기준을 보편적복지 수준으로 완화시키려는 노력이 필요하다.

(4) 맞춤형 복지정책 필요

빈곤가족 당사자의 실제 욕구에 부응하는 맞춤형 통합 서비스 제공이 필요하다. 아동은 가족의 유기체적 기능에 영향을 받고 있고, 장기적인 관점에서 잠재력 계발이 보다 중요하다는 점에서 복합적이고 통합적으로 지원해 줄 수 있는 빈곤가족에 대한 복지정책과 프로그램의 제공이 필요하다.

4) 학대받는 아동을 위한 복지의 과제

아동학대 예방을 위해서는 아동의 권리와 존엄성을 존중하는 인식의 증진이 필요하며, 이러한 인식의 개선을 위한 교육은 학령기부터 뿐만 아니라 성인기에도 지속적으로 시행되어야 하므로 교육부, 보건복지부, 여성가족부 등의 정부 부처 간의 협의를 통해 적극 추진되어야 한다.

(1) 아동학대 관련 제도 정비 필요

학대아동 보호 서비스체계의 일원화와 관련 규정의 개정 등 국가적 개입을 위한 법률적 근거를 마련해야 한다. 아동학대 관련 법규의 불완전성을 보완하여 피해 아동을 격리·보호 조치할 수 있는 법적 강제 조항이나 가해자인 부모의 제한에 대한 구체적인 법적 근거를 마련하고 신고 의무자의 신변보호를 위한 제도적 장치를 마련해야 한다. 아동 보호 관련 법 조항의 개선하여 학대 행위자가 치료 및 상담에 강제적으로 참여할 수 있는 법조항을 신설하여 재발을 방지하도록 노력해야 한다. 학대 행위자 정보 종합관리 시스템을 구축하고 예방적, 치료적 체계의 미흡성을 보완할 수 있는 제도가 뒷받침되어야 하겠다. 아동학대 재발 방지를 위한 보호처분 및 친권개입 제도를 마련하고, 신고 의무를 확대·강화해야 한다.

(2) 아동학대에 대한 지속적 홍보 및 교육 필요

신고 의무자가 아동학대에 관한 인식은 높으면서도 학대에 대한 명확한 기준을 몰라서 신고하기 어렵다는 점과 아동학대 신고 후 부과될 책임과 조사과정에 대한 부담감이 있다는 연구보고가 있다(윤선오·이은미, 2011).

이제 아동학대는 단순히 신고 의무자들만의 업무가 아닌 국민적 의무라는 인식을 범국민적으로 확산시켜야 하고, 신고자에게 어떤 부담과 불이익이 주어지지 않도록 세심한 배려가 있어야 한다. 이를 위해서는 교육 및 홍보 활성화를 통해 능동적 신고 참여를 유도해야 한다. 또한, 아동학대 예방 프로그램을 강화하기 위하여 아동학대의 원인에 따른 예방 프로그램으로 차별화하고 시기별로 예방 프로그램을 실행한다.

아동학대 예방과 발생 관련 업무를 아동 보호 전문기관에서 모두 처리하기에는 한계가 있으므로 지역사회에서 다각적인 인프라를 구축해야 할 필요가 있다. 중앙아동 보호 전문기관과 지역아동 보호 전문기관을 중심으로 사회복지관이나 지역아동센터를 활용하는 네트워크를 형성하는 등의 지역사회 서비스 연계를 강화하기 위한 통합적 모형이 필요하다.

(3) 아동 보호 전문기관의 확대 및 인력 확충 필요

아동학대를 신속히, 조기에 발견하고 위험에 노출된 사각지대의 아동들을 안전하게 보호하기 위한 기관이 필요하다. 아동학대에 대한 전문적 개입이 이루어져야 하지만 현실은 한 아동 보호전문가가 동시에 여러 건의 사례를 처리하고, 처리과정의 전반적인 업무를 담당하고 있다. 아동학대 사례관리의 질적 향상을 위하여 전문인력의 확충과 처우개선이 이루어져야 한다.

5) 장애아동을 위한 복지의 과제

(1) 체계적 접근

장애아동 및 가족문제는 국가적 차원에서 장애아동복지 사업에 대해 체계적으로 접근할 필요가 있다. 장애아동뿐만 아니라 장애아동 가족 지원을 위한 법규를 구체적으로 마련해야 한다. 장애아동을 가족이 보호해야 하므로 장애아동을 위한 다양한 지원은 물론 그를 보호하는 보호자에 대한 지원책도 마련해야 하는 것이다. 장애아동을 양육하는 것만으로도 어려움을 겪는데 보호를 위해 상대적으로 결핍되어야 하는 것들은 국가가 책임감을 갖고 지원해야 한다. 예를 들면 소득보장 정책 같은 것이다. 장애아동 및 가족을 위하여 복지 지원 전달 체계를 통합적 포괄적으로 수립해야 한다.

(2) 다양한 재활 서비스

다양한 재활 서비스가 보다 확대될 필요가 있다. 재활이란 장애를 제거 혹은 경감시킴으로써 장애인들의 기능을 회복시켜 일상적인 생활을 지속할 수 있도록 도움을 주는 것을 의미하며, 정상화 개념에 입각한 복지 서비스를 통하여 장애아동의 불편이 최소화되도록 노력해야 한다. 복지수요자 중심의 복지 전달 체계로 전환하여 재가 복지 서비스를 확충하여야 한다.

(3) 가족 프로그램 개발

장애아동 가족 프로그램의 개발이 필요하다. 장애아동의 특별한 복지적 욕구에 따라 의료비 지원, 보육 지원, 가족 지원 및 장애아동의 발달에 필요한 지원 등 다양한 인적·물적 자원을 제공한다. 장애아동의 가족문제 및 상담교육을 위한 다양한 심리적 지지와 지원을 해야 한다.

(4) 장애 발생 예방정책

장애 발생 예방정책을 강화할 필요가 있다. 장애가 발생하기 이전에 대처하는 것이 가장 효과적인 방법이지만 우리나라의 장애인복지정책은 장애가 발생한 후의 사후처리정책에 중점을 두고 있다. 따라서 아동의 출산 전에는 모자보건 사업에 의하여 임산부의 건강진단, 유전상담, 선천성 대사이상 등의 검사를 통하여 장애를 예방하도록 하고 신생아 때부터 미숙아, 발달장애아, 선천적 이상아동을 관리해야 한다. 아동기를 거치는 동안 건강진단 및 예방접종을 철저히 하여 장애의 중복을 방지하도록 하며 장애아동에 대한 정확한 자료 파악과 조기진단, 평가 및 치료가 이루어지도록 시스템을 통합적으로 구축하여야 한다.

(5) 장애아동의 사회적 통합

장애아동에 대한 사회적 인식변화를 수립하여 장애아동 및 보호자의 권리를 보장하고 장애아동의 사회적 통합이 이루어지도록 함께 노력한다.

6) 입양아동과 위탁 가정, 공동생활가정을 위한 복지의 과제

(1) 가정위탁보호 사업의 과제

아동의 권리를 보호하는 방향으로 법이 재정립되어야 할 필요가 있다. 아동을 양육하고 보호하는 최적의 장소는 가정이므로 보호를 필요로 하는 아동이 발생하면 가정위탁보호가 시설보호에 우선하여 고려되도록 「아동복지법」 등에 명시가 필요하며, 위탁대상 아동의 요구가 우선적으로 고려되어야 한다. 위탁대상 아동을 시설이나 가정위탁 등에 적합하게 배치할 수 있도록 정부차원에서 가정위탁보호 사업의 운영기준, 인력관리 등에 대한 표준화된 기준을 마련하고, 아동을 사정·배치·모니터링할 수 있는 법률과 행정체계가 시급히 구축되어야 한다.

가정위탁보호를 활성화시키기 위한 법적 근거를 마련하고 이에 대응하는 실천정책을 마련할 필요가 있다. 위탁 가정과 아동의 특성에 적합한 사례관리를 강화하여 위탁유형별 만족도에 대한 후속연구가 필요하며, 위탁 가정에 대한 지원을 확대할 필요가 있는데 단기위탁 등 다양한 형태의 가정위탁에 대한 지원을 위하여 생계비, 상해보험료, 전세자금 지원, 의료보호, 세제 혜택 등의 지원 및 제공이 필요하다.

가정위탁이 다른 시설보다 아동 보호를 위해 더 적합한 서비스를 제공하려면 보호가 필요한 아동의 욕구에 적합한 다양한 위탁 가정이 있어야 한다. 이를 위해 가정위탁보호에 대한 인식을 개선하고 위탁 부모를 대상으로 한 사전 및 지속적인 사후교육을 실시하는 등 위탁 가정에 대한 전문적 지원 프로그램 실시가 필요하다.

가정위탁 지원센터의 확충과 전문성을 강화를 위해 지역사회 관련기관과의 협력체계를 구축하고, 전국적으로 중앙가정위탁지원센터를 포함해서 가정위탁 지원센터를 더 확대하며 담당 사례수에 따라 직원을 더 배치할 수 있도록 추진해야 한다.

아무리 위탁 가정 환경이 좋아도 친부모 밑에서 자란 아이들과 비교하면 부족한 부분이 있을 수밖에 없으므로 일정 기간 위탁 가정에 위탁하다가 친부모의 가정에 돌려보내는 것을 최종 목표로 삼아야 한다.

(2) 입양 사업의 과제

아동의 입양을 위하여 관련 법과 제도를 정비할 필요가 있다. 부모로부터 전혀 연락이 없는 아동의 입양을 위하여 「아동복지법」 제12조에 친권상실 청구소송 등에 관한 조항이 일정한 절차를 밟아 제도적으로 실시되도록 조치를 취해야 한다. 그리고 입양과 입양부모의 이혼, 파양에 대한 엄격한 기준설정과 관리를 해야 한다. 호적이 있는 아동의 경우도 입양 시 입양 부모의 성을 따라 호적에 기재할 수 있도록 하여야 한다. 입양아동의 욕구를 인정, 수용할 수 있는 제도적 지원도 필요하다.

정부가 주도하는 국내 입양 홍보가 필요하고, 입양에 대한 편견이나 오해를 불식하는 교육이 필요하다. 특히 국내 입양을 활성화하기 위해서는 무엇보다 국민들의 입양에 대한 인식의 전환이 필요하다. 입양기관은 입양 부모들을 대상으로 공개 입양의 장점에 대한 교육을 적극적으로 실시하며 사회적 인식 개선을 위한 홍보 전략을 개발해야 한다.

입양에 대한 지원을 강화하려면 입양부모를 위한 사전, 사후교육을 하며 입양 사후관리를 위한 대책을 강화해야 한다. 이를 위한 다양한 프로그램을 개발하여 상호적응 서비스 제공, 양육 관련 정보 제공, 입양가정의 상담 서비스 제공, 공개 입양 가정의 전문가 의뢰 서비스, 모임 서비스 등 다양한 서비스를 제공하고, 공개 입양 가족에 대한 상담 서비스를 강화해야 한다.

입양전문기관의 전문성을 강화하고 입양기관 간의 협조적이고 긴밀한 체계망이 만들어질 필요가 있다. 입양 사업에 대한 정책적 지원을 강화하여 입양을 원하는 부모들이나 입양을 담당하는 입양기관에 경제적인 지원을 해 주고, 장애아동의 국내 입양의 활성화 방안을 모색할 필요가 있다.

입양대상 아동이 발생하는 것을 예방하기 위하여 미혼부·모, 가족해체 등의 방지를 위해 노력한다. 친부모를 위한 상담 및 진로 개발 프로그램을 제공할 필요가 있다.

7) 시설아동을 위한 복지의 과제

(1) 정부 지원 확대

시설보호 사업에 대한 정부 지원의 확대가 필요하다. 최근에는 기초적 생계를 유지할 수 있을 정도로 아동 양육시설에 대한 지원이 개선되고 있으나 아동의 적성이나 능력, 자활에 필요한 지원은 아직까지 미흡한 편이다. 국공립시설을 확충하고, 물리적인 시설 환경을 현대화하여 환경변화에 대응한 쾌적한 시설환경을 제공할 필요가 있다. 휴게시설, 학습실, 컴퓨터실, 놀이터 등을 아동의 욕구에 부응할 수 있도록 개선할 필요가 있다. 그리고 시설에 입소한 개별 아동의 특성을 고려하여 건전한 성장과 발달이 이루어지도록 하기 위해서는 담당 아동수가 조정되어야 한다. 이것은 보육교사의 인건비 문제, 시설 운영비 문제와 함께 정부의 예산 및 재정 지원이 지속적으로 절실하게 필요한 부분이다. 따라서 시설 운영주체를 다원화하고 다양한 재정 지원체계를 마련하는 것이 요구된다.

(2) 양육시설의 소규모화

양육시설의 기능 변화 및 소규모화가 필요하다. 거대시설에 대한 투자를 공동생활가정시설로 세분화하여 정부의 적극적인 행정 및 재정 지원이 있어야 한다. 출산율 감소로 인하여 아동수가 감소하고, 보호대상 아동이 감소하는 추세에 있지만 부모의 이혼, 별거, 가출에 의한 보호를 필요로 하는 아동과 비행, 가출, 정서장애, 가정 외 보호대상 아동의 발생 등으로 특수보호가 필요한 아동은 증가하는 추세이다. 따라서 특수한 욕구를 가지고 있는 아동을 위해 전문화, 특수화된 시설이 필요하며 지역 아동을 위한 시설로의 기능 전환이 필요하다.

시설보호의 형태를 개선하여 가정 중심의 아동 보호 서비스를 강화할 필요가 있다. 대규모 생활시설의 부정적 영향을 최소화하고, 시설아동에게 가정과 유사한 형태의 보호를 제공할 수 있도록 소규모화, 소숙사제도, 그룹홈을 활성화시키는 것이 바람직하다. 가정보호 사업의 강화차원에서 입양과 위탁 가정을 활성화하는 한편 가정위탁보호를 활용한 공동생활가정을 활성화하여 보육교사와 상호작용 증진하는 것이 아동발달 문제를 개선하기 위해 필요하다.

(3) 종사자의 전문성 강화

시설 종사자의 전문성 강화가 필요하다. 현재 시설 종사자 중 사회복지 사업 관련 전문자격증을 소지한 종사자의 비율은 매우 낮은 편이다. 아동이 충분히 양육 받기 위해서는 일정 기간이 필요하므로 종사자의 평균 근무 기간을 확보해야 한다. 종사자와 보육사의 근무환경과 처우를 개선하여 이직을 방지하기 위한 노력을 기울여야 한다. 전문성을 담보하기 위해서는 시설 종사자를 우수한 인력으로 확보해야 하며, 지속적인 교육과 훈련을 통해 전문지식과 기술을 습득하고자 하는 전문성 강화 노력이 필요하다. 또한, 시설운영이 전문성을 갖추기 위해서는 시설아동을 대상으로 하는 전문적인 교육 및 프로그램 개발이 필요하다.

(4) 양육환경 개선

시설의 양육환경을 개선할 필요가 있다. 시설아동이 신체, 언어, 정서, 인지, 사회발달 면에서 건강하고 행복하게 성장하기 위해서는 아동의 성장과 발달에 영향을 주는 정서적 분위기, 사회적 성숙의 촉진, 지역사회와의 관계 등 아동의 발달에 영향을 미치는 주요한 요인을 발달시킬 수 있는 양육환경을 조성할 필요가 있다. 시설아동의 집단화가 유연성과 개성을 잃게 할 수 있다는 점에서 아동의 잠재력을 최대한 발휘할 수 있는 기회를 제공하기 위하여 개별 아동의 적성과 재능에 맞는 예체능교육 프로그램의 제공도 필요하다.

(5) 상담 프로그램 제공

시설아동의 건강한 심신의 발달을 위한 상담 프로그램을 제공할 필요가 있다. 시설아동의 심리문제의 치료를 위해서 입소 후 전문가의 심리평가를 통해 입소상담 서비스가 제공되어야 한다. 시설아동이 심각한 심리사회적 문제를 가지게 되는 원인으로는 아동의 인격형성에 중요한 영향을 미치는 부모와의 분리, 낙인으로 인한 낮은 자아개념의 형성 등이 있다. 그러나 정작 시설아동의 문제는 비행과 공격성 같은 문제를 많이 보인다는 연구 결과도 있다(김현자 외, 2008). 보육교사가 아동의 개별적 욕구를 충족시키기는 어렵다. 지역사회 자원과의 연계로 전문가에 의한 지속적인 심리상담을 받을 수 있도록 관심을 기울여야 한다.

(6) 퇴소 후 사회적응 프로그램 제공

자립 준비 프로그램과 퇴소 후 사회적응 프로그램을 제공할 필요가 있다. 시설아동의 대부분이 독립할 준비가 부족한 상황에서 시설을 떠나야 하고 이에 따라 시설을 떠난 후에는 상당히 어려운 상황에 직면하게 된다. 이를 해결하기 위해 퇴소 후에도 사회적응을 도울 수 있는 제도적 장치가 마련되어야 한다. 시설에서는 퇴소자를 위한 상담 및 직업알선 등 지속적인 사후관리 서비스를 제공해야 한다. 또한, 자립에 필요한 주거·생활·교육·취업 등의 지원을 증액 등의 조치로 현실화하고, 대학 진학 등 계속되는 학업을 원할 경우 경제적 어려움이 없도록 현실적인 지원을 해야 한다.

2. 아동복지의 발전방향

미래사회를 위한 아동복지의 방향은 우리나라 「아동복지법」의 목적에 제시된 것과 같이 아동이 건강하게 출생하여 행복하고 안전하게 자랄 수 있도록 아동의 복지를 보장하는 것에 지향점을 두어야 할 것이다. 더구나 우리나라는 1991년 〈유엔아동권리협약〉에 비준함으로써 협약국의 당사자가 되었다. 아동을 실질적 권리의 주체로 인식하고, 무차별의 원칙, 아동이익 최우선의 원칙, 아동의 생명존중과 발달보장의 원칙, 아동 의사존중의 원칙에 기반하여 아동을 적극적인 권리의 주체로 규정하며, 자기결정을 표현하고 적극적으로 참여할 권리를 보장하여야 할 것이다.

아동 최선의 이익이란 친부모와 함께 가정에서 생활하는 것을 최선으로 여기는 만큼 아동이 부득이하게 국가나 지역사회의 보호를 받게 될 경우 아동이 다시 자신의 가정으로 돌아갈 수 있도록 가족을 돕고 유지시켜야 한다고 본다. 한

부모가족, 빈곤가족, 학대가족 등의 문제로 어려움에 처한 아동일지라도 부모에게서 강제로 아동을 분리시키지 않고, 지지와 지원을 통해 가정을 유지할 수 있도록 하는 복지국가의 모습을 지향한다. 국가는 이들 가족을 위하여 사회복지 전달 체계를 다원화하여 아동수당, 가족수당을 증가시키고, 지속적·체계적·통합적인 차원에서 심리정서적 지지와 지원을 실천하여 한 가정이 자립하여 독자적인 삶을 영위하도록 할 것이다. 가족 내에서 해결하기 어려운 문제가 발생하면, 정부의 지원범위를 확대하여 사각지대가 없도록 선별적 복지 관점에서 적극적인 형평성에 맞는 보편적 복지 관점으로 대상의 범위를 넓혀 모든 아동을 우리의 아이라고 생각하며 수행해야 할 것이다.

1) 아동복지 예산의 확대

아동복지 예산은 국가전체 예산의 0.01% 수준에 불과하며, 보건복지부 예산에도 6~7%에 불과하다. 더구나 유엔아동권리위원회로부터 우리 정부의 낮은 예산 할당에 대한 우려와 함께 아동에 관한 재원을 국가 가용 재원 범위 내에서 우선 배정할 것을 권고하였다. 아동복지 예산은 실제로 보육 예산이 확충됨으로써 오히려 그 외의 것은 제자리걸음 상태에 있는데 이를 보완해야 한다. 아동에 대한 재원을 우선 배정하겠다는 약속을 이행해야 한다.

▧ 복지 예산 따라…… 아동 삶의 질 달라진다 ▧

광역단체별 아동 삶의 질 지수 및 사회복지 예산비중

(2015년 기준, 괄호 안은 순위)

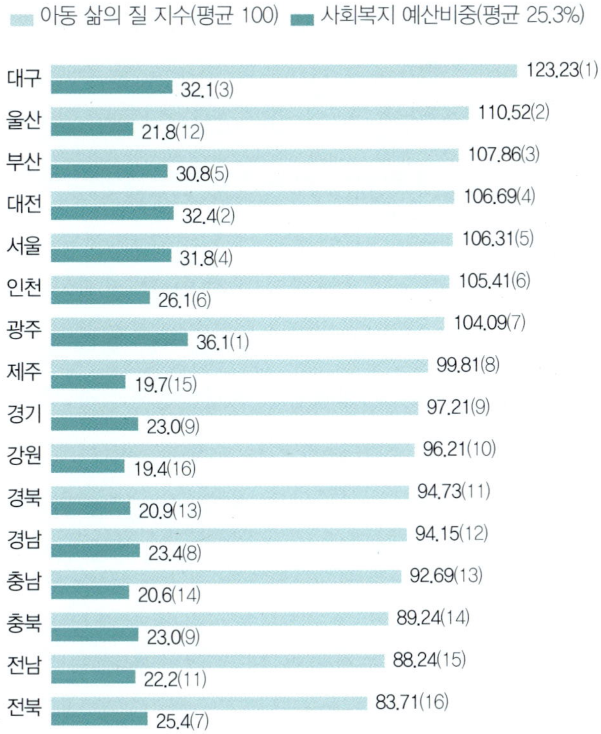

자료: 서울대 사회복지연구소 – 행정자치부.

책임연구자인 이봉주 서울대 교수는 "아동에게 동등한 출발선을 제공하는 것은 국가의 책무"라며 "중앙정부가 재정자립도가 낮은 지자체의 아동복지 예산을 책임지는 등 적극적으로 개입할 필요가 있다."고 지적했다. 유조안 서울대 교수는 "농어촌 지역 아동 삶의 질이 상대적으로 열악한 만큼 교사 및 사회복지사 파견 등의 방식으로 아동의 교육·복지 서비스 접근성을 높여야 한다."고 조언했다.

출처: 한국일보(2016. 8. 12.).

2) 가족 유형의 변화에 따른 정책입안

통계청(2013)의 자료에 따른 가족유형을 보면 양부모가정 21.1%를 차비하며, 한부모가족 19.6%, 조손가족 11.1%, 기타 16.1%로 나타나 있다. 2013년 혼인 건수는 전년에 비해 1.3% 감소했고, 이혼 건수는 0.9% 증가한 것으로 조사되었다. 조손가족이 실질적으로는 줄어들었다고 해도 영유아의 양육을 책임지는 비율은 조부모에게 맡기는 것이 맞벌이가정의 경우 반이 넘는 실정이다. 더구나 2009년 주요 국가별 여성 1인당 출생아 수가 일본(1.37명), 미국(2.01명), 프랑스(1.99명), 독일(1.36명), 이탈리아(1.41명), 영국(1.94) 그리고 한국(1.15명)이라고 보고되었다(OECD Society at a Glance, 2011). 이 문제에 대처할 만한 해결 방안 및 정책이 입안되어야 한다. 앞으로의 아동복지정책의 방향은 그 정책이 어떤 문제를 해결했는지, 정책대상의 고통은 어느 정도 해결되었는지를 명확하게 제시할 수 있어야 한다. 즉 정책성과를 뚜렷하게 제시할 수 있는 성과평가 시스템이 갖추어진 정책만이 지속적으로 시행될 수 있을 것이다(조용남, 2015).

정책입안단계부터 보다 적극적이고 세분화된 정책수단을 마련하는 시스템이 마련되어야 한다. 단계별로 역할과 책임을 부여하고, 정책집행단계마다 주기적인 점검과 피드백을 통해 단계별 기관 간 유기적인 소통을 통한 정책집행시스템을 갖출 필요가 있다. 정책집행 실무자들에 대한 교육을 전문적으로 수행하는 교육시스템을 구축해 나가야 할 것이다.

3) 아동 복지시설의 확충

보육 예산과 유아교육 예산이 10년 전과 비교하여 열 배 이상 늘어났지만, 실제 아동 복지시설은 다른 분야에 비하여 큰 변화가 없다. 〈표 15-1〉과 같이 대표적인 사회 복지시설의 하나인 노인 복지시설·장애인 복지시설의 증가폭에 비교해 보면, 심지어는 노숙인 시설이 세 배 가까이 증가한 것에 비하면 아동복지의 발전은 지나치게 미미한 수준에 머물고 있다는 것을 알 수 있다. 물론 시설의 수적인 확대보다 질적인 확대가 중요하겠지만 시설의 수가 확보되지 않은 상태에서 질을 담보하기는 어려울 것으로 보인다.

〈표 15-1〉 사회 복지시설 수의 변화

연도	아동 복지시설 수	노인 복지시설 수	장애인 복지시설 수	노숙인시설 수
2000	269	250	196	45
2003	279	351	225	37
2008	285	2,081	347	37
2013	308	4,995	1,397	123

출처: 보건복지부(2015). 2014 한국의 사회지표.

4) 아동복지법의 하위법에 대한 문제

「아동복지법」에는 여러 유형의 보호를 필요로 하는 아동이 명시되어 있고, 다양한 아동 복지시설과 시설의 사업을 실시할 수 있다고 되어 있다. 그런데 이것을 실천하기 위한 구체적인 하위법이 제시되어 있지 않고, 실행할 수 있는 정책 또한, 미비한 채로 현장에서 복지실천을 해야 하는 실정에 놓여 있다.

그리고 전문인력에 관한 사항도 각 시설과 사업의 특성상 필요한 자격조건이 다를 것으로 여겨지나 그에 관한 것을 일괄적으로 전문가라고 통칭하고 있다. 이제 선진화된 아동복지를 구현하기 위하여 하나하나 촘촘하게 법과 제도를 마련하고, 그것을 실행할 정책이 현실성 있게 정비되어야 하겠다.

아동은 더 이상 복지의 수혜자가 아니라 실질적인 권리의 주체로서 당당하게 권리를 요구하고 서비스를 누릴 준비가 되어 있는 현실에 걸맞은 지원체계를 마련해야 하겠다.

5) 지역사회를 중심으로 한 다양한 기관의 네트워크 필요

지역사회의 가장 최소 단위인 가정을 기반으로(family-based)한 가족 중심의 접근으로 개별적으로 아동과 가족의 욕구를 동시에 충족할 수 있는 프로그램과 서비스가 개발되어야 한다.

생태체계관점에서 가족 및 지역사회 중심의 아동의 안전망 확보와 아동복지 정책 강화를 위하여 지역의 다양한 기관 및 단체와의 네트워크를 구축해야 한다. 아동 보호를 위하여 아동복지 서비스 및 돌봄 서비스 강화를 통한 아동복지 사례관리를 위한 효율적인 전달 체계를 구축하여야 한다. 지역사회 기관 간의 연계를 통해 효과적으로 방임아동에 개입하고 민간과 공공의 역할을 구분하여 지역사회를 중심으로 한 공공기관, 민간기관 및 가족이 함께 참여하는 다원주의적 복지 서비스를 강화해야 한다.

또한, 사전예방이 가장 중요한 아동문제의 특성상 부모의 양육기능을 강화시키는 부모·가족교육, 상담 사업, 가족치료 사업 등의 지지적 서비스가 지역사회 내에서 이루어질 수 있도록 지원하는 것도 필요하다.

6) 새로운 실천기법의 개발

이제는 기본적인 의식주를 해결하는 것만을 아동에 대한 복지 서비스라 할 수 없다. 단순한 보호형태에서 벗어나 전문적인 사회 사업적 방법을 동원하여야 할 것이며 이를 통해 궁극적으로 아동의 인권과 존엄성이 보호될 수 있도록 해야 한다.

아동대상 종합연구기관의 설립이 필요하며, 일반적인 육아시설의 기능이나 방법도 새로운 형태의 적응방안이 검토되어 특별한 아동의 보호와 양육문제 해결 방안으로 활용될 수 있도록 하거나 일반아동의 가정생활, 교육, 건강, 오락, 특수보호와 같은 종합적 욕구를 고려하여 위탁보호, 입양, 가정상담 등 다양한 프로그램과 서비스가 개발되어야 한다.

그러나 현재 우리나라에는 이러한 기능을 수행할 수 있는 체계적인 아동 관련 전문 연구기관이 없는 실정이고, 부분적인 연구기능이 분절화되어 있는 문제점이 있다. 향후 체계적인 연구를 추진하고 인력의 전문성을 개발하기 위해서는 이러한 기관들을 통합하고 아동을 대상으로 한 종합연구기관 겸 인력개발원으로 확대 개편하는 것을 장기적으로 고려해야 한다.

첨부 〈유엔아동권리협약〉

아동권리협약

(Convention on the Rights of the Child)

전문

이 협약의 당사국은,

국제연합헌장에 선언된 원칙에 따라, 인류사회의 모든 구성원의 고유의 존엄성 및 평등하고 양도할 수 없는 권리를 인정하는 것이 세계의 자유·정의 및 평화의 기초가 됨을 고려하고,

국제연합체제하의 모든 국민들은 기본적인 인권과 인간의 존엄성 및 가치에 대한 신념을 헌장에서 재확인하였고, 확대된 자유속에서 사회진보와 생활 수준의 향상을 촉진하기로 결의하였음에 유념하며,

국제연합이 세계인권선언과 국제인권규약에서 모든 사람은 인종, 피부색, 성별, 언어, 종교, 정치적 또는 기타의 의견, 민족적 또는 사회적 출신, 재산, 출생 또는 기타의 신분 등 어떠한 종류 구분에 의한 차별 없이 동 선언 및 규약에 규정된 모든 권리와 자유를 누릴 자격이 있음을 선언하고 동의하였음을 인정하고,

국제연합이 세계인권선언에서 아동기에는 특별한 보호와 원조를 받을 권리가 있다고 선언하였음을 상기하며, 사회의 기초집단이며 모든 구성원 특히 아동의 성장과 복지를 위한 자연적 환경으로서 가족에게는 공동체 안에서 그 책임을 충분히 감당할 수 있도록 필요한 보호와 원조가 부여되어야 함을 확신하며,

아동은 완전하고 조화로운 인격발달을 위하여 가족적 환경과 행복, 사랑 및 이해의 분위기 속에서 성장하여야 함을 인정하고,

아동은 사회에서 한 개인으로서의 삶을 영위할 수 있도록 충분히 준비되어져야 하며, 국제연합헌장에 선언된 이상의 정신과 특히 평화 · 존엄 · 관용 · 자유 · 평등 · 연대의 정신 속에서 양육되어야 함을 고려하고,

아동에게 특별한 보호를 제공하여야 할 필요성은 1924년 아동권리에 관한 제네바선언과 1959년 11월 20일 총회에 의하여 채택된 아동권리선언에 명시되어 있으며, 세계인권선언, 시민적 및 정치적 권리에 관한 국제규약(특히 제23조 및 제24조), 경제적 · 사회적 및 문화적 권리에 관한 국제 규약(특히 제10조) 및 아동의 복지와 관련된 전문기구와 국제기구의 규정 및 관련 문서에서 인정되었음을 유념하고,

아동권리선언에 나타나 있는 바와 같이, "아동은 신체적 · 정신적 미성숙으로 인하여 출생전후를 막론하고 적절한 법적 보호를 포함한 특별한 보호와 배려를 필요로 한다"는 점에 유념하고,

"국내적 또는 국제적 양육위탁과 입양을 별도로 규정하는 아동의 보호와 복지에 관한 사회적 및 법적 원칙에 관한 선언"의 제규정, "소년법 운영을 위한 국제연합 최소 표준규칙"(베이징규칙) 및 "비상시 및 무력 충돌 시 부녀자와 아동의 보호에 관한 선언"을 상기하고,

세계 모든 국가에 예외적으로 어려운 여건하에 생활하고 있는 아동들이 있으며, 이 아동들은 특별한 배려를 필요로함을 인정하고,

아동의 보호와 조화로운 발전을 위하여 각 민족의 전통과 문화적 가치의 중요성을 충분히 고려하고,

모든 국가, 특히 개발도상국가 아동의 생활여건을 향상시키기 위한 국제 협력의 중요성을 인정하면서,

다음과 같이 합의하였다.

제1부

제1조

이 협약의 목적상, "아동"이라함은 아동에게 적용되는 법에 의하여 보다 조기에 성인 연령에 달하지 아니하는 한 18세 미만의 모든 사람을 말한다.

제2조

1. 당사국은 자국의 관할권 안에서 아동 또는 그의 부모나 후견인의 인종, 피부색, 성별, 언어, 종교, 정치적 또는 기타의 의견, 민족적, 인종적 또는 사회적 출신, 재산, 무능력, 출생 또는 기타의 신분에 관계없이 그리고 어떠한 종류의 차별을 함이 없이 이 협약에 규정된 권리를 존중하고, 각 아동에게 보장하여야 한다.
2. 당사국은 아동이 그의 부모나 후견인 또는 가족 구성원의 신분, 활동, 표명된 의견 또는 신념을 이유로 하는 모든 형태의 차별이나 처벌로부터 보호되도록 보장하는 모든 적절한 조치를 취하여야 한다.

제3조

1. 공공 또는 민간 사회복지기관, 법원, 행정당국, 또는 입법기관 등에 의하여 실시되는 아동에 관한 모든 활동에 있어서 아동의 최선의 이익이 최우선적으로 고려되어야 한다.
2. 당사국은 아동의 부모, 후견인, 기타 아동에 대하여 법적 책임이 있는 자의 권리와 의무를 고려하여, 아동복지에 필요한 보호와 배려를 아동에게 보장하고, 이를 위하여 모든 적절한 입법적·행정적 조치를 취하여야 한다.
3. 당사국은 아동에 대한 배려와 보호에 책임 있는 기관, 편의 및 시설이 관계당국이 설정한 기준, 특히 안전과 위생분야 그리고 직원의 수 및 적격성은 물론 충분한 감독면에서 기준에 따를 것을 보장하여야 한다.

제4조

당사국은 이 협약에서 인정된 권리를 실현하기 위하여 모든 적절한 입법적·행정적 및 여타의 조치를 취하여야 한다. 경제적·사회적 및 문화적 권리에 관하여 당사국은 가용자원의 최대한도까

지 그리고 필요한 경우에는 국제협력의 테두리 안에서 이러한 조치를 취하여야 한다.

제5조

아동이 이 협약에서 인정된 권리를 행사함에 있어서 당사국은 부모 또는 적용가능한 경우 현지 관습에 의하여 인정되는 확대가족이나 공동체의 구성원, 후견인 기타 아동에 대한 법적 책임자들이 아동의 능력발달에 상응하는 방법으로 적절한 감독과 지도를 행할 책임과 권리 및 의무를 가지고 있음을 존중하여야 한다.

제6조

1. 당사국은 모든 아동이 생명에 관한 고유의 권리를 가지고 있음을 인정한다.
2. 당사국은 가능한 한 최대한도로 아동의 생존과 발전을 보장하여야 한다.

제7조

1. 아동은 출생 후 즉시 등록되어야 하며, 출생 시부터 성명권과 국적취득권을 가지며, 가능한 한 자신의 부모를 알고 부모에 의하여 양육 받을 권리를 가진다.
2. 당사국은 이 분야의 국내법 및 관련국제문서상의 의무에 따라 이러한 권리가 실행되도록 보장하여야 하며, 권리가 실행되지 아니하여 아동이 무국적으로 되는 경우에는 특히 그러하다.

제8조

1. 당사국은 위법한 간섭을 받지 아니하고, 국적, 성명 및 가족관계를 포함하여 법률에 의하여 인정된 신분을 보존할 수 있는 아동의 권리를 존중한다.
2. 아동이 그의 신분요소 중 일부 또는 전부를 불법적으로 박탈당한 경우, 당사국은 그의 신분을 신속하게 회복하기 위하여 적절한 원조와 보호를 제공하여야 한다.

제9조

1. 당사국은 사법적 심사의 구속을 받는 관계당국이 적용가능한 법률 및 절차에 따라서 분리가 아동의 최상의 이익을 위하여 필요하다고 결정하는 경우 외에는, 아동이 그의 의사에 반하여 부모로부터 분리되지 아니 하도록 보장하여야 한다. 위의 결정은 부모에 의한 아동학대 또는 유기의 경우나 부모의 별거로 인하여 아동의 거소에 관한 결정이 내려져야 하는 등 특별한 경우에 필요할 수 있다.
2. 제1항의 규정에 의한 어떠한 절차에서도 모든 이해당사자는 그 절차에 참가하여 자신의 견해를 표시할 기회가 부여되어야 한다.
3. 당사국은 아동의 최선의 이익에 반하는 경우 외에는, 부모의 일방 또는 쌍방으로부터 분리된 아동이 정기적으로 부모와 개인적 관계 및 직접적인 면접교섭을 유지할 권리를 가짐을 존중하여야 한다.
4. 그러한 분리가 부모의 일방이나 쌍방 또는 아동의 감금, 투옥, 망명, 강제퇴거 또는 사망(국가가 억류하고 있는 동안 어떠한 원인에 기인한 사망을 포함한다) 등과 같이 당사국에 의하여 취

하여진 어떠한 조치의 결과인 경우에는, 당사국은 그 정보의 제공이 아동의 복지에 해롭지 아니하는 한, 요청이 있는 경우, 부모, 아동 또는 적절한 경우 다른 가족 구성원에게 부재중인 가족 구성원의 소재에 관한 필수적인 정보를 제공하여야 한다. 또한, 당사국은 그러한 요청의 제출이 그 자체로 관계인에게 불리한 결과를 초래하지 아니하도록 보장하여야 한다.

제10조

1. 제9조 제1항에 규정된 당사국의 의무에 따라서, 가족의 재결합을 위하여 아동 또는 그 부모가 당사국에 입국하거나 출국하기 위한 신청은 당사국에 의하여 긍정적이며 인도적인 방법으로 그리고 신속하게 취급되어야 한다. 또한, 당사국은 이러하 요청의 제출이 신청자와 그의 가족 구성원들에게 불리한 결과를 수반하지 아니하도록 보장하여야 한다.
2. 부모가 타국에 거주하는 아동은 예외적 상황 외에는 정기적으로 부모와 개인적 관계 및 직접적인 면접교섭을 유지할 권리를 가진다. 이러한 목적에 비추어 그리고 제9조 제2항에 규정된 당사국의 의무에 따라서, 당사국은 아동과 그의 부모가 본국을 포함하여 어떠한 국가로부터 출국할 수 있고 또한, 본국으로 입국할 수 있는 권리를 존중하여야 한다. 어떠한 국가로부터 출국할 수 있는 권리는 법률에 의하여 규정되고, 국가안보, 공공질서, 공중보건이나 도덕 또는 타인의 권리와 자유를 보호하기 위하여 필요하며 이 협약에서 인정된 그밖의 권리에 부합되는 제한에 의하여만 구속된다.

제11조

1. 당사국은 아동의 불법 해외이송 및 미귀환을 퇴치하기 위한 조치를 취하여야 한다.
2. 이 목적을 위하여 당사국은 양자 또는 다자협정의 체결이나 기존 협정에의 가입을 촉진하여야 한다.

제12조

1. 당사국은 자신의 견해를 형성할 능력이 있는 아동에 대하여 본인에게 영향을 미치는 모든 문제에 있어서 자신의 견해를 자유스럽게 표시할 권리를 보장하며, 아동의 견해에 대하여는 아동의 연령과 성숙도에 따라 정당한 비중이 부여되어야 한다.
2. 이러한 목적을 위하여, 아동에게는 특히 아동에게 영향을 미치는 어떠한 사법적·행정적 절차에 있어서도 직접 또는 대표자나 적절한 기관을 통하여 진술할 기회가 국내법적 절차에 합치되는 방법으로 주어져야 한다.

제13조

1. 아동은 표현에 대한 자유권을 가진다. 이 권리는 구두, 필기 또는 인쇄, 예술의 형태 또는 아동이 선택하는 기타의 매체를 통하여 모든 종류의 정보와 사상을 국경에 관계없이 추구하고 접수하며 전달하는 자유를 포함한다.
2. 이 권리의 행사는 일정한 제한을 받을 수 있다. 다만 이 제한은 오직 법률에 의하여 규정되고

또한, 다음 사항을 위하여 필요한 것이어야 한다.

가. 타인의 권리 또는 신망의 존중

나. 국가안보, 공공질서, 공중보건 또는 도덕의 보호

제14조

1. 당사국은 아동의 사상·양심 및 종교의 자유에 대한 권리를 존중하여야 한다.
2. 당사국은 아동이 권리를 행사함에 있어 부모 및 경우에 따라서는, 후견인이 아동의 능력발달에 부합하는 방식으로 그를 감독할 수 있는 권리와 의무를 존중하여야 한다.
3. 종교와 신념을 표현하는 자유는 오직 법률에 의하여 규정되고 공공의 안전, 질서, 보건이나 도덕 또는 타인의 기본권적 권리와 자유를 보호하기 위하여 필요한 경우에만 제한될 수 있다.

제15조

1. 당사국은 아동의 결사의 자유와 평화적 집회의 자유에 대한 권리를 인정한다.
2. 이 권리의 행사에 대하여는 법률에 따라 부과되고 국가안보 또는 공공의 안전, 공공질서, 공중보건이나 도덕의 보호 또는 타인의 권리와 자유의 보호를 위하여 민주사회에서 필요한 것외의 어떠한 제한도 과하여져서는 아니 된다.

제16조

1. 어떠한 아동도 사생활, 가족, 가정 또는 통신에 대하여 자의적 이거나 위법적인 간섭을 받지 아니하며 또한, 명예나 신망에 대한 위법적인 공격을 받지 아니 한다.
2. 아동은 이러한 간섭 또는 비난으로부터 법의 보호를 받을 권리를 가진다.

제17조

당사국은 대중매체가 수행하는 중요한 기능을 인정하며, 아동이 다양한 국내적 및 국제적 정보원으로부터의 정보와 자료, 특히 아동의 사회적·정신적·도덕적 복지와 신체적·정신적 건강의 향상을 목적으로 하는 정보와 자료에 대한 접근권을 가짐을 보장하여야 한다. 이 목적을 위하여 당사국은,

가. 대중매체가 아동에게 사회적·문화적으로 유익하고 제29조의 정신에 부합되는 정보와 자료를 보급하도록 장려하여야 한다.

나. 다양한 문화적·국내적 및 국제적 정보원으로부터의 정보와 자료를 제작·교환 및 보급하는데 있어서의 국제협력을 장려하여야 한다.

다. 아동도서의 제작과 보급을 장려하여야 한다.

라. 대중매체로 하여금 소수집단에 속하거나 원주민인 아동의 언어상의 곤란에 특별한 관심을 기울이도록 장려하여야 한다.

마. 제13조와 제18조의 규정을 유념하며 아동복지에 해로운 정보와 자료로부터 아동을 보호하기 위한 적절한 지침의 개발을 장려하여야 한다.

제18조

1. 당사국은 부모 쌍방이 아동의 양육과 발전에 공동책임을 진다는 원칙이 인정받을 수 있도록 최선의 노력을 기울여야 한다. 부모 또는 경우에 따라서 후견인은 아동의 양육과 발달에 일차적 책임을 진다. 아동의 최선의 이익이 그들의 기본적 관심이 된다.
2. 이 협약에 규정된 권리를 보장하고 촉진시키기 위하여, 당사국은 아동의 양육책임 이행에 있어서 부모와 후견인에게 적절한 지원을 제공하여야 하며, 아동 보호를 위한 기관·시설 및 편의의 개발을 보장하여야 한다.
3. 당사국은 취업부모의 아동들이 이용할 자격이 있는 아동 보호를 위한 편의 및 시설로부터 이익을 향유할 수 있는 권리가 있음을 보장하기 위하여 모든 적절한 조치를 취하여야 한다.

제19조

1. 당사국은 아동이 부모·후견인 기타 아동 양육자의 양육을 받고 있는 동안 모든 형태의 신체적·정신적 폭력, 상해나 학대, 유기나 유기적 대우, 성적 학대를 포함한 혹사나 착취로부터 아동을 보호하기 위하여 모든 적절한 입법적·행정적·사회적 및 교육적 조치를 취하여야 한다.
2. 이러한 보호조치는 아동 및 아동 양육자에게 필요한 지원을 제공하기 위한 사회계획의 수립은 물론, 제1항에 규정된 바와 같은 아동학대 사례를 다른 형태로 방지하거나 확인·보고·조회·조사·처리 및 추적하고 또한, 적절한 경우에는 사법적 개입을 가능하게 하는 효과적 절차를 적절히 포함하여야 한다.

제20조

1. 일시적 또는 항구적으로 가정환경을 박탈당하거나 가정환경에 있는 것이 스스로의 최선의 이익을 위하여 허용될 수 없는 아동은 국가로부터 특별한 보호와 원조를 부여받을 권리가 있다.
2. 당사국은 자국의 국내법에 따라 이러한 아동을 위한 보호의 대안을 확보하여야 한다.
3. 이러한 보호는 특히 양육위탁, 회교법의 카팔라, 입양, 또는 필요한 경우 적절한 아동 양육기관에 두는 것을 포함한다. 해결책을 모색하는 경우에는 아동 양육에 있어 계속성의 보장이 바람직하다는 점과 아동의 인종적·종교적·문화적 및 언어적 배경에 대하여 정당한 고려가 베풀어져야 한다.

제21조

입양제도를 인정하거나 허용하는 당사국은 아동의 최선의 이익이 최우선적으로 고려되도록 보장하여야 하며, 또한, 당사국은

가. 아동의 입양은, 적용가능한 법률과 절차에 따라서 그리고 적절하고 신빙성 있는 모든 정보에 기초하여, 입양이 부모·친척 및 후견인에 대한 아동의 신분에 비추어 허용될 수 있음을, 그리고 요구되는 경우 관계자들이 필요한 협의에 의하여 입양에 대한 분별있는 승낙을 하였음을 결정하는 관계당국에 의하여만 허가되도록 보장하여야 한다.

나. 국제입양은, 아동이 위탁양육자나 입양가족에 두어질 수 없거나 또는 어떠한 적절한 방법

으로도 출신국에서 양육되어질 수 없는 경우, 아동 양육의 대체수단으로서 고려될 수 있음을 인정하여야 한다.

다. 국제입양에 관계되는 아동이 국내 입양의 경우와 대등한 보호와 기준을 향유하도록 보장하여야 한다.

라. 국제입양에 있어서 양육지정이 관계자들에게 부당한 재정적 이익을 주는 결과가 되지 아니하도록 모든 적절한 조치를 취하여야 한다.

마. 적절한 경우에는 양자 또는 다자약정이나 협정을 체결함으로써 이 조의 목적을 촉진시키며, 이러한 테두리 안에서 아동의 타국 내 양육지정이 관계당국이나 기관에 의하여 실시되는 것을 확보하기 위하여 노력하여야 한다.

제22조

1. 당사국은 난민으로서의 지위를 구하거나 또는 적용가능한 국제법 및 국내법과 절차에 따라 난민으로 취급되는 아동이, 부모나 기타 다른 사람과의 동반 여부에 관계없이, 이 협약 및 당해 국가가 당사국인 다른 국제 인권 또는 인도주의 관련 문서에 규정된 적용가능한 권리를 향유함에 있어서 적절한 보호와 인도적 지원을 받을 수 있도록 하기 위하여 적절한 조치를 취하여야 한다.
2. 이 목적을 위하여, 당사국은 국제연합 및 국제연합과 협력하는 그밖의 권한 있는 정부간 또는 비정부간 기구들이 그러한 아동을 보호, 원조하고 가족재결합에 필요한 정보를 얻기 위하여 난민 아동의 부모나 다른 가족 구성원을 추적하는 데 기울이는 모든 노력에 대하여도 적절하다고 판단되는 협조를 제공하여야 한다. 부모나 다른 가족 구성원을 발견할 수 없는 경우, 그 아동은 어떠한 이유로 인하여 영구적 또는 일시적으로 가정 환경을 박탈당한 다른 아동과 마찬가지로 이 협약에 규정된 바와 같은 보호를 부여받아야 한다.

제23조

1. 당사국은 정신적 또는 신체적 장애아동이 존엄성이 보장되고 자립이 촉진되며 적극적 사회참여가 조장되는 여건 속에서 충분히 품위있는 생활을 누려야 함을 인정한다.
2. 당사국은 장애아동의 특별한 보호를 받을 권리를 인정하며, 신청에 의하여 그리고 아동의 여건과 부모나 다른 아동 양육자의 사정에 적합한 지원이, 활용가능한 재원의 범위 안에서, 이를 받을만한 아동과 그의 양육 책임자에게 제공될 것을 장려하고 보장하여야 한다.
3. 장애아동의 특별한 어려움을 인식하며, 제2항에 따라 제공된 지원은 부모나 다른 아동 양육자의 재산을 고려하여 가능한 한 무상으로 제공되어야 하며, 장애아동의 가능한 한 전면적인 사회참여와 문화적·정신적 발전을 포함한 개인적 발전의 달성에 이바지하는 방법으로 그 아동이 교육, 훈련, 건강관리 지원, 재활 지원, 취업준비 및 오락기회를 효과적으로 이용하고 제공받을 수 있도록 계획되어야 한다.
4. 당사국은 국제협력의 정신에 입각하여, 그리고 당해 분야에서의 능력과 기술을 향상시키고 경험을 확대하기 위하여 재활, 교육 및 직업보도 방법에 관한 정보의 보급 및 이용을 포함하여,

예방의학분야 및 장애아동에 대한 의학적·심리적·기능적 처치분야에 있어서의 적절한 정보의 교환을 촉진하여야 한다. 이 문제에 있어서 개발도상국의 필요에 대하여 특별한 고려가 베풀어져야 한다.

제24조

1. 당사국은 도달가능한 최상의 건강수준을 향유하고, 질병의 치료와 건강의 회복을 위한 시설을 사용할 수 있는 아동의 권리를 인정한다. 당사국은 건강관리 지원의 이용에 관한 아동의 권리가 박탈되지 아니하도록 노력하여야 한다.
2. 당사국은 이 권리의 완전한 이행을 추구하여야 하며, 특히 다음과 같은 적절한 조치를 취하여야 한다.
   가. 유아와 아동의 사망율을 감소시키기 위한 조치
   나. 기초건강관리의 발전에 중점을 두면서 모든 아동에게 필요한 의료 지원과 건강관리의 제공을 보장하는 조치
   다. 환경오염의 위험과 손해를 감안하면서, 기초건강관리 체계 안에서 무엇보다도 쉽게 이용가능한 기술의 적용과 충분한 영양식 및 깨끗한 음료수의 제공 등을 통하여 질병과 영양실조를 퇴치하기 위한 조치
   라. 산모를 위하여 출산 전후의 적절한 건강관리를 보장하는 조치
   마. 모든 사회구성원 특히 부모와 아동은 아동의 건강과 영양, 모유·수유의 이익, 위생 및 환경정화 그리고 사고 예방에 관한 기초 지식의 활용에 있어서 정보를 제공받고 교육을 받으며 지원을 받을 것을 확보하는 조치
   바. 예방적 건강관리, 부모를 위한 지도 및 가족계획에 관한 교육과 편의를 발전시키는 조치
3. 당사국은 아동의 건강을 해치는 전통관습을 폐지하기 위하여 모든 효과적이고 적절한 조치를 취하여야 한다.
4. 당사국은 이 조에서 인정된 권리의 완전한 실현을 점진적으로 달성하기 위하여 국제협력을 촉진하고 장려하여야 한다. 이 문제에 있어서 개발도상국의 필요에 대하여 특별한 고려가 베풀어져야 한다.

제25조

당사국은 신체적 · 정신적 건강의 관리, 보호 또는 치료의 목적으로 관계당국에 의하여 양육지정 조치된 아동이, 제공되는 치료 및 양육지정과 관련된 그밖의 모든 사정을 정기적으로 심사받을 권리를 가짐을 인정한다.

제26조

1. 당사국은 모든 아동이 사회보험을 포함한 사회보장제도의 혜택을 받을 권리를 가짐을 인정하며, 자국의 국내법에 따라 이 권리의 완전한 실현을 달성하기 위하여 필요한 조치를 취하여야 한다.

2. 이러한 혜택은 아동 및 아동에 대한 부양책임자의 자력과 주변 사정은 물론 아동에 의하여 직접 행하여지거나 또는 아동을 대신하여 행하여지는 혜택의 신청과 관련된 그밖의 사정을 참작하여 적절한 경우에 부여되어야 한다.

제27조

1. 당사국은 모든 아동이 신체적·지적·정신적·도덕적 및 사회적 발달에 적합한 생활 수준을 누릴 권리를 가짐을 인정한다.
2. 부모 또는 기타 아동에 대하여 책임이 있는 자는 능력과 재산의 범위 안에서 아동발달에 필요한 생활여건을 확보할 일차적 책임을 진다.
3. 당사국은 국내 여건과 재정의 범위 안에서 부모 또는 기타 아동에 대하여 책임있는 자가 이 권리를 실현하는 것을 지원하기 위한 적절한 조치를 취하여야 하며, 필요한 경우에는 특히 영양, 의복 및 주거에 대하여 물질적 보조 및 지원계획을 제공하여야 한다.
4. 당사국은 국내외에 거주하는 부모 또는 기타 아동에 대하여 재정적으로 책임있는 자로부터 아동 양육비의 회부를 확보하기 위한 모든 적절한 조치를 취하여야 한다. 특히 아동에 대하여 재정적으로 책임있는 자가 아동이 거주하는 국가와 다른 국가에 거주하는 경우, 당사국은 국제협약의 가입이나 그러한 협약의 체결은 물론 다른 적절한 조치의 강구를 촉진하여야 한다.

제28조

1. 당사국은 아동의 교육에 대한 권리를 인정하며, 점진적으로 그리고 기회 균등의 기초 위에서 이 권리를 달성하기 위하여 특히 다음의 조치를 취하여야 한다.
   가. 초등교육은 의무적이며, 모든 사람에게 무료로 제공되어야 한다.
   나. 일반교육 및 직업교육을 포함한 여러 형태의 중등교육의 발전을 장려하고, 이에 대한 모든 아동의 이용 및 접근이 가능하도록 하며, 무료교육의 도입 및 필요한 경우 재정적 지원을 제공하는 등의 적절한 조치를 취하여야 한다.
   다. 고등교육의 기회가 모든 사람에게 능력에 입각하여 개방될 수 있도록 모든 적절한 조치를 취하여야 한다.
   라. 교육 및 직업에 관한 정보와 지도를 모든 아동이 이용하고 접근할 수 있도록 조치하여야 한다.
   마. 학교에의 정기적 출석과 탈락율 감소를 장려하기 위한 조치를 취하여야 한다.
2. 당사국은 학교 규율이 아동의 인간적 존엄성과 합치하고 이 협약에 부합하도록 운영되는 것을 보장하기 위한 모든 적절한 조치를 취하여야 한다.
3. 당사국은, 특히 전세계의 무지와 문맹의 퇴치에 이바지하고, 과학적·기술적 지식과 현대적 교육방법에의 접근을 쉽게 하기 위하여, 교육에 관련되는 사항에 있어서 국제협력을 촉진하고 장려하여야 한다. 이 문제에 있어서 개발도상국의 필요에 대하여 특별한 고려가 베풀어져야 한다.

제29조

1. 당사국은 아동교육이 다음의 목표를 지향하여야 한다는 데 동의한다.
   가. 아동의 인격, 재능 및 정신적·신체적 능력의 최대한의 계발
   나. 인권과 기본적 자유 및 국제연합헌장에 규정된 원칙에 대한 존중의 진전
   다. 자신의 부모, 문화적 주체성, 언어 및 가치 그리고 현거주국과 출신국의 국가적 가치 및 이질문명에 대한 존중의 진전
   라. 아동이 인종적·민족적·종교적 집단 및 원주민 등 모든 사람과의 관계에 있어서 이해, 평화, 관용, 성(性)의 평등 및 우정의 정신에 입각하여 자유사회에서 책임있는 삶을 영위하도록 하는 준비
   마. 자연환경에 대한 존중의 진전
2. 이 조 또는 제28조의 어떠한 부분도 개인 및 단체가, 언제나 제1항에 규정된 원칙들을 준수하고 당해교육기관에서 실시되는 교육이 국가에 의하여 설정된 최소한의 기준에 부합하여야 한다는 조건하에, 교육기관을 설립하여 운영할 수 있는 자유를 침해하는 것으로 해석되어서는 아니 된다.

제30조

인종적 · 종교적 또는 언어적 소수자나 원주민이 존재하는 국가에서 이러한 소수자에 속하거나 원주민인 아동은 자기 집단의 다른 구성원과 함께 고유 문화를 향유하고, 고유의 종교를 신앙하고 실천하며, 고유의 언어를 사용할 권리를 부인당하지 아니 한다.

제31조

1. 당사국은 휴식과 여가를 즐기고, 자신의 연령에 적합한 놀이와 오락활동에 참여하며, 문화생활과 예술에 자유롭게 참여할 수 있는 아동의 권리를 인정한다.
2. 당사국은 문화적·예술적 생활에 완전하게 참여할 수 있는 아동의 권리를 존중하고 촉진하며, 문화, 예술, 오락 및 여가활동을 위한 적절하고 균등한 기회의 제공을 장려하여야 한다.

제32조

1. 당사국은 경제적 착취 및 위험하거나, 아동의 교육에 방해되거나, 아동의 건강이나 신체적·지적·정신적·도덕적 또는 사회적 발전에 유해한 여하한 노동의 수행으로부터 보호받을 아동의 권리를 인정한다.
2. 당사국은 이 조의 이행을 보장하기 위한 입법적·행정적·사회적 및 교육적 조치를 강구하여야 한다. 이 목적을 위하여 그리고 그밖의 국제 문서의 관련 규정을 고려하여 당사국은 특히 다음의 조치를 취하여야 한다.
   가. 단일 또는 복수의 최저 고용연령의 규정
   나. 고용시간 및 조건에 관한 적절한 규정의 마련
   다. 이 조의 효과적인 실시를 확보하기 위한 적절한 처벌 또는 기타 제재수단의 규정

第33条

당사국은 관련 국제조약에서 규정하고 있는 마약과 향정신성 물질의 불법적 사용으로부터 아동을 보호하고 이러한 물질의 불법적 생산과 거래에 아동이 이용되는 것을 방지하기 위하여 입법적·행정적·사회적·교육적 조치를 포함한 모든 적절한 조치를 취하여야 한다.

第34条

당사국은 모든 형태의 성적 착취와 성적 학대로부터 아동을 보호할 의무를 진다. 이 목적을 달성하기 위하여 당사국은 특히 다음의 사항을 방지하기 위한 모든 적절한 국내적·양국간·다국간 조치를 취하여야 한다.

가. 아동을 모든 위법한 성적 활동에 종사하도록 유인하거나 강제하는 행위
나. 아동을 매음이나 기타 위법한 성적 활동에 착취적으로 이용하는 행위
다. 아동을 외설스러운 공연 및 자료에 착취적으로 이용하는 행위

第35条

당사국은 모든 목적과 형태의 아동의 약취유인이나 매매 또는 거래를 방지하기 위한 모든 적절한 국내적, 양국간, 다국간 조치를 취하여야 한다.

第36条

당사국은 아동복지의 어떠한 측면에 대하여라도 해로운 기타 모든 형태의 착취로부터 아동을 보호하여야 한다.

第37条

당사국은 다음의 사항을 보장하여야 한다.

가. 어떠한 아동도 고문 또는 기타 잔혹하거나 비인간적이거나 굴욕적인 대우나 처벌을 받지 아니 한다. 사형 또는 석방의 가능성이 없는 종신형은 18세 미만의 사람이 범한 범죄에 대하여 과하여져서는 아니 된다.
나. 어떠한 아동도 위법적 또는 자의적으로 자유를 박탈당하지 아니 한다. 아동의 체포, 억류 또는 구금은 법률에 따라 행하여져야 하며, 오직 최후의 수단으로서 또한, 적절한 최단기간 동안만 사용되어야 한다.
다. 자유를 박탈당한 모든 아동은 인도주의와 인간 고유의 존엄성에 대한 존중에 입각하여 그리고 그들의 연령상의 필요를 고려하여 처우되어야 한다. 특히 자유를 박탈당한 모든 아동은, 성인으로부터 격리되지 아니하는 것이 아동의 최선의 이익에 합치된다고 생각되는 경우를 제외하고는 성인으로부터 격리되어야 하며, 예외적인 경우를 제외하고는 서신과 방문을 통하여 자기 가족 과의 접촉을 유지할 권리를 가진다.
라. 자유를 박탈당한 모든 아동은 법률적 및 기타 적절한 구조에 신속하게 접근할 권리를 가짐은 물론 법원이나 기타 권한 있고 독립적이며 공정한 당국 앞에서 자신에 대한 자유박탈의

합법성에 이의를 제기하고 이러한 소송에 대하여 신속한 결정을 받을 권리를 가진다.

제38조

1. 당사국은 아동과 관련이 있는 무력분쟁에 있어서, 당사국에 적용 가능한 국제인도법의 규칙을 존중하고 동 존중을 보장할 의무를 진다.
2. 당사국은 15세에 달하지 아니 한 자가 적대행위에 직접 참여하지 아니할 것을 보장하기 위하여 실행가능한 모든 조치를 취하여야 한다.
3. 당사국은 15세에 달하지 아니 한 자의 징병을 삼가야 한다. 15세에 달하였으나 18세에 달하지 아니 한 자 중에서 징병하는 경우, 당사국은 최연장자에게 우선순위를 두도록 노력하여야 한다.
4. 무력분쟁에 있어서 민간인 보호를 위한 국제인도법상의 의무에 따라서, 당사국은 무력분쟁의 영향을 받는 아동의 보호 및 배려를 확보하기 위하여 실행가능한 모든 조치를 취하여야 한다.

제39조

당사국은 모든 형태의 유기, 착취, 학대, 또는 고문이나 기타 모든 형태의 잔혹하거나 비인간적이거나 굴욕적인 대우나 처벌, 또는 무력분쟁으로 인하여 희생이 된 아동의 신체적·심리적 회복 및 사회복귀를 촉진 시키기 위한 모든 적절한 조치를 취하여야 한다.

제40조

1. 당사국은 형사피의자나 형사피고인 또는 유죄로 인정받은 모든 아동에 대하여, 아동의 연령 그리고 아동의 사회복귀 및 사회에서의 건설적 역할 담당을 촉진하는 것이 바람직스럽다는 점을 고려하고, 인권과 타인의 기본적 자유에 대한 아동의 존 중심을 강화시키며, 존엄과 가치에 대한 아동의 지각을 촉진시키는 데 부합하도록 처우받을 권리를 가짐을 인정한다.
2. 이 목적을 위하여 그리고 국제문서의 관련규정을 고려하며, 당사국은 특히 다음 사항을 보장하여야 한다.
   가. 모든 아동은 행위시의 국내법 또는 국제법에 의하여 금지되지 아니한 작위 또는 부작위를 이유로 하여 형사피의자가 되거나 형사기소되거나 유죄로 인정받지 아니 한다.
   나. 형사피의자 또는 형사피고인인 모든 아동은 최소한 다음 사항을 보장받는다.
      (1) 법률에 따라 유죄가 입증될 때까지는 무죄로 추정받는다.
      (2) 피의사실을 신속하게 그리고 직접 또는, 적절한 경우, 부모나 후견인을 통하여 통지받으며, 변론의 준비 및 제출 시 법률적 또는 기타 적절한 지원을 받는다.
      (3) 권한 있고 독립적이며 공평한 기관 또는 사법기관에 의하여 법률적 또는 기타 적당한 지원하에 법률에 따른 공정한 심리를 받아 지체없이 사건이 판결되어야 하며, 아동의 최선의 이익에 반한다고 판단되지 아니하는 경우, 특히 그의 연령이나 주변환경, 부모 또는 후견인 등을 고려하여야 한다.
      (4) 증언이나 유죄의 자백을 강요당하지 아니하며, 자신에게 불리한 증인을 신문하거나 또는 신문받도록 하며, 대등한 조건하에 자신을 위한 증인의 출석과 신문을 확보한다.

(5) 형법위반으로 간주되는 경우, 그 판결 및 그에 따라 부과된 여하한 조치는 법률에 따라 권한 있고 독립적이며 공정한 상급당국이나 사법기관에 의하여 심사되어야 한다.

(6) 아동이 사용되는 언어를 이해하지 못하거나 말하지 못하는 경우, 무료로 통역원의 지원을 받는다.

(7) 사법절차의 모든 단계에서 아동의 사생활은 충분히 존중되어야 한다.

3. 당사국은 형사피의자, 형사피고인 또는 유죄로 인정받은 아동에게 특별히 적용될 수 있는 법률, 절차, 기관 및 기구의 설립을 촉진하도록 노력하며, 특히 다음 사항에 노력하여야 한다.

가. 형법위반능력이 없다고 추정되는 최저 연령의 설정

나. 적절하고 바람직스러운 경우, 인권과 법적 보장이 완전히 존중 된다는 조건하에 이러한 아동을 사법절차에 의하지 아니하고 다루기 위한 조치

4. 아동이 그들의 복지에 적절하고 그들의 여건 및 범행에 비례하여 취급될 것을 보장하기 위하여 보호, 지도 및 감독명령, 상담, 보호관찰, 보호양육, 교육과 직업훈련계획 및 제도적 보호에 대한 그밖의 대체방안 등 여러 가지 처분이 이용가능하여야 한다.

제41조

이 협약의 규정은 다음 사항에 포함되어 있는 아동권리의 실현에 보다 공헌할 수 있는 어떠한 규정에도 영향을 미치지 아니 한다.

가. 당사국의 법

나. 당사국에 대하여 효력을 가지는 국제법

제2부

제42조

당사국은 이 협약의 원칙과 규정을 적절하고 적극적인 수단을 통하여 성인과 아동 모두에게 널리 알릴 의무를 진다.

제43조

1. 이 협약상의 의무이행을 달성함에 있어서 당사국이 이룩한 진전 상황을 심사하기 위하여 이하에 규정된 기능을 수행하는 아동권리위원회를 설립한다.
2. 위원회는 고매한 인격을 가지고 이 협약이 대상으로 하는 분야에서 능력이 인정된 10명의 전문가로 구성된다. 위원회의 위원은 형평한 지리적 배분과 주요 법체계를 고려하여 당사국의 국민중에서 선출되며, 개인적 자격으로 임무를 수행한다.
3. 위원회의 위원은 당사국에 의하여 지명된 자의 명단중에서 비밀투표에 의하여 선출된다. 각 당사국은 자국민 중에서 1인을 지명할 수 있다.
4. 위원회의 최초의 선거는 이 협약의 발효일부터 6월이내에 실시되며, 그 이후는 매 2년마다 실시된다. 각 선거일의 최소 4월 이전에 국제 연합 사무총장은 당사국에 대하여 2월 이내에 후보자 지명을 제출하라는 서한을 발송하여야 한다. 사무총장은 지명한 당사국의 표시와 함께 알파벳

순으로 지명된 후보들의 명단을 작성하여, 이를 이 협약의 당사국에게 제시하여야 한다.

5. 선거는 국제연합 본부에서 사무총장에 의하여 소집된 당사국 회의에서 실시된다. 이 회의는 당사국의 3분의 2를 의사정족수로 하고, 출석하고 투표한 당사국 대표의 최대다수표 및 절대다수표를 얻는 자가 위원으로 선출된다.
6. 위원회의 위원은 4년 임기로 선출된다. 위원은 재지명된 경우에는 재선될 수 있다. 최초의 선거에서 선출된 위원 중 5인의 임기는 2년 후에 종료된다. 이들 5인 위원의 명단은 최초선거후 즉시 동 회의의 의장에 의하여 추첨으로 선정된다.
7. 위원회 위원이 사망, 사퇴 또는 본인이 어떠한 이유로 인하여 위원회의 임무를 더 이상 수행할 수 없다고 선언하는 경우, 그 위원을 지명한 당사국은 위원회의 승인을 조건으로 자국민중에서 잔여 임기를 수행할 다른 전문가를 임명한다.
8. 위원회는 자체의 절차규정을 제정한다.
9. 위원회는 2년 임기의 임원을 선출한다.
10. 위원회의 회의는 통상 국제연합 본부나 위원회가 결정하는 그밖의 편리한 장소에서 개최된다. 위원회는 통상 매년 회의를 한다. 위원회의 회의기간은 필요한 경우 총회의 승인을 조건으로 이 협약 당사국 회의에 의하여 결정되고 재검토된다.
11. 국제연합 사무총장은 이 협약에 의하여 설립된 위원회의 효과적인 기능수행을 위하여 필요한 직원과 편의를 제공한다.
12. 이 협약에 의하여 설립된 위원회의 위원은 총회의 승인을 얻고 총회가 결정하는 기간과 조건에 따라 국제연합의 재원으로부터 보수를 받는다.

제44조

1. 당사국은 이 협약에서 인정된 권리를 실행하기 위하여 그들이 채택한 조치와 동 권리의 향유와 관련하여 이룩한 진전상황에 관한 보고서를 다음과 같이 국제연합 사무총장을 통하여 위원회에 제출한다.
   가. 관계 당사국에 대하여 이 협약이 발효한 후 2년 이내
   나. 그 후 5년마다
2. 이 조에 따라 제출되는 보고서는 이 협약상 의무의 이행정도에 영향을 미치는 요소와 장애가 있을 경우 이를 적시하여야 한다. 보고서는 또한, 관계국에서의 협약이행에 관한 포괄적인 이해를 위원회에 제공하기 위한 충분한 정보를 포함하여야 한다.
3. 위원회에 포괄적인 최초의 보고서를 제출한 당사국은, 제1항 나호에 의하여 제출하는 후속보고서에 이미 제출된 기초적 정보를 반복할 필요는 없다.
4. 위원회는 당사국으로부터 이 협약의 이행과 관련이 있는 추가정보를 요청할 수 있다.
5. 위원회는 위원회의 활동에 관한 보고서를 2년마다 경제사회 이사회를 통하여 총회에 제출한다.
6. 당사국은 자국의 활동에 관한 보고서를 자국내 일반에게 널리 활용가능하도록 하여야 한다.

제45조

이 협약의 효과적인 이행을 촉진하고 이 협약이 대상으로 하는 분야에서의 국제협력을 장려하기 위하여

가. 전문기구, 국제연합아동기금 및 국제연합의 그밖의 기관은 이 협약 중 그들의 권한 범위안에 속하는 규정의 이행에 관한 논의에 대표를 파견할 권리를 가진다. 위원회는 전문기구, 국제연합 아동기금 및 위원회가 적절하다고 판단하는 그밖의 권한 있는 기구에 대하여 각 기구의 권한 범위에 속하는 분야에 있어서 이 협약의 이행에 관한 전문적인 자문을 제공하여 줄 것을 요청할 수 있다. 위원회는 전문기구, 국제연합아동기금 및 국제연합의 그밖의 기관에게 그들의 활동범위에 속하는 분야에서의 이 협약의 이행에 관한 보고서를 제출할 것을 요청할 수 있다.

나. 위원회는 적절하다고 판단되는 경우 기술적 자문이나 지원을 요청하거나 그 필요성을 지적하고 있는 당사국의 모든 보고서를 그러한 요청이나 지적에 대한 위원회의 의견이나 제안이 있으면 동 의견이나 제안과 함께 전문기구, 국제연합아동기금 및 그밖의 권한 있는 기구에 전달하여야 한다.

다. 위원회는 사무총장이 위원회를 대신하여 아동권리와 관련이 있는 특정 문제를 조사하도록 요청할 것을 총회에 대하여 권고할 수 있다.

라. 위원회는 이 협약 제44조 및 제45조에 의하여 접수한 정보에 기초하여 제안과 일반적 권고를 할 수 있다. 이러한 제안과 일반적 권고는 당사국의 논평이 있으면 그 논평과 함께 모든 관계 당사국에 전달되고 총회에 보고되어야 한다.

제3부

제46조

이 협약은 모든 국가에 의한 서명을 위하여 개방된다.

제47조

이 협약은 비준되어야 한다. 비준서는 국제연합 사무총장에게 기탁되어야 한다.

제48조

이 협약은 모든 국가에 의한 가입을 위하여 개방된다. 가입서는 국제연합 사무총장에게 기탁되어야 한다.

제49조

1. 이 협약은 20번째의 비준서 또는 가입서가 국제연합 사무총장에게 기탁되는 날부터 30일째 되는 날 발효한다.
2. 20번째의 비준서 또는 가입서의 기탁 이후에 이 협약을 비준하거나 가입하는 각 국가에 대하여, 이 협약은 그 국가의 비준서 또는 가입서 기탁 후 30일째 되는 날 발효한다.

제50조

1. 모든 당사국은 개정안을 제안하고 이를 국제연합 사무총장에게 제출할 수 있다. 동 제출에 의하여 사무총장은 당사국에게 동 제안을 심의하고 표결에 붙이기 위한 당사국회의 개최에 대한 찬성 여부에 관한 의견을 표시하여 줄 것을 요청하는 것과 함께 개정안을 당사국에게 송부하여야 한다. 이러한 통보일부터 4월 이내에 당사국 중 최소 3분의 1이 회의 개최에 찬성하는 경우 사무총장은 국제연합 주관하에 동 회의를 소집하여야 한다. 동 회의에 출석하고 표결한 당사국의 과반수에 의하여 채택된 개정안은 그 승인을 위하여 국제연합 총회에 제출된다.
2. 제1항에 따라서 채택된 개정안은 국제연합 총회에 의하여 승인되고, 당사국의 3분의 2이상의 다수가 수락하는 때에 발효한다.
3. 개정안은 발효한 때에 이를 수락한 당사국을 구속하며, 그밖의 당사국은 계속하여 이 협약의 규정 및 이미 수락한 그 이전의 모든 개정에 구속된다.

제51조

1. 국제연합 사무총장은 비준 또는 가입 시 각국이 행한 유보문을 접수하고 모든 국가에게 이를 배포하여야 한다.
2. 이 협약의 대상 및 목적과 양립할 수 없는 유보는 허용되지 아니 한다.
3. 유보는 국제연합 사무총장에게 발송된 통고를 통하여 언제든지 철회될 수 있으며, 사무총장은 이를 모든 국가에게 통보하여야 한다. 그러한 통고는 사무총장에게 접수된 날부터 발효한다.

제52조

당사국은 국제연합 사무총장에 대한 서면통고를 통하여 이 협약을 폐기할 수 있다. 폐기는 사무총장이 통고를 접수한 날부터 1년 후에 발효한다.

제53조

국제연합 사무총장은 이 협약의 수탁자로 지명된다.

제54조

아랍어·중국어·영어·불어·러시아어 및 서반아어본이 동등하게 정본인 이 협약의 원본은 국제연합 사무총장에게 기탁된다.

이상의 증거로 아래의 서명 전권대표들은 각국 정부에 의하여 정당하게 권한을 위임받아 이 협약에 서명하였다.

출처: 외교부 홈페이지.

참고문헌

〈국내문헌〉

UNICEF(2001). 세계아동현황 보고서.

강문희 외(2014). 아동상담의 이론과 실제. 경기: 공동체.

강세현·서혜전·오정영·임원선·전영록(2016). 인간행동과 사회환경. 서울. 양성원.

경찰청 보도자료(2013. 1. 4.). 2012년 실종아동 및 가출인 접수 현황.

______(2015. 1. 14.). 2014년 실종아동 등 가출인 접수처리 현황.

______(2015. 5. 26.). 실종아동 예방 수칙.

고명석·박명혜·황춘화·이혜미·이승명(2016). 아동복지론. 서울: 대왕사.

고명석·김경원·박선민(2016). 가족복지론. 서울: 동문사.

공계순·박현선·오승환·이상균·이현주(2013). 아동복지론 4판. 서울: 학지사.

곽형식·백경숙·김민정·김혜금·김혜영(2013). 아동복지론 2판. 경기: 공동체.

교육인적자원부(2001). 학교급식관련 위생사고 발생현황.

______(각년도). 교육통계연보. 한국교육개발원.

구정화·송현정·설규주(2004). 교사를 위한 학교인권교육의 이해. 서울: 국가인권위원회.

국회의원 이명수(2014). 국정감사백서. 어린이집 "학대아동 심리치료 및 보육교사 직무스트레스 해소 시급하다".

길은배·이용교·김영지(2001). 청소년 인권지표 개발 연구. 문화관광부. 한국청소년개발원.

김건용·조달현·신지현(2016). 부모의 아동권리 인식과 관련법. 서울: 한국학술정보.

김미영·조성심·조윤정·조윤희·이정희(2013). 아동복지론. 서울: 파란마음.

김성경·김혜경·최현미(2013). 아동복지론 3판. 경기: 양서원

김승권 외(2000). 전국출산력 및 가족보건실태조사. 한국보건사회연구원.

김영화·이진숙(2016). 성인지적 가족복지론. 서울: 양성원.

김유숙(2008). 아동과 청소년 심리치료. 서울: 학지사.

김윤재·강영숙·김진환·박주은(2015). 아동복지론. 서울: 동문사.

김정래(2002). 아동권리 향연. 서울: 교육과학사.

김준환·김혜정·이양훈(2016). 지역사회복지론. 서울: 어가.

김수진 옮김(2004). 부모와 아이들. 서울: 영림카디널.

김춘경(2007). 아들러 아동상담: 이론과 실제. 서울: 학지사.

김현자·한성심·김유진·신현정·임미혜(2008). 예비 부모교육. 경기: 공동체.

남세진·조홍식(1997). 집단지도방법론. 서울대학교출판부.

노명희·윤은종·이재경·김광석·최금희·이상미(2014). 아동복지론. 서울: 정민사.

노병일(2016). 아동복지론 3판. 경기: 공동체.

노치현·황영희(1998). 모래놀이치료: 경험과 표현. 서울: 동서문화원.

노혜련·김미원·조소연(2015). 예방과 통합의 관점에서 본 아동복지론. 서울: 학지사.

도미향·남연희·이무영·변미희(2014). 아동복지론 3판. 경기: 공동체.

문용린 외(2003). 유·초·중·고 인권교육과정 개발 연구. 서울: 국가인권위원회.

________(2009). 인권교육 평가 도구 및 실행 지침. 서울: 국가인권위원회.

박금식·하정화·김소정(2014). 취약계층아동 통합서비스 지원 사업 활성화 방안연구. (재)부산여성가족개발원.

박미은·신희정·이혜경·이미림(2015). 가족복지론. 경기: 공동체.

박정은(2014). 유아교사의 아동권리인식 연구. 부산대학교 교육대학원 석사학위논문.

박희숙·유주희·이광희(2014). 아동복지론. 경기: 공동체.

반금현(2001). 집단적 독서요법을 통한 고등학교 학생의 자아개념 향상에 관한 연구. 카톨릭대학교 교육대학원 석사학위논문.

변용찬 외(2000). 2000년도 장애인 실태조사. 보건복지부.한국보건사회연구원.

보건복지가족부(2009). 유엔아동권리협약 제3·4차 통합 국가보고서. 한국보건사회연구원.

____________(2010). 2010년도 아동청소년 사업 안내.

보건복지부(2002). 2001 국민건강 영양조사: 보건의식형태편. 보건사회연구원.

_________(2002). 2001 국민건강 영양조사: 총괄편. 한국보건사회연구원.

_________(2007). 2007년 전국 아동학대 현황 보고서. 중앙아동보호전문기관.

_________(2009). 아동권리협약과 함께하는 아동청소년의 권리–초등학교 교사용.

_________(2010). 2009 보건복지백서.

_________(2011). 아동공동생활가정 운영 매뉴얼. 한국보건복지인력개발원.

_________(2013). 2012 전국 아동학대 현황 보고서. 아동보호전문기관.

_________(2013). 제2차 중장기보육 기본계획.

_________(2014). 2013 아동종합실태조사. 보건사회연구원.

_________(2014). 2014년도 보육 사업안내.

_________(2015). 2014 보육통계.

_________(2015). 2014 한국의 사회지표.

_________(2015). 2014년 전국 아동학대 현황 보고서. 중앙아동보호전문기관.

_________(2015). 2015 보건복지통계연보 제61호.

보건복지부 보도자료(2009. 5. 21.). 2008 한국 아동청소년 종합실태조사 결과.

________________(2015. 4. 19.) 2014 장애인 실태조사 결과. 한국보건사회연구원.

________________(2015. 4. 30.). 어린이집 cctv 의무화 등 「영유아 보육법」 개정안, 본회의 통과.

________________(2015. 5. 7.). 입양은 함께 나누는 행복입니다.

________________(2015. 11. 19.). 대한민국 국민 모두가 아동학대 신고의무자입니다.

________________(2015. 12. 30.). 내년 7월부터 맞춤형 보육제도 시행.

________________(2016. 1. 12.). 보육교사의 인성 및 자질 향상을 위한 보육교사 자격기준 강화.

________________(2016. 4. 19.). 아동이 행복한 세상을 위한 약속, 아동권리헌장 제정을 위한 공청회 개최.

________________(2016. 5. 2.). 어린이가 행복한 세상을 위한 우리의 약속.

서문희·안현애·이삼식(2003). 아동권리지표 개발에 관한 연구. 보건사회연구원.

서보준·김우호·박선태·이정미(2013). 아동복지론. 경기. 공동체.

서영숙·서혜전·이향란·김현자·노성향(2014). 방과후 아동지도. 경기: 양서원.

서울특별시육아종합지원센터(2015). 서울시 어린이집 영유아 권리 존중을 위한 자가 체크리스트(보육교직원용).

송길연·김수경·이지연·양돈규 역(2001). 발달심리학. 서울: 시그마프레스. DR. Schffer(1999). Developmental psychology, (5th). Brooks/Cole.

송정애(2013). 아동복지론 이해와 실천. 경기: 양서원.

신기원·김상아·문미숙·오하나·임중철(2016). 인간행동과 사회환경. 경기: 공동체.

안경환(2004). 교사를 위한 인권 용어 사전. 서울: 국가인권위원회.

양옥승·신은미 역(2014). 어린이집에서의 권력과 정서. 서울: 학지사.

어린이 찾아 주기 종합센터(2004). 미아가정실태조사보고서. 한국복지재단.

엄신자(2008). 인간행동과 사회환경. 서울: 인간과복지.

여성가족부(2010). 2010 조손가족실태조사.

여성가족부 보도자료(2013. 2. 26). 2012년 전국다문화가족실태조사.

오정수·정익중(2013). 아동복지론 2판. 서울: 학지사.

오창순·신선인·장수미·김수정(2015). 인간행동과 사회환경. 경기. 학지사.

원영희·손화희(2016). 가족복지론. 서울: 학지사.

유수현·김창곤·김용진·천덕희·최은정(2015). 인간행동과 사회환경. 경기: 양서원.

윤매자·신혜경·주정현(2014). 아동복지론 개정판. 경기: 양서원.

윤선오·이은미(2011). 사립유치원 평가에 대한 원장들의 의견분석. 사회과학연구, (15).

이봉철(2001). 현대인권사상. 서울: 아카넷.

이상욱·정희영·김종명·김미애(2016). 아동권리와 복지. 경기: 파워북.

이소희(2005). 현대가족복지론. 경기: 양서원.

이소희·김민정(2000). 청소년문화복지지표체계 개발 연구. 청소년복지연구, 2(2).

이소희·김민정·김혜영(1999). 청소년복지지표 개발을 위한 기초연구. 청소년복지연구, 1(2).

이소희·유미숙(1997). 그것은 아동학대예요. 서울: 동문사.

이순형·이성옥·권혜진·이소은·황혜신(2013). 보육과정 4판. 서울: 학지사.

이신영(2016). 아동복지론. 서울: 청목출판사.

이영민(2014). 면접교섭권과 아동의 권리. 한양대학교대학원 석사학위논문.

이영주·최경화·정윤태·김현희·오정아(2015). 가족복지론. 경기: 양서원.

이유섭·손연숙·허흥무·박영숙(2012). 사회복지실천기술론. 서울: 레인보우북스.

이은희(2016). 인간행동과 사회환경. 경기: 공동체.

이재연·강현아·이응교(2006). 한국의 유엔아동권리협약 이행 모니터링. 서울: 한국개발연구원.

이재연·박은미·황옥경·김형모·이은주(2013). 아동복지론. 서울: 학지사.

이정덕·김경신(1998). 결혼과 가족의 이해. 서울: 학지사.

이종복·이성순·김재열·김현희·정명희(2013). 다문화사회의 이해와 복지. 경기: 양서원.

이종성(2006). 컬러 만나 성경. 서울: 성서원.

이종원 외(1997). 한국의 청소년 지표. 한국청소년개발원.

이초록(2015). 시설보호아동의 아동권리인식에 영향을 미치는 요인에 관한 연구. 덕성여자대학교 대학원 석사학위논문.

이한우·정정란(2012). 아동복지론. 경기: 양서원.

이호경(2014). 함사왕국 이야기. 서울: 우리복지출판부.

임동호(2009). 아동복지론. 서울: 신광문화사.

장인협·오정수(2004). 아동·청소년복지론 제2개정판. 서울: 서울대학교출판부.

장현주·이남주·이재삼·김소양(2014). 보육과정 2판. 경기: 공동체.

전재일 외(2002). 사회복지개론. 서울. 형설출판사.

정영순(1997). 아동복지지표 개발에 관한 기초연구. 사회복지학 제33권.

정영숙(2015). 아동복지론. 경북: 대구대학교출판부.

정옥분·정순화(2014). 결혼과 가족의 이해. 서울: 학지사.

정옥분·정순화·손화희·김경은(2012). 아동복지론. 서울: 학지사.

______________(2016). 아동권리와 복지. 서울: 학지사.

정익중(2006). 한국의 실종아동·장애인 정책의 현황과 발전방안. 실종아동전문기관 개관 1주년 기념 학술세미나.

정익중·김성천·송재석(2009). 아동실종으로 인한 사회경제적 비용 분석. 한국사회복지학, 제61권, 제2호. 371-389.

조용남(2015). 아동복지정책의 효과성에 관한 연구: 드림스타트 사업을 중심으로. 이화여자대학교 대학원 박사학위논문.

조홍식·김인숙·김혜란·김혜련·신은주(2010). 가족복지학 4판. 서울: 학지사.

조홍식·김혜래·신은주·우국희·오승환·이지수(2010). 인간행동과 사회환경. 서울: 학지사.

지은구·장현숙·김민주·이원주(2015). 최신사회문제론. 서울: 학지사.

청소년보호위원회(1998). 청소년 인권의 현황과 대책.

최선희(2003). 교육복지투자 우선지역 아동·청소년 실태조사. 서울특별시강북교육청.

최옥채·박은미·서미경·전석균(2015). 인간행동과 사회환경. 경기: 양서원.

최은숙(2013). 어린이집에서의 아동권리에 대한 부모와 교사의 인식과 실천상황에 관한 연구. 서울신학대학교 사회복지대학원 석사학위논문.

통계청(2001). 사망원인통계연보.

______(2001). 사회통계조사보고서.

______(2001). 인구동태통계연보.

______(2002). 인구동태통계연보.

______(2005). 장래인구추계 2005~2030.

______(2011). 장래인구추계 2010~2060.

통계청 보도자료(2014. 11. 27.). 2014년 사회조사 결과.

____________(2015. 11. 19.). 2014년 다문화인구동태통계.

____________(2016. 9. 7.). 2015 인구주택총조사.

표갑수(2000). 아동청소년복지론. 서울: 나남출판.

표갑수·김혜정·유옥현·박영·김현진(2016). 인간행동과 사회환경. 서울: 신정.

하승민·서지영·강현아·마주리·서혜전(2008). 아동상담. 경기: 공동체.

한국보건사회연구원(2002). 2002년 전국 보육실태조사.

한국사례관리학회(2012). 사례관리론. 서울: 학지사.

한국아동권리학회(2001). 한국의 아동지표. 서울: 학지사.

한국여성개발원(2002). 여성 청년층집단의 취업이행 실태와 정책과제.

한국유아교육학회(1997). 유아교육사전. 한국사전연구사.

한미현·문혁준·강희경·공인숙·김상희(2011). 아동복지. 서울: 창지사.

한성심·송주미(2014). 아동복지론 5판. 서울: 창지사.

허은(2014). 아버지의 아동권리 인식이 양육참여에 미치는 영향과 양육태도의 매개효과. 중앙대학교 대학원 석사학위논문.

황옥경·안동현·이호균·강현아·홍관표·현소혜·정선영(2015). 대한민국 아동, 국민인가? -국제기준에 비추어본 아동권리 수준평가. 한국아동권리학회 추계학술대회, 7-63.

〈언론보도자료〉

경인일보(2016. 9. 9.). 인천 서구, 찾아가는 아동권리 교육. 신상윤.

경향신문(2016. 2. 21.). 늘어나는 아동 부상…제주도 '전국 최다'.

_______(2016. 5. 4.). YS영결식 추위 떤 어린이합창단…인권위 '아동인권 보호지침 만들어라'. 김형규.

_______(2016. 8. 27.). '친권의 덫'에 걸린 아동학대 피해자들. 김태훈.

국민일보(2015. 6. 25.). '김치남겼다', 아동학대 인천 송도 모어린이집 교사 2년 징역형 선고. 정창교.

_______(2015. 9. 1.). '훈육이냐, 학대냐' 논란..30대 체벌교사 징역형. 서승진.

국제뉴스(2016. 8. 19.). 중랑구, '인권 및 아동학대 예방'교육 실시. 정여주.

_______(2016. 9. 27.). 영암읍지역사회보장협의체, 아동인권교육 실시. 정재춘.

뉴스1(2016. 3. 9.). 다문화 자녀지원, 난민·중도입국자녀로 외연 넓혀야.

뉴시스(2016. 9. 24.). 생후 18개월 된 원아 학대의혹...경찰수사.

동아일보(2010. 7. 3.). 두살 때 집나간 친모가 천안함 보상금 4억 요구. 정재락.

_______(2016. 2. 21.). 국민 절반 '한국은 아동청소년에게 안전지대 아냐'.

동양뉴스통신(2016. 9. 12.). 천안오성초, 특수학급·통합학급 아동권리교육 실시. 남광현.

로컬투데이(2016. 9. 8.). 아산교육지원청, '교사 교육 운용'. 백순기.

머니투데이(2016. 4. 25.). 이준식 사회부총리 '아동권리헌장 제정해야'. 이미호.

스포츠서울(2015. 11. 3.). 어린이집 하반신 마비 속 '5년간 어린이집 사고로 48명 사망'…'충격'.

아시아경제(2016. 2. 17.). 놀이터 사고, 여름철·경기도·주택가에서 취학아동이 많이 당해. 김봉수.

연합뉴스(2014. 1. 9.). 부산시, 아동학대 신고의무 위반 전국 첫 과태료 부과.

_______(2016. 6. 2.). 다자녀 가구 셋째부터 0~2세 양육수당 10만원씩 인상. 김병규.

오마이뉴스(2011. 12. 12.). 유엔 '학생' 성적지향에 따른 차별금지하라. 윤근혁.

_________(2016. 06. 17.). 누리과정 나몰라라? '아이들에 대한 폭력'.

이데일리(2016. 09. 12). 2세 아이 200여 차례 학대한 어린이집 교사 '실형'. 전상희.

_______(2016. 09. 26). 아동학대 10명중 8명 부모…가정 내 폭력 무방비 방치. 김기덕.

중부일보(2010. 12. 14.). 부모이혼 조손가정도 4년새 15%급증.

한국일보(2014. 11. 03.). 가족 동반자살… 어린 자녀에겐 결국 타살이다. 이환직.

_______(2016. 08. 12.). 복지예산 따라… 아동 삶의 질 달라진다. 이훈성.

〈외국문헌〉

Barker, R.(2003). *The Social Work Dictionary*. Washington DC: NASW Press.

Bennett, C.(1933). *Comprehensive multicultural Education-theory and Practice*.(2nd ed.). Boston: allyn & bacon.

Bronfen brenner, U.(1995). The biological model from a life course perspective: Reflections of a participant observer In P. Moen, G.H. Elder, Jr., & K. Luscher(eds.), *Examining lives in context*. Washington, DC: American Psychology Association.

Cohen.(2000). *Child welfare: A multicultural focus*(2nd ed.). Boston: allyn & bacon.

Compton, B. R., & Galaway, B.(1989). *Social Work Processes*(4th ed.). California: Wadsworth Publishing Company.

Denzin, N. K.(1973). The politics of childhood. In N. K. Denzin(Ed.), *Children and their caretakers*(pp 1–25). New Jersey: E. P. Dutton.

Department of Health(2000). *Framework for the Assessment of children in Need and their families: Practice and Guidance*. London: Department of Health.

Downs, S. W., Moore, E., McFadden, E. J., & Costin, L. B.(2000). *Child welfare and family services*. Boston: Allyn and Bacon.

Kadushin, A.(1980). *Child Welfare Service*. New York: Macmillan Publishing Co, Inc.

Kadushin, A., & Martin, J. A.(1988). *Child welfare services*(4th ed.). New York: Macmillan Publishing co.

Montgomery, H.(2008). 정연우 역(2015). 유년기의 인류학. 연암서가.

Moore, S.(1990). *A social work practice model of case management: The case management gril. Social Work, 35*(5), pp 444–448.

OECD(2011). *Society at a Glance 2011: OECD Social Indicators*. OECD Publishing.

Wenke, D.(2010). Vom Kinderschutz zum Kinderrechtsstaat Starken, schuitzen, fordem durch eine umfassende Umsetzung der UN–Kinderrechtskonvention. http://assets. unicef.ch/downloads/de kurzfassung–2.pdf

Wilds E. H.(1956). *The foundation of modern education*. New York: Rinhart & Co.

Woodside, M., & Mcclam, T.(2006). *Generalist case management: A mothod of human service dlivery*(3rd ed.). Tomson Books/cole.

〈홈페이지〉

KOSIS국가통계포털. http://kosis.kr/ (장래인구추계)

교육부(과학기술부). http://www.moe.go.kr/

국가법령정보센터. http://www.law.go.kr/ (「건강가정기본법」, 「교육기본법」, 「국민건강보험법」, 「국민기초생활보장법」, 「근로기준법」, 「다문화가족 지원법」, 「대한민국 헌법」, 「모자보건법」, 「민법」, 「북한 이탈주민의 보호 및 정착 지원에 관한 법률」, 「실종아동 등의 보호 및 지원에 관한 법률」, 「아동복지법」, 「아동의 빈곤예방 및 지원 등에 관한 법률」, 「영유아 보육법」, 「입양특례법(구(舊) 입양촉진 및 절차에 관한 특례법)」, 「장애아동 복지 지원법」, 「저출산고령사회기본법」, 「헤이그 국제아동 탈취협약 이행에 관한 법률」, 「청소년 기본법」, 「청소년보호법」, 「청소년활동진흥법」, 「청소년복지 지원법」, 「초중등교육법」, 「학교보건법」, 「한부모가족 지원법」)

국립국어원 표준대사전. http://stdweb2.korean.go.kr/

두란노 아버지학교운동본부. http://www.father.or.kr/

바름이어린이집. http://barum-i.kr/

법제처. http://www.moleg.go.kr

보건복지부. http://www.mohw.go.kr/

색동회. http://www.saekdong.or.kr/

실종아동전문기관. http://www.missingchild.or.kr/

실종아동찾기센터 182. http://www.safe182.go.kr/

아동권리학회. http://www.kccr.or.kr/

어머니학교. http://www.mother.or.kr/

여성가족부 이주여성긴급지원센터. http://www.wm1366.org/

여성가족부. http://www.mogef.go.kr/

외교부. http://www.mofa.go.kr/

유니세프. http://www.unicef.or.kr/

중앙가정위탁지원센터. http://www.fostercare.or.kr/

중앙아동보호전문기관. http://www.korea1391.go.kr/

초록우산어린이재단. http://www.childfund.or.kr/

통계청. http://kostat.go.kr/

통일부 남북하나재단. https://www.koreahana.or.kr/

통일부. http://www.unikorea.go.kr/

한국민족문화대백과사전. http://encykorea.aks.ac.kr/

한국방정환재단. http://www.korsofa.org/

한국학중앙연구원. http://www.aks.ac.kr/

〈사진 제공〉

초록마을 어린이집

집필진 프로필

길영신

학력 방송통신대학교 유아교육학(학사)
서울기독대학교 대학원 상담학석사(미술치료 전공)
서울기독대학교 대학원 문학박사(사회복지실천 전공)

강의·경력 (현) 서울기독대학교 평생교육원 원장
(현) 초록마을어린이집 대표
(현) 은평타임즈 논설위원
(현) 은평지역사회보장대표협의체 위원
대한신학대학원 대학교
서울기독대학교 평생교육원
유치원교사 및 어린이집 원장(32년)

논문 영유아기 자녀를 둔 여성결혼이민자의 양육경험 연구(박사학위논문)
다문화가족 부모역할 지원 멘토링에 대한 내러티브 탐구(대학원 춘계세미나)

윤구원

학력 서울과학기술대학교 전자공학사
서일대학 행정학사(사회복지전공)
교육부 행정학사(사회복지전공)
숭실대학교 대학원 사회복지학 석사
서울기독대학교 대학원 문학박사(사회복지실천 전공)

강의·경력 (현) 서울기독대학교 평생교육원 주임교수
(현) 여러가지문화연구소 소장
(현) 우리복지재단 이사
대학원: 숭실대 사회복지대학원.
대학교: 용인대, 협성대, 건양사이버대, 한영대, 서정대.
평생교육원: 용인대, 명지대, 서울기독대

논문 다문화여성 친정부모의 경험에 관한 연구(다문화가족연구).
외국인 며느리를 둔 시부모의 경험에 관한 연구(대학원 춘계세미나)
다문화가족 여성들이 인식하는 문화적 이질성(홍춘우연구소)
여성결혼이민자의 한국생활적응 경험에 관한 연구(박사학위논문)

저서 『아동복지론』(2010), 공저, 유풍출판사
『베필캄의 한국아줌마 되기』(2013), 파랑새미디어
『나는 복지혜택을 얼마나 받고 있는가』(2013), 공저, 공동체
『다문화복지론』(2013), 공저, 공동체(2014 우수도서 선정)
『그래, 내 며느리』(2014), 우리복지출판
『주인님, 내말은 있잖아요…』(2015), 우리복지출판

이경연

학력 건국대학교 교육대학원 유아교육전공(교육학석사)
건국대학교 일반대학원 교육학과 유아교육 박사수료

강의·경력 대학교: 송곡대학교 겸임교수
평생교육원: 서울기독대학교, CBS교육원, 에듀아이, 포도에듀, 현대사이버, KG패스원
직업전문학교: 고려직업전문학교
유치원: 자연생태마을, 중앙유치원, 이화유치원 원장
어린이집: 피스엔젤 어린이집, 르노삼성연구소 어린이집 시설장

논문 유아의 놀이성과 성취동기와의 관계(석사학위논문)
립유치원 오후 재편성 방과 후 과정 교사의 어려움과 요구(한국직업교육학회)

이연순

학력 부천대학교 유아교육과 졸업(전문학사)
방송통신대학교 국어국문학과 졸업(문학사)
명지대학교 사회복지대학원 노인복지전공(사회복지석사)
서울기독대학교 대학원 문학(박사: 사회복지실천 전공)

강의·경력 (현) 건양사이버대학교 실습지도교수
(현) 광역노인복지센터 대표
어린이집원장 자격증 취득
한국샛별놀이방(가정보육시설) 원장
대학원: 서울기독대학교, 명지대학교 사회교육대학원
대학교: 한영대학, 예원예술대학교, 오산대학교, 부천대학교, 서울기독대학교
평생교육원: 국제신학대학원대학교, 부천대학교, 명지대학교

논문 요양보호사의 노인인권에 대한 인식 및 경험연구.(박사학위논문)
노인장기요양보험제도의 시범 사업 연구–인천광역시 부평구 사례분석– (석사학위논문)
노인의 인권에 대한 소고(한국인간복지실천협회)
중고령 이주 노동자의 특성 및 죽음 관련 인식연구(한국노인복지학회)
중고령 이주 노동자의 특성 및 죽음불안(한국노인복지학회)
고령화시대 노인인권과 중앙노인보호전문기관의 역할(중앙노인보호전문기관)
취업노인의 직장 내에서의 인권침해 경험과 노인인권에 대한 질적연구(한국노년학회)
취업노인의 직장 내 연령차별 경험연구(사회복지정책학회)
요양보호사가 경험한 노인학대와 노인인권 인식연구(한국노년학회)
2013 은평 지역주민 욕구조사(은평구건강가정 지원센터)

저서 『정신건강론』(2013), 공저, 동문사

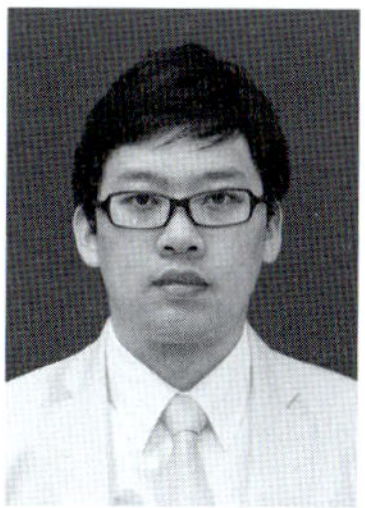

장영훈

학력 경희대학교 국제경영학부 경영학사
서일대학 유아교육과 유아교육학사
건국대학교 교육대학원 유아교육 석사
건국대학교 일반대학원 유아교육 박사 수료

강의·경력 (현) 재능유치원 원장
(현) 유아숲놀이·인성연구소 소장
(현) 충북 음성군 아동친화도시 조성 자문위원
(현) 강동대학교 유아교육과 겸임교수
(현) 여주대학교 평생교육원 보수교육 강사
(현) MBC 방영 유아애니메이션 모두모두쇼 개발 참여

논문 표준측정도구(자)를 이용한 수 활동이 유아의 수학능력과 수학적 태도에 미치는 영향 (석사논문)

아동권리와 복지

초판 1쇄 인쇄 2016년 12월 22일
초판 1쇄 발행 2017년 1월 2일

지 은 이 | 길영신 · 윤구원 · 이경연 · 이연순 · 장영훈
펴 낸 이 | 김기섭
편 집 인 | 이초롱
펴 낸 곳 | 창지사 www.changjisa.com
08589 서울시 금천구 가산디지털 1로 83 파트너스타워 1차 9층
전화 (02)719-2211~3
팩스 (02)701-9386
등 록 | 1977년 4월 28일 · 제1-421호

ISBN 978-89-426-0911-6 (93370)

값 20,000원

이 도서의 국립중앙도서관 출판예정도서목록(CIP)은 서지정보유통 지원시스템 홈페이지(http://seoji.nl.go.kr)와 국가자료공동목록시스템(http://www.nl.go.kr/kolisnet)에서 이용하실 수 있습니다(CIP제어번호: CIP2016032274)